二十世纪名人自述系列

齐如山自述

齐如山 著

文明国 编

时代出版传媒股份有限公司
安徽文艺出版社

图书在版编目（CIP）数据

齐如山自述 / 齐如山著；文明国编 .– 合肥：安徽文艺
出版社, 2013.6
　（二十世纪名人自述系列）
　ISBN 978-7-5396-4596-4

　Ⅰ .①齐… Ⅱ .①齐… ②文… Ⅲ .①齐如山（1875~1962）
自传 Ⅳ .①K825.78

　　中国版本图书馆 CIP 数据核字 (2013) 第 107299 号

出 版 人：朱寒冬　　　　　　责任编辑：张　磊

特约编辑：韩美玲　　　　　　封面设计：汪要军　闻　艺

出版发行：时代出版传媒股份有限公司　www.press-mart.com
　　　　　安徽文艺出版社　www.awpub.com
地　　址：合肥市翡翠路1118号　邮政编码：230071
营 销 部：(0551)63533889
印　　制：北京鑫瑞兴印刷有限公司

开本：710×1000　1/16　　印张：26.75　　字数：290千字
版次：2014年1月第1版　　2014年1月第1次印刷
定价：48.00元

目 录

第一章 家世、儿童时代、考试情形

家　世

我从前写过一篇自传，经中央文物供应社给印了出来，即列在《齐如山随笔》一书的头一篇。友人们看了，都夸奖说写的很有趣，都嘱我再往详细里写一写，尤其当时的中央党部张秘书长晓峰先生，特别嘱我务必写出来，不得已只好再写一次。要往详细里写，则比原写之文多添几个方面，第一得说说我的家世，因为一个人的家世，与他个人的学识、行为、思想等等都有极大的关系；谚语中有两句话说："盐打哪么咸，醋打哪么酸？"这两句话，虽然鄙俚，而确系实情。吾族乃于明朝永乐二年，由山西洪洞县迁来，山东河南两省于该时由山西迁去者也不少，河北一省尤多。大家都说是由大槐树底下迁去的。清朝末年，有许多河北省的军官，重到山西，又寻找到了大槐树之所在，系一破庙，盖当年迁民时，都在此处聚齐，再往各处出发，所以众口一词，曰大槐树底下。民国后有许多军官捐款，把该庙又重建了一次，足见中国人念旧不忘本的心情之浓厚了。当年山西往河北省的移民，为什么有这样多呢？这也无妨随带着说几句：元朝在河北省一带杀人就很多，后来因为用他们自己的人拱卫京畿，河北省各处就来了许多蒙古人居住。明朝初年徐达、常遇春二公，一由山东北上，一由河南北上，把河南山东的人杀了已经不少，因为河北居民，以蒙古人为较多，故杀的更多，未被杀的也都赶的跑到蒙古一带，于是河北省便空虚了，这是移民的所由来。吾族在明朝初年，有三家富户，一家有地一千余顷，一家八百余顷，一家六百余顷，三家共两千五百余顷，现在一个稍富之村落，全村共有不过五十顷地（水乡除外），以此衡之，共有五十村之地，稍小之县，所辖也不过五六十村，是彼时吾族之地，共有现在一全县之多，此更足见彼时地面人烟稀少了。

　　吾族在明朝末叶之前，多是务农，讲究读书之家很少。明朝末年，才有研究经史之人，因与本县孙文正公（承宗）为至亲，所以也颇讲经济，到吾八世祖文登公，便专与学者来往，九世祖林玉公（国琳）与河北省新城县王余佑（五公山人）、蠡县李恕谷（塨）、博野县颜习斋（元）诸公都是莫逆交，因想抗拒清朝，成立军事机构，故与窦大东、二东兄弟（二东即戏中《连环套》之窦尔敦），诸人研究御敌之策，当时还收复了雄县等三县，后因见清朝势力太大，便知难而退，当时主持此事者，即先九世祖，虽未成功，而遗留下了一种反清的情绪，故一直到光绪年间，吾族总是有革命的遗传性。

自先八世祖便讲读书，然总未出有功名之人。彼时所谓功名，总是指举人进士而言，到先高祖治鲁公（讳秉礼）始请得一位大经学家（甘肃省人，偶忘其姓名），教授先曾祖兄弟。此公尤长于三礼，每讲古礼，如：明堂朝贺，冠婚丧祭乡相见等礼，则必实地讲授，凡学生、下人、书僮、工人等等，都得参加，某人去宾，某人去主，都要各就位次，如此讲法，则古礼便容易明了多矣。此种讲书的作风，一直传到先严，尚未衰歇，到了我本身的学问，可就差多了。先祖后成进士，乃阮文达公（元）之门生，先伯祖亦系举人。先严为武昌张廉卿先生（裕钊）十余年之受业学生，后中壬辰科贡士，甲午殿试才成进士，为翁文恭公（同龢）及李文正公（鸿藻）之门生。因两辈的老师，都有南方人，江浙的风俗及用功的方式，又吸收了很多。即用以教导我们这一辈，所以我们的知识，在儿童时，就比平常儿童较优了。以上种种情形，都是于我受教育有关系的事情，所以不嫌觑缕、大略的述说一些而已。

儿童时代

　　我三岁尚未学认字时，便跟着老太太们学数嘴儿，数嘴者即是学民歌民谣，我会的很多，约有好几十套。先父见我颇聪明，而所学的歌谣，都没有什么意义，乃特为我编了些套教我念，因系有韵，念着顺口，所以学得很快。兹写一两段如下：

　　"列列列列场啊（此乃吾乡小儿常说之语，乃转圈之义），打了麦子打高粱啊，高粱满地红，麦子上蒸笼，吃得饱饱的，穿得好好的，梳头洗脸早早的。吃饱了干什么，到书房上功课"。又有"推梨儿，让枣儿，爹娘夸我好宝儿"等等的这些话，不必多写了。

我从三岁上，就从着先父在枕头上识字号，并带着学念诗，是光用嘴念，不认字。彼时的风气，书香家的小儿，多数学念的诗，如"床前明月光"、"三日入厨下"等等这些五言绝句，尽因绝句短而易记也。热衷功名的人家，教小儿念诗，多是："斗大黄金印，天高白玉堂，不读万卷书，安得见君王"，或者是："学成文武艺，货与帝王家"等等这些句子。我们家中教小儿念诗，则稍微两样，大致多是："锄禾日当午，汗滴禾下土，谁识盘中餐，粒粒皆辛苦"，"昨日入城市，归来泪满襟，遍身绮罗者，不是养蚕人"等等这类的诗。

说到认字号儿，也与他家不一样，跟现在学校的单字也大不同。现在初级小学认字，是预备将来写白话文的初步。从前之认字，总须与后来读经求学问有关，所以给我写的方块字号，起首固然也都是笔划少的或数目字，以后就都是检择经史中要紧的字眼，如：六画、九数、八音、六艺、十二律吕、四季、二十四节以及四维、八德等等的名词，历代的同号、年号、全国省名、十三经、念四史等等，无不写在方块上教认；初认时，只稍微讲解，仿佛没什么意义，到后来读经史时，可就有省力的地方了。四岁上才上学，从前初上学的规矩，先洗净手脸。这洗净手脸四个字，诸君或者以为值不得一说，其实不然，在南方水多的地方，沐浴是算不了一回事，在北方乡间水源少的地方，全靠井水，农人每日农忙之外，还要抢空挑两三担水，备家中应用，三担水不过三十个加仑，一切饮食洗濯，及牲畜饮用都靠它，家家都节俭用水，沐浴便成很大的问题。读书人家的儿童，固然每晨多数都要洗洗脸，农人家小儿，每日洗脸的就是少数了。至于洗澡一层，说来更是可笑。吾乡一带洗澡，只有在大坑中，南方名曰水塘，且须伏天雨水多的时候，否则坑中无水。然洗者仍是一般稍微不规则之人，若稍文墨之人，多不肯洗。再者就是小孩，但长者恒加禁止，恐淹死也。似此情形，沐浴用水，安得不成问题？平常洗脸，除赶上落雨，可以随便用水外，平时大多数都是几个人用一盆水，这样的洗法，脸还能洗的干净么？大多数都不洗脖子。从前有讥讽小孩洗脸的民歌，就是说的这个情形。歌曰："一天到晚只贪玩，洗脸梳头不耐烦，脖比车轴还要黑，多年小辫擀成毡。"从前读书人或商人等等，都是五天梳一次辫子，十天剃一次头发。农人则不一定，小儿虽然三天两天梳一次，但小儿的头部，与他物磨擦的时候较多，更容易乱，往往辫子会拆不开喽。以上这些情形，都是极平常的事情，所以未上学之前，洗净手脸，也仿佛值得大书特书的了。

初入学都有应行的礼节，各书房中都供有至圣先师孔子之神位之木牌，或用红纸照写贴在墙上，先生烧上香，自己先对神牌作一揖，及一跪三叩首礼，起来再作一揖。然后学生对牌位也照样行此礼，再给先生行此礼，礼节才算完成。行完礼稍微休息就开读，从前不曰上课，而曰"开读"。念过几年后，先生才为讲解，此即名曰"开讲"，再念几年，学做文章，此即名曰"开笔"。这是从前读书人三个大的阶段，初上学先念《三字经》，书香人家小儿认字较早，有先认字号，再念书的，平常则多是先念《三字经》，因为没有人给写字号，彼时又没有印出来的，先生更不能代写，所以先念《三字经》。所以先念《三字经》者，一因它有概括论经史的意义，二因此书印字较大而松，每半页总是六行，每行总是六字，小儿容易分出个儿来，若四书五经，则行紧而字密，初上学的农家小孩，便分不清哪是一个字，所以从前有一首诗，形容此事曰："一行一荡尚分清，字字相离太欠松，试问书行何所似，一畦韭菜一畦葱。"

虽然言之太过，也确有这种情形。我们读完《三字经》，即念唐诗绝句，认篆字，读说文，然很浅，不过是《说文建首字读》及《文字蒙求》之类，后即读四书、《诗经》、《书经》、《易经》、《礼记》、《孝经》、《周礼》、《左传》，到十七岁，才读完《尔雅》、《公羊传》、《穀梁传》。

在这十几年之中，除读了子、史、古文文选、古唐诗之外，又带学天文（也就是认识三垣二十八宿，及诸位恒星而已）。算学则先学珠算，后学筹算（劳乃宣所著之《古筹算考释》），最后学笔算，彼时学笔算，跟现在有两样的地方，就是现在横写，彼时还须直写，例如加法，直着写两行或多行（应加之数），再于最右边画一直线，把应加所得之数，直书在右边，这种写法，现在看着极不顺眼了，可是彼时是万不许横写的，假若横写，便是大逆不道。光绪中叶以后，考秀才时，也偶有算学，倘若横写，必受申斥无疑。庚子前后，就松多了，地理则不过《瀛寰志略》、《海国图志》等书，此外尚无较佳者。至于作八股、写小楷等，虽然不能说是白费了工夫，可是以后用处也就很小了。

在这十来年之中，我有三次很得意的事情，都是对对子，彼时小学生对对子，乃是念过一二年书之后，最初步的功课。

北方的小饭馆饭铺卖高粱酒，都是二两为一壶，北平也是这个规矩，总是以二两为单位，比方一二人吃饭要喝酒，想要四两，但平常都不说四两，总是说两壶，或曰俩二两，或吃完饭后，有人问喝了多少，则必答曰喝了俩二两，此惯例也。一次我们书房中来了几位客，都是举人、进士、拔贡、廪生等等，大家谈天，我舅父出了一个对，请大家对，曰"俩二两"，盖三字之义，皆为二也，大家想了两个钟头，没有对上，我忽然灵机一动，说对上了，大家问以何为对？我说："一个幺"，盖一固然是一，而个十百千万之个字也是一。当时在座之人，有说个字不能算一者，阎瑞庭先生者进士也，他说《康熙字典》注中说，个，数也，既可作数字解，当然就得算一。我说开宝摇摊，常说开了一个幺。于是大受夸奖，彼时我才七八岁，并赏了我小制钱五百钱。五百小制钱，不过合现大洋二角余，数字不算大，但彼时若以之买点心，如烧饼油条等等，够吃好几个月的了，安得不得意呢？

又一次是先严给我讲文选，赋中有"佳禾垂颖而顾本"一句，先君训余曰："凡事不可忘本，佳禾尚且如此，况人乎？"那两天我念的诗中，正有"野凫眼岸有闲意，老树着花无丑枝"二句，我也是灵机一动，问曰："佳禾垂颖而顾本，不正好对老树着花无丑枝么？"先严亦颇嘉奖。云虽有一二字对的不工，然也是很好的一副对联。彼时我才十一岁，也赏了一百钱，约合现大洋不到五分（半角），然彼时在小儿手中已算极大的数字，除过新年之外，难得有这么一次。

又一次是看昆弋班的《义侠记》武松杀嫂回来，先严说，此戏当然是由《水浒传》编来，《水浒传》在这一段文字中，有三句很好的文词，就是："有泪有声谓之哭，有泪无声谓之泣，有声无泪谓之号。"当时因为我前两天，查过《康熙字典》之哕字，下边注有三句，与此情形大致相同，曰："有物有声谓之呕，有物无声谓之吐，有声无物谓之哕。"我说这三句正好对上三句，先严亦大夸奖，此时我已约十二岁，没赏我钱，赏了一块白手绢却是现在之白洋纱手绢，现在是人人皆有，当然不是什么新鲜东西，在彼时可就新颖多了。因为彼时乡间尚无此物，北方只北平有之，且用者多系极时髦之人，北平卖此者，只有交民巷祈罗弗洋行一家，所以不但新鲜，而还特别珍贵，且乡间尚没有手绢这个名词，都只说绢子，男子用者，名曰手巾，都是粗布；女子用者名曰绢子，多是洋绉或绸子制成，各种颜色都有，且绣花，就是没有白的。提起女子用绢子来，更是特别，平常没有人用，只有过年或有婚丧事时用之，新娘子则非用不可，自己没有，也要借一个，稍贫者只有一个，用手攥着，多者用三个、第二个便用以围脖子，第三个则系于袖口上，以便行路时，摆来摆去，袅娜美观，这种情形，现在是没有的了。当时太太们听说我得了一块绢子，每人见了我，都要问我，听说你得了一块外国绢子么，拿给我看看，看了之后，有说真是白真是漂亮的，有的说白的太不吉利，不应使的，不多几天，我那块手绢，被大家看脏了。

一次偶检书架，见有一部书名曰《草字汇》，系初印本，很精美，我便放在桌上临摹。先君看见说："你不必学这个，因为不但考试用不着，将来公事也用不着，写此者不过供人欣赏，然将来楷书写有根基后，再想写它也还可以，童子时代并不需要，再者草字许多靠不住，尤其是明朝末年，很风行草书，但有许多人，都是随意为之，不足为训，李笠翁在他《凰求凤》传奇中，有一支曲子，即是讥此，曲曰：'学他道士书符样，连挥一阵笔头忙，从来草字易包荒，纵然写差也难查账，蝇头凤尾，故将怪装，蛇首龟身，好将拙藏，这是书家的秘诀从来尚。'这些话虽然开玩笑，但大部分也是实情，由此可知，若想学此，还得大费一番工夫。"因此我便未接着学习。

最有意思是在村塾读书的时候，十几个小孩童，都是七八岁到十二三岁，在一间屋中读书，大家扯开嗓子，一喊就是一天。曾记得《随园诗话》载有一首诗曰："漆黑茅柴屋半间，猪窝牛圈浴锅连，牧童八九纵横坐，天地玄黄喊一年。"袁子才还批评这首诗末句趣极，北方乡间小书房，十之七八都是如此。我所入的村塾，比这个虽好一点，但也好不了许多。它为什么这个样子呢，也有它的原因，因为这种童蒙小学（现在名曰初级小学），花钱都极少，每一学生，每年不过小制钱五百文，合现大洋两角五分，凑十个学生，共五吊钱，最多者也不会过十吊钱，约合五元，以这几个钱，请外村的先生，是很不容易请到的，只得请本村的人，这种人除教书外，还有许多旁的事情，都要料理，举例如下：

一、他须管自己家中过日子（管家务，从前名曰过日子）。

二、他得照管庄稼，每天总要到田园中去看看，到耕种锄耘的时候，更是离不开。

三、他既认识字，村中有婚丧事，他总要去帮忙写帐等等。

四、凡先生多为人尊重，村中有小的竞争口舌等事，总短不了他去说和。

五、麦熟秋收，在乡村中更是非放学不可。

六、乡间总是五天一个集，多要去赶集，南方曰趁墟。

七、过年最少放假一个月。

请看以上这些情形，每年除年假一个月及麦秋两季最少一个月之外，共总剩了三百天，这三百天之中，总有一百八十天不常在书房中，对于儿童怎能好好地教导呢？他每逢出门之时，便指给各学生，由什么地方念到什么地方，念熟之后，他回来再背书。当然也有一部分小孩不那么规规矩矩地念，所以先生出门时，往往托付邻居，代为暗听所有儿童果然都念了没有。学生们知道这种情形，更要用大力来念，以便邻居听得到，常常喊哑了嗓子，结果先生回来太晚了，无暇背书，就放了学了。这可以说是喊了半天，等于白喊。一年的工夫，念不完千字文的学生很多，他的天地玄黄安得不喊一年呢？以上说的这种学校，可以说是最低级的，也可以说是相当腐败了。

还有一种比这样好一点的，其中就有读四书的了。从前也有一首诗，是形容这种学塾的，曰"几阵乌鸦噪晚风，儿童齐逞好喉咙，赵钱孙李周吴郑，天地玄黄宇宙洪，三字文完翻鉴略，百家姓毕理神童，就中有个超群者，一日三行读大中。"这首诗大家当然都懂得，但当时的详细情形，恐怕就有许多人不十分明了了，所谓"一日三行读大中"者，"大中"二字，指《大学》、《中庸》也。所谓三行（行音杭）者从前小孩念的四书，大致总是一行十七个字，平平常常的小孩，每次上新书，总是以三行为律，三行念背过后，再学三行，念背过再学三行。最聪明的小孩，每天可念七八十行，但这样的很少，大致每天能念四十行的，就算很聪明了。所以从前长者们议论某小孩聪明与否，都说每天能念多少行书，问人也是这样问法，你家小孩能念多少行书哇？此定例也。除此之外，没有第二种言词可以形容小孩聪明之程度。最笨者一天三行都不熟，所以他说"一日三行读大中"。我在这种学塾里，停留了二年，也算受罪，也算有趣。到七岁就在家塾里读书了，读书之外，学对对联，学作诗，作诗最初不过四句，现在能作诗的人还很多，能作这种诗的，恐怕不多了，这种名曰试帖诗，有特别的功令，特别的规定，必须要押官韵，必须要点题字，比方随便举一例，清初人有很出名的一首诗，题目是："赋得大田多稼得多字"，诗题必须要这样的写法，题上冠"赋得"二字者意思，是赋诗偶得此题也。"得多字"者，以多字为韵也。如此则多字便是官韵，非押此字不可，不但用此字，而且前两韵便必须用上，倘不用它，名词就叫没押官韵、那任凭你文章诗作多好，也不会进秀才的，举人进士，更是如此。点题字一层，也很要紧，在前四句中必须把题字都点出来，有时少点一字，亦未尝不可，但总算毛病，而且必须分开点，不能连用，不得已两字连用尚可，若三字连点，便算骂题。兹将原诗，录出前四句来，诸君一看就明了了。

"大地如云涌，秋高欲纳禾，公田原上上，我稼益多多。"

多字是官韵，题目之大田多稼四字，都在前四句中了，所有作试帖诗者，都得如此。

再进一步，就是做文章，即是作八股，这便名曰"开笔"，凡作此者，就算是大学生了。未作八股之前，当然得先念八股，初念的八股文，总是山西路润生先生他们编纂的《时艺引》、《时艺阶》等文集。从前管八股都叫作时艺，间乎也念小题折字这类的集子。从前读书人都说八股的文字，乃发挥经义。其实这句话，可以说它靠不住。若按明朝的天崇文集（即是天启崇祯年间的文章，亦名曰启祯），南方金正希的文章，北方路润生的《时艺核》等等的集子，都还可以说是与经义有关，就清朝乡会试的文章，也还可以说是有的有些经义在里头，这说的是好的，若平常墨卷之中，就难看到经义了；至于小考的八股（从前管考秀才，叫作考小考），那真可以说是与经义风马牛不相及。说起来，倒是乡会试的文章，还较为容易作，因为乡会试的题目，多至一章，少至一节或几句，最少也有一句，可以照题发挥，不但经史中的意义，可以容纳在里头，就是当时的国政，社会中的情形，都可以引证来用，借题发挥，藉以匡正政治之得失。至于小考的题目就不然了，整句的题就不多见，有时候只一个字，最奇怪的是截搭题。什么叫作截搭题呢？就是把上一节的末一句，搭上下一截的头一句，比方说："不亦乐乎有子曰其为人也孝弟"，这便是截搭题。其中还分有情截搭及无情截搭。上下两句，意思有点关联，便算有情的截搭，一点相连的意思也没有，便叫作无情截搭。最普通者为截下题，就是出一句书为题，而要紧的意思在下边。比方：出题为"学而时习之"一句，而本句的意义，则在下边的"不亦说乎"一句，这种题的作法，是只可以说"学而时习之"，不能说到下边之"说"（悦）字，可是文章句句的意思，不许不含着下边的意思，倘不含下句之义，便算没作到题之真义，倘用上下边之"说"字，便是漏下，是极大的毛病，绝对不能进秀才的。这种题文的作法，在下边可以举一个例。相传乾隆朝有一官员引见，乾隆问他能做文章否？答以作过。乾隆说，这有一个题，你可以作一破题，题为"周有八士到季随"，该员正在思索，乾隆说，朕代你作了一句曰，记周士而得其七，该官答曰：皆兄也。乾隆大悦，盖如此即照顾到第八人了，此曰照下。再一次我们在学塾中作文，先生出了一个题为"虽小道"，题只三字，但重要的意思在下边，是"必有可观者焉"一句，我们学生都没有作好，先生给作了一个破（八股头二句名曰破，接着三五句名曰承，亦曰破题承题）曰："道而小焉，小亦道也"。这"小亦道也"四字之中，便有了"可观者焉"的意义在内。而"可观者焉"四字，都没明写，此之谓照下，倘明着用上这四个字，便是漏下。小考时作此题之文，有此破题，则准秀才无疑，因为小考中看卷子，只要能看过前两行，便有取中的希望，否则看一个破题，不合意他就扔掉不再往下看了。

以上所说，都是书房中的情形，普通的章程，都是五天作一次文章，此名曰窗课，因为书房二字，偶尔也说窗下，故谚语中宥两句话曰："窗下莫言命，场中莫论文"，此层当在后边再略谈谈，以下即谈到考试的情形。

考试情形

提到考试，就更有趣了。从前的考试，种类虽多，但正途的考试，可分三种：一是考秀才，二是考举人，三是考进士。考进士名曰会试，永远在北京会考，主试看卷者，名曰大总裁，领衔的总裁，名曰正总裁，必须用尚书阶级的人员。考举人名曰乡试，在各省考之，主试者名曰主考，须用二人，一为正，一为副，文风较优之省，则用侍郎或九卿阶级之人，其余则用翰林，考秀才名曰小考，在各府考试，主考者名曰学政，各省亦用翰林，如直隶省，则必用侍郎阶级之人。小考共分三个阶级，一是县考，由本县主持；二是府考，由知府主持；三是院考，由前边所谈学政主持。县考府考，又都各考五次。我考的很晚，十八岁才出考，这是读书人考试的第一步，凡应考者，都称文童，俗名就叫作童生，进了秀才之后，便称为文生，永远不进秀才，永远称文童，考到七八十岁的人，各县中都往往有之，然也仍然得称文童，所以从前有一副对联曰："行年七十尤称童可云寿考，到老五经犹未熟不愧书生。"

不要小看这文童二字，他也有他的地位价值，这里无妨随带谈几句。在前清时代（明朝更重要），有功名与没功名，可相差太多，比方说：

进士，凡进士都是官员，故见了本县知县，都是平起平坐，以客礼相待。

举人，虽然不是官员，但是国家取中的功名人，给本县知县写信，都自称治愚弟，见县官也是平起平坐。

秀才，见知县时，虽然得称禀见，但与知县谈话时，也是有座位的，遇到打官司，写呈子时，文字称文生，自己口称生员，见官不用跪；倘有罪过须责罚，知县不许打，得行文本县教官，嘱其责罚，亦不许打屁股板子，只可打手心，这个名词叫作打戒尺。再有重大罪过，则须先由知县禀明布政司（俗称藩台），先行革去秀才，方能动刑。并且可以免出几亩地的官租，从前想进秀才的人很多，就因为这些缘故。

文童，文童虽然不能算是一种功名，但也算是民间的一种阶级，比方打官司递呈子，民人则只可称"民"或"民人"，而文童则写时称文童，自称童生，可穿官衣戴官帽，见官虽然也跪，但官则总有一点另眼看待，非不得已时，绝对不肯打屁股。倘因有事见知县的时候，童生可以有座，商人则绝对没有，与知县有钱财关系的商人，也常常让座，但国家的规定则不许《聊斋》中说"我花钱买盐吃，何物商人敢与官长分庭抗礼"云云，即是此义。类如清朝时代，在北京有婚丧等事，来宾入座饮食，商人与官员，绝对不能让在一桌，而童生则可，虽然也算是抬举，但不能算是越份，此从前童生之情形也。所以未出过考的人，不得谓之童生，任你念上十年书，未经考过，名字之上，不能加文童二字。

考的时候按规矩须穿官衣，可是谁都不穿，但官帽则非戴不可，说起来也真可以说是受罪，没有官帽绝对进不去考场，但是在乡间，哪里去找这许多官帽的呢？于是就有人用旧式宽边毡帽，顶上糊一层红纸，作为帽缨子，也可以混得进去。至于考试用的桌凳也得自己预备，谁能够由乡下运去呢？都是由城中借用，借不到干净桌子，则小饭铺的油桌，厨房的案板，旧棉花的架子等，都可以将就着用，有的县中有预备现成的桌凳，但是也不多见。其实各县都有书院，书院中不但房子现成，且多有桌凳，但因知县每日还得打道前去，太不方便，所以都是在县衙门中大堂上考试，大堂上当然没有这些桌凳，所以每逢考试，都是闹的笑话百出，记得有关此事之民歌，亦曰竹枝词，兹录两首如下：

三年一考久曾经，永远缨冠借不成，到日仍将毡帽替，糊层红纸替红缨。（此咏考童者）

国家考试太堂皇，多少书生坐大堂，油板压车为试案，考终衣服亮光光。（谓沾一身油）

诗中所谓坐大堂者，现在也有许多人不知道了。从前州县衙门，都有三个堂，第一为大堂，堂极宽敞，堂前即大院，坐堂问案时，任人观听，但平常问案，都不在此处，因为在此处问案，都得庄重，州县官得袍褂齐整，一切排衙的规矩，得应有尽有，官吏衙役等等，一点也不能随便，所以在此处所问之案，都是极大的案子，或年终录囚等事。第二为二堂，在大堂之后垂花门的里边。州县官在此问案，虽然也须穿官衣，但较为随便多了，比方说他可以一边问着案，一边喝茶吃点心，在大堂则绝对不许，一切民事案子，都在此处问理，亦可任人观看。第三曰三堂，亦名花厅，在二堂之后，或旁边，一切不重要的小案子，或较文墨的案子，及有关个人名誉的案子等等，都在此处审问，此处问案，绝对不许人观看，问案的情形，可就随便多了，一应吏役人等，用不着的，就不必站班，问官可穿便衣，有时也可请师爷代问。

此大堂二字之所由来也，大堂多是五间两卷，共是十间，当然很宽敞，所以考试多在此处，类似这样的诗句还很多，可惜我不大记得了。

县考共分五场，每场都是天未亮点名，进场作一篇八股一首诗，便是完场，不许点灯，这个名词叫作"不继烛"，但遇到宽点的知县，有时也可点一会灯，交卷后出场，够十个人就开门放出去，这个名词叫作"出头牌"，前三牌出时，都有吹鼓手吹打，这是给早出场的体面，以后就不吹打了。五场之中，四场都是作八股，其中一场是作古文古诗赋序等等，如作律诗，则多是四首，此即名曰古场，每场当然都有前十名，前场的前十名，次场即特别召入衙内另一房间或书房坐落，此名曰挑堂，特别给饭吃，名曰优待，其实是特别监视。而且每场前十名，都有县中官吹鼓手来报喜，到寓所吹打一阵，非赏钱不可，多者五百文，少者也得二百文（五百文约合现大洋二角五分）。各场第一名，都名曰草案，没什么大关系，末一场第一名名曰首卷，此则必进秀才，总之县首卷府首卷二人，都是必进的，倘无特别大错，虽院考文章不好，也是必要取中的，否则于知府知县面子太难堪也。

这种考试，贴榜的写法，不许直排也不许横排，都得按车轮形式写录，这个名词叫作"轮榜"，意思是尚未规定，须候皇上派人来考，院考才算规定也。五十个人为一轮，姓名头都朝外，末了不足五十人者，则松动写之，其形式亦须一圈。比方各省有驻防旗人者，也都与汉人合考，但都是另贴榜，他们往往不过几人或十几人，也因为他们进秀才没有定额，每三人考，准有一人进秀才。所以他们的榜，往往三个人一圈，其实就是写成三角形，头也都朝外，倘只两人，由一上一下，是第一名头朝上，第二名头朝下，这个名词叫作"打通腿儿"。以上所谈是县考。

县考之后，就是府考，比县考就好多了，府考都有考棚，因为皇帝派出考试的钦差，都是每府一考，各直隶州，因管县较少，不值得钦差前去，则亦归并在就近之一府城内考试，比方易州直隶州连他所管的涞水广昌二县，就都在保定府考试，所以各府城内，都有建筑的考场。这种考场，虽然是为院考而设，但府考当然也就在这里了。考场建筑，等于衙门，两旁辕门内有大院，乃被考者群集等候点名之处，院中有许多卖零星食品的，北面便是穿堂大厅，学差点名即在此处，过了穿堂大厅，是一很大的院子，正面就是大堂，为学差率各官员监临之处，院中东西两大敞棚，约各十余间至二三十间不等，敞棚中设有长条桌条凳，其长与敞棚等，与前清北京饭馆子之桌凳一样，每距离二尺一人，下边放一黑瓦尿盆。府考一层，其章程与县考可以说是一样，不必再说，以免重复。兹只说院考，院考可就比府考严多了。

院考者乃皇帝特派专人主试，前边已经说过，他的官衔则是饮命提督某省学政，比方河北省则写饮命提督顺天等处学政某人（只写姓不写名）。凡被考的士子，都得求妥廪生作保，本县教官再给派一位，自己求者为正保，派者为副保。考试之日，半夜就得起来，到考场等候点名，每次总是四个县的人同考，点某县考童之名时，便有一个长约三尺，宽约二尺的大灯牌，上写点某县，立于院中，考童一看点到自己县了，便都向前听点。再者点某县时，则某县之教官及廪生，都立于学差之后，帮着监视检查。点到某生，则某生应名趋上过厅，即高喊，某人保。保该童之廪生，听到喊自己作保，自己一看不错，便也高喊某人保，则该童便领卷子进场。倘有抢冒顶换，不是本人，该廪生看着不对，便不搭声，则该士子必要被拘，或枷罚治罪，这也是往往有的事情，不过这种枷很轻，大约不过十几斤，戴着枷跪在考院门口，几时考完，几时才放。点了名进场，还要被搜，不许带夹带，事前作好的文章，固然不许带进去，而书籍如四书等亦不许带。如在上身搜出四书，没收了之后，还可入场，若在下身搜出，照国家的规定，不但不许入场，还要挨戒尺，即打手心，以其侮辱圣贤也，不过向来很松，虽在下身搜出，也就马马虎虎了。搜时永远是以一手插入头上官帽之下，然后再搜全身，搜时虽这样严，但带夹带的人，还多得很，从前都是自己用蝇头小字抄录，后来上海石印局，印出了小题三万选、十万选等书，有许多人就兼带这些书了。我考试时，是只带两管笔一个墨盒，来考试最要紧的，就是知道所出之题目出自某书，上下句都是什么，也就够了，四书是自幼念背过的，而出题又不许出四书之外，何必还要把四书带进去呢？可是搜检之人（名曰搜子）总愿搜出点东西来，显着他能干，本来

第一章　家世、儿童时代、考试情形

·19·

搜检也很难，有的把夹带蒸在馒头里头，有的烙在烧饼里头，种种办法，样子很多，也真难搜检，搜子搜我，没搜出什么来，不高兴，讥讽了我一句曰，你真饱学呀。我说背过四书，就算饱学，那是你们县里的文风。旁边人听着也都乐了，但他对我也没有法。

进场之后，都并坐于大凳之上，几几乎是不许动。每条凳头上外边，有各县教官一人，坐于大高凳上监视，如果考童彼此交谈，他便禁止，说"好好的做文章"。据说有一次学差极严，用一长纸条粘于各生之官帽上，使每行士子都联贯起来，一人一动纸则必断，便将该士子提出，不许再考，后有一人说了一个笑话，大家一乐，头一动，全场纸条都断，学差也没法子。但这种严法，恐怕也出乎考规之外。这还不要紧，最可笑的是，不许大便，只准小便，小便则每人座下有一小瓦盆，即尿在里边，如果非大便不可，亦可到厕所，惟事前须把自己之考卷，交于堂上，事完再取回来仍可接作，但在卷面上印上一颗黑图章，这个章名曰屎戳子，此卷乃另放一处，决不再评阅，是任你作多好，也断无进秀才之希望了。因为这种情形，有许许多多士子，就不离座，然有时非大便不可，则往往脱下自己之袜子来，即便在里头，自己带着出场，或丢在场内，这样的大便法，坐在前后左近的人当然受熏而不高兴，这本可以喊监场教官，勒令他出去，但大家都念三年才考一次，好容易才入了场，倘离座大便，则这次等于白来，想进秀才，还得等三年，所以大家也都同情他，只好自己忍受，不肯告发，这总算是众人的仁慈，但是试场内可就脏污多了，可惜现在装肥料的纸袋，彼对尚未发明，倘彼时有此，则方便多了。不但大便，连小便也都是撒一地，安得不臊臭难闻，所以第一场考还好，以后一场比一场难闻，这不能不算是一种虐政。

倘取中进了秀才之后，那可很够光荣的，各县之各乡，都有跑报的团体，因为院考都是冬天，农民无事，身体强壮且能快走之人，聚集十余人所组成，专与秀才家报喜。第一人当然在府城内，其余则散布沿路。一看榜上有本乡之人，立即用红纸条写一报单。大致总是贵府少爷印某今蒙钦命提督顺天等处学政某（只写姓），取中第多少名特此报喜，手持此条赶快就跑，跑到第二人处把报条交给他，他就接着跑，一直到秀才之家门外大喊报喜，秀才之家遇到这种大喜，虽在半夜，也都得起来，大家庆贺。进秀才之后，还要复试，复试之后才算确实，待复试确定之后，本家还要到各亲友家报喜，报喜的方式，是用整张梅红纸写，捷报贵府令亲（如外甥、姻侄、表弟等等）或令友令门生等等某人今蒙钦命提督学政某取中第多少名秀才等等这些字样，并随带小牛角炮或三眼枪，到各亲友家去报，到门先放三声炮，把报交上，得报人家总要赏一二百文。凡当此差者，都是本家穷苦人，这也算是一笔意外之财。

考完之后，所有新进的秀才，都得等着恭送学差，学差走后，方各回家，回到家必要祭祖，到坟地与三代祖父叩头，这是告祭的意思。贫寒之家，只自己一家吃一顿较好的食品，稍阔者则请几桌客，大有钱之家，也有演戏大请客的，但甚少。祭祖时所穿的衣服，则很特别——按清朝的规定，进士才许戴金顶，举人则戴银顶，也是圆的，秀才则戴雀顶，乃用银质铸

第一章　家世、儿童时代、考试情形

·21·

成雀形，但大家都是戴金顶，早就不照这规矩戴了。可是祭祖这天总要戴雀顶，不穿袍褂，而穿襕衫，襕衫本明朝的制度，大约都是淡蓝色，宽袖，周身有蓝宽边，腰际有腰阑，其形式有点像戏中太监所穿之衣服，又像清末民初北京马车夫所穿之衣服，祭祖所以穿此者乃不忘明朝之义，故从前书香之家，都存有这件衣服，舍下至今尚有存者，且有雀顶。平常人家无此，于进秀才祭祖时，也要借人家的一用。这种情形，在光绪庚子以后就不见了。

以上说的是文考，还有武考也可以随带谈谈。从前是文武并重，自光绪甲午以后，废止武场，到今年已整整过了一周甲子。前一个甲午年生的人，已经六十一岁，甲午年进的秀才，无论进秀才多早，也有八十多岁，从前十几岁进文秀才的人还有，二十岁以前进武秀才的，就极少了。因为如此，从前的武秀才，现在存在的人很少了，我没有考过试，但我也学着拉过弓射过箭。考武的情形，与考文一样，考法不同就是了，也分县考、府考、院考，各级考试都分四场，一是步箭，二是马箭，三是弓刀石，四是文字。

步箭，共射三箭，三箭都射中者，进秀才的希望就很大，只中一箭，倘别的场都好，也可以望进。诸君不要小看射箭，也有特别的技术，我乡有一武举人姓郭，老年已双目失明，然射箭还是每箭必中，他先射一箭，问旁观者，此箭离鹄子有多远，或上或下，或左或右，别人告诉他，他再射第二箭，倘不中或还差多少，第三箭则必中矣，既中之后，再连射多少箭，也是必中的，因为他执弓之手，极有力量，不会摇动的，这足见人之智慧，是怎么用就怎么有，只若能专心便妥。

马箭，各县在城外，都有预备的马箭道，道旁设立三个鹄子，上马加一鞭，马即飞跑，在马上射之，鹄旁即设有鼓手，射中则击鼓，有人能左右开弓，马道两旁，都设鹄子，共六个，左右射之，但此是特别技术，不在应考的范围之内，不过能此者，则别的场虽软，亦可望进秀才。

弓刀石，考试这种公事，是归礼房管理，各县都有吏户礼兵刑工六房，弓刀石等器，则归兵房置办。弓分头二三号，以几个劲为一号，若干斤为一个劲，详细的规定我记不清了。试验几个劲的法子，是把弓背吊起，再系几百斤的石块于弦上，以把弓坠圆了为度，这种弓不是为射箭用，而是专为引拉练臂力的，所以特别硬，即名硬弓。刀乃生铁所铸，最重者为头号，大致是三百六十斤。平常练武功之处，名曰武学，学中买不起这种刀，都是用木杠两头各穿一圆石替代，此即名曰双石，一直到现在国中存留着的还很多。我最健壮的时候，可以举起一百二十斤的刀来，石则长方一块石头，两旁抠手，最重者五百多斤，刀非举起来才算，所以较轻，石则提起来就算，所以较重。

文字场，考文字的场，用不着做文章，都是默写《孙子》一段，但也常闹笑话，从前考武的童生，认识字的人，绝对到不了百分之三十，连自己的姓名都写不上来，在县中写姓名三代的时候，多是求人写，我就替人写过，问他的姓名，他还说的上来，但是哪一个字，也弄不清，一问三代，不用说多是一直脖子，有的知道的，也都是乳名。我问一人他父亲叫什么，他说叫狗儿，这种名字，实在不便写到履历上，再同他商量，他心眼更活动，他说请你随便写罢，或者找几个吉利字就成了。所以从前考武的童生三代，有许多都不一样，头一次考，就进了秀才，那他的三代便只这一种，便算规定了。倘不进下次再考，上次造的三代，他不记得，只好另造，考几回换几次，这不能不算是一种笑谈。这种程度的人，使他默写武经，他怎能写得上来呢？大致都是求人或雇人写，有考武会写字的人，这也是一笔进款。到光绪年间的卷子，至少得写三行，否则便算交白卷，这种默写，说起来本极容易，应写哪一段，府衙门的礼房，早偷着把它印出来，卖与考武之人，到场里就照抄就是了，好在这种卷子，永远也不会看，写上三行也就够了。看卷的师爷们虽不看，但礼房先生则必须过目。这种卷子的名词，叫作黑白卷，有三行字便算黑卷，简言之曰黑的，无字者便是白卷，简言之曰白的，两样卷子，须各捆着，以便上司调看。比方两捆卷子在一起，有人问则说哪一捆是黑的，哪一捆是白的，不说卷子二字。据官场人云，最早这卷子是都要看的，乾嘉以前，凡进了秀才的卷子是都要看的，后来光看前十名的卷子，到光绪年间就都不看了。吾高阳县有一考武之人，名叫王一龙，身材很魁梧，马步箭弓刀石都不错，学校很想提拔他，问他识字否，他说不识字，问他能写自己名字否，他说可以写。前两个字倒是都写上来了，第三个字写了半天，也没写成，回到寓所同乡亲们说，我当初就叫作王一多好呢？这虽然是一件实事，可以说真够笑谈的了。这话又说回来啦，不止秀才如此。往高里去说，武举人，武进士，不认字的人，也多得很。

考试还有一种特别的情形。考文的点名簿上，只注三个字曰"身"、"面"、"须"，如身中、面白、须无等等，学台一边点着名，一边看所注之情形与本人合不合。

武士子的点名簿上，每一人名下边，除上边三字外，还印着四个字，这四个字是"用"、"月"、"日"、"气"。凡高宽之人则注"用"字，在点名时，学台见其高宽，则在"用"字上点一点，细高者为"月"字，矮小者为"日"字，不正者为"气"字，这是与文考不同的。文考所注"身"、"面"、"须"三字，大致都是注身中，面白，须无，如太高则应注身高，有麻子则注面麻，有须则注须有，不过这些地方，都归士子自己填注，所以都不认真。武士子也有如此，但多前四字，这大概是因文人身材没有大关系，武人则身材便是很重要的条件了。

考的时候，已有上述的这许多麻烦，倘取中进了秀才之后更麻烦。本县教官有许多剥削之处，如钱给不够，他就不给出结。遇到寒苦人家进了秀才，他无法剥削，还容易办，遇到有功名的人家，如家中有举人进士等等，他不好意思，也不好勒索，更容易办，倘遇到土财主，或新发户，那就该他发财了，甚而至于作保廪生，也帮他合伙，共同敲人家竹杠。尤其是对于武秀才，更勒索得多，因为考武秀才者，多是有钱之家，从前读书想中举人进士的人，自然也有，但多半是为进了秀才支持门户，所以进了秀才就很知足，永远没有乡试过的人（考举人）总占十之七八。有许多人家有钱，怕人欺侮，而子弟中又没有能读书之人。于是便考试，进了武秀才，虽然不及文秀才被人恭维，但见官不跪，遇打官司被传问时不许锁，这在乡中就是不得了的身份了。所以有钱人家，都要使子弟巴结一个武秀才。

说起前清的考试法来并不公道，因为各县管的地方不一样大，人口也不一样多，所以分大中小县，亦分大中小学。大县当然就是大学，然也有时例外，大学每县每次取中秀才二十一二人，中学十六七人，小学十三四人不等。但各县文风不一样，有的每县每次考试，有多至四五百人者，有的只有二三十人者。比方吾高阳县，乃是中县，而学则为大学，但应考的人，总在四五百人之上，有时多至七八百人，而得中秀才者不过二十一二人，有许多县，得中者十六七人，而应试者不过三四十人。更有山僻小县，则应考之人，往往不及应进秀才之数目多。曾记《两般秋雨庵随笔》中，有一段记载，一位知县所用的车夫，忽来告假，问何事，答以去应考，该知县有记此事诗一首，中有"靴换鞋兮笔换鞭"之句，原诗记不清了，此事并不新奇，乃恒有之事。请看以上这些情形，有的二三十个人之中，才有一个得进，有的考的人还不足应进秀才之额数，这算公道么？说到这种情形，是旗人较为公道，旗人无定额，每三人就有一人进秀才，前边已经说过，他还有便宜的地方，比方倘只有五个人考，则只能进一个，若再添一人，即可进两个，于是这五个人，可以共同出钱，另雇一人下场，有此一人便可有二人进学，不过这件事情也很难商量，大致总是五人之中最好的两位，出钱较多，因为他们进秀才之希望大也。不过其中也有可笑的事情，就是被雇的这个人，也许可以进秀才。因为考场里头，是极没有准稿子的，所以谚语中有两句话曰"一财二命三风水，四积阴功五读书"，最末了是读书，足见读书之不重要了。为什么成这个情形呢？关于考试的情形，在《聊斋志异》中就说得最详细，此处不必再赘。在这种小考的场中，与举人进士又不同，学台一考就连着好几个月，一定相当疲乏，而一两千本卷子，又须一日看完，哪还能细看呢？所以考秀才的卷子，倘能看过三行，则可以说是必进，都是看两句（破题），不好就丢掉了，看了破承，再往下看，那就很有进的希望，俟取中之后，再找补着看看旁边，前十名则一定把全篇都补看完了，其余就马马虎虎了，这种情形，当然是难免冤屈人的。

以上所说，只是童生应考秀才，到进了秀才之后，每次考试童生之时，他们也还得被考，此名曰岁考，这种考，可以告病假，或游学假（游学假者，往他处去求学，赶不上回来考试也），但最多可以告假两次，至第三次，则非考不可，否则便要革去秀才。据老辈传说，完全是怕读书人有不规则的行动，或怕造反，所以如此之严。这种考试，应考者情形分两种，一种是较为有点学问，或平常也很用功的人，则很认真，希望名列前茅，可以补个廪生，原名廪膳生，行文亦曰食饩，是每年由国家给钱粮之意，但从来这笔款，都归教官入了腰包，廪生们就得不着了。其余平常不用功的秀才，每逢这种考试，都是敷衍了事，然也须过得去，因为考得不好，也可以受刑，也可以革去秀才。这种考大致分五六等，第一等当然是很好了，二等三等也还平常，有许多秀才，只盼考得二三等，也就很满意了，因为考四等就得受申饬，五等六等便要挨戒尺，所以有许多秀才也很怕，他们进学之后，一年之中，不见得摸一次书本，一到考期，可就忙了，天天得温一温四书，所以李笠翁在他剧本里头，有四句诗曰："书生本是秀才名，十个经书九个生，一纸考文传到学，满城书是子曰声。"（北方平常念曰字，总是用阳平声），此虽是讥讽，亦系实情。

因为我考过小考，所以拉拉杂杂写了这许多，至于乡试会试，则另是一件事情，就不用另写，且《儿女英雄传》中，对它写得很详细，此处更不必赘述了。

第二章 学洋文时期

以后便到了我学洋文的时代，当我十二三岁，刚学作八股文试帖诗之时，先君曾训余兄弟，并用手指余曰："此子颇聪明，现在也要学做八股了。按八股这种东西，本是牢笼英雄的一种工具，若说它能够发挥圣贤的道理，那可以算是胡说，不过从前英雄无用武之地的时候，藉它可博功名谋生活，也只得如此。再者我国从前闭关自守，国家承平的时候，用它歌咏功德，润色太平，作为社会的点缀品，还无不可，如今西洋声光化电（在光绪年间，大家谈论西洋的文化，永远用此四字代表）各种学问，都比中国新的多，轮船火车枪炮等等，都比中国强万倍。吾国自道光以后，便受到外国的侵略，已经被人欺侮了一百来年，人家的进步，是一日千里，我们还在作八股，国事将不堪设想，此看薛叔耘的《出使英法意比四国日记》一书，便可知其大概。但吾等小民，又有什么力量可以到外国留学呢？现在只好暂作八股，八股只管作，可是这种国势情形不能不知。听说北京总理各国事务衙门附设的同文馆，专学西洋文字，但是我们不得其门而入，以后当求人探听探听。"一次家兄竺山到北京考试，李文正公（鸿藻）见之，问先君曰："大世兄今年多大？"先君答以二十岁，文正公曰："不必再作八股了，入同文馆罢。"先君听到此话，高兴异常，当问以如何才能得入。文正公曰："容易。"次年春家兄便已进了同文馆，当时先君本有意使我同家兄同去，一因不好意思重烦文正公，二因我岁数稍小，以致未果。其实是当时不深知同文馆的情形，不用说两个人，就是十人八人，文正公一句话，就都可以进去，毫不费事，这不但不算作弊，而且算是帮助同文馆。为什么要这样说法呢？在我未进同文馆之前，先谈谈它的来历及情形，同文馆乃经曾袭侯纪泽等奏请，於同治元年成立，即附庸於总理各国事务衙门，最初只有英文法文。在乾隆年间，因西北边疆屡与俄国有交涉，所以在北京设立了一个俄罗斯文馆，附属在理番院，因同文馆成立，也就归并了这边，共有三国文字。普法之战以后（即德法之战），德国日强，于是又添了德文，我入同文馆之初，还名曰布文，通称布国文字，布者布斯也，后来称普鲁斯，后来才改写德文二字。甲午中日之战，日本已强，又添了日本文，彼时名曰东文馆。其所以名为东文馆者，有两种原因，说来也很可笑，一因甲午之战，官员们为堂堂中国同一小日本打仗，说起来丢人，意思是它不配与中国为敌，避免中日合称，而云中东之战，所以名曰东文。二因其他四国文字都是西文，所以此名曰东文。其实都是鄙陋之见。前面所谈入同文馆极容易，是怎么个情形呢？馆是成立了，但招不到学生，因为风气未开，无人肯入，大家以为学了洋文，便是降了外国。在汉人一方面，政府无法控制，招学生太费事，於是由八旗官学中挑选，虽然是奉官调学生，但有人情可托的学生谁也不去，所挑选者，大多数都是没有人情，或笨而不用功的学生。因为这种的学生，向来功课成绩不好，八旗官学虽腐败，这种学生也站不住，或将被革；倘到同文馆，或者还可以混一个时期。这是最初招生的情形，而且还有一层，这些学生入了同文馆以后，亲戚朋友对于本人，因为他是小孩，还没有什么鄙视，对于学生们的家庭，可就大瞧不起了，说他堕落，有许多人便同他们断绝亲戚关系，断绝来往。甚而至于人家很好的儿媳妇，因她家中弟弟入了同文馆，便一家瞧不起这个媳妇，而且因之便受了公婆之气。社会的思想，对于这件事情看得这样的严重，大家子弟不但不愿入，而且不敢入，因之后来之招生就更难了。因为不容易招学生，所以订立的章程，对于学生有极优的待遇。初进馆，便每一个学生每月给三两银子的膏火，这个数字，是怎么来的呢？这就等于旗门子弟的一份马甲钱粮，旗门中的子弟，靠念书吃饭的固然也有，如中举人进士等等，但是千不挑一。平常所希望者，就是成年之后，靠着拉弓射箭，挑一份钱粮，就是入营当兵之义，每月有一担米之外，还有三两银子，这是旗门中唯一的希望。于是同文馆想以利诱，入了同文馆，就等于挑上钱粮，以为如此一来，则大家一定都是愿来的了，其实还没有人愿来，于是把每月膏火逐渐增加，初进馆每月三两，学一二年之后，洋文有成绩者，则增至六两，再过一期增为八两，后增为十二两。彼时每月十二两银子，这个数字是很大的，一个翰林，给中堂尚书家教读，每月最多也不过八两银子。学生得到八两银子，便不完全是学生了，就得帮助教新来的学生，但自己仍须接着学习，最高得到十五两，那就完全是副教习，自己不再学习了。以上这种待遇，已经很优了，可是还有特别的。馆中的章程是三年一次大考，不过不满三年的学生，不准与考。考试最优者，可以保举为部司务；再三年如果考的再优，则可保举为主事。主事已经是六品官员，而且科举中了进士，前二十几名为翰林，其次就为主事，分与各部当差，从此就是国家的命官。一个未出学校门的学生，登时就变成国家的官员，请看这待学生还要多优？不但此，入馆学几年稍有根底后，驻各国的使臣，还可以奏调充当翻译官，待遇更优，且也有保举。

以上说的是学生的出路。兹再谈谈馆中的生活，驻馆的学生，除不管衣服外，其余都管，所谓煤油蜡烛，微如纸媒洋火等等，都由馆中供给。饮食最优，六个人一桌，共四大盘，六大碗，夏天一个大海，还有荷叶粥果藕等等。冬天则无大海，而添一个火锅。盘碗中的菜不必说，单说这个火锅，共分三种，任凭学生点要，一是什锦锅，二是白肉锅，三是羊肉锅，所有各种羊肉片、鱼片、肝片、腰片及鸡蛋冻豆腐等等，合着一切作料应有尽有，总之跟从前北平正阳楼一样，吃不够再添。这还不算，如果不愿吃，仍可随便要菜，不但此，倘有熟人来亦可留饭，也是随便要菜，不但吃饭一文钱不用花，连赏钱都没有。从前有好几位外国教员告诉我说，世界上的学校，没有同文馆待学生再优的了。兹再谈谈馆中的组织，它虽然是个成人学校的组织，但因为招不到学生，非由八旗官学要人不可，而官学中则都是小孩，一到成年，就干别的事去了，所以要来的学生，都是十几岁的小学生，不但洋文从字母学起，就是中国文，也大半都在写仿影时代。所以馆中设有启蒙的教习，慢慢的就分为前馆后馆。大学生之能通文者，名曰前馆的学生，不必再学汉文（这种学生在光绪年间，人数已很多），其余小学生则都须入后馆，每种洋文都有后馆，如法文后馆，德文后馆等等，所以学英文的人，也可以入法文后馆，因为这后馆，可以说与前馆毫无相干。好在后馆的功课，都是一样，也无需分彼此了。

　　兹再谈谈前后馆的课，功后馆与外边的私塾一点分别也没有，只是读四书，也间有读经书的，写大小楷，讲书，五天作一回文章，最初仍是八股。光绪戊戌年，才改作论文，此外一切科学都没有。就是上边所说的功课，也是应酬故事，毫不认真，因为这种教习，都是由举人或贡生考取来的，与八旗官学教习，同一性质，同一待遇。八旗官学，乃是由旗下自考，同文馆则归总理各国事务衙门招考。考时作一篇论说，或一种条陈（就是对于某一种政治的意见），应考者多是举人，间亦有贡生，至于秀才等则无资格应考，取中之后，便算是同文馆教习的资格了，这等于一种官阶，履历中是要列入的。从此之后，便每位教习，每月支膏火银四两。每次考试所取，总比应用之额多几倍，以备教习出缺后传补。传到者每日上课，每月除膏火外，另有饭食住处，无论传到不传到，三年都有一次保举，例如举人，第一次便可以保为各县教官。而且蒙考取中之后，有永未被传、自己另有他就者，亦可得保举，所以有许多教习，支了几年膏火银两并得了保举，而自己并不知馆地在何处者。有如此的优待，大家安得不愿应考，所以每次考试，总有一二百人应考。请看以上这种情形，所有教习的学问，暂不必论，总之是传到实在教书也挣钱，不传到不教书也一样的挣钱。传到者固然又有优待的地方，但不传到，自己在别处仍可谋事就事，于这边也毫无伤损，所以就是传到的教习，也没有卖气办者，而且最初的学生，多是不成器的子弟，也都不好好用功，你要想认真教他们，恐怕还得惹气，谁为什么白费这种力气呢？似这种情形之下，他的功课怎么会好的了呢？以上乃是后馆教汉文（即国文）的情况，兹再谈谈教洋文及科学的情形，五馆的洋文教习，倒都是各该国的人，但可以说没有一个够学者二字的，这话并非瞧不起他们，也不是玩笑话，待我把他们的来源写出来，大家就相信这话了。仍须由开头说起，中国自与外国定约通商后，所有的货物，当然是上税的，可是彼时中国人，不懂得怎样抽税法，又因协定的关系，不得不用洋人管理这件事情，彼时正是英国强盛的时代，于是这个差使就被英国人抓到手了，派了他国中一个人名叫赫德，这个机关附属在总理各国事务衙门（简称为总理衙门），算是衙门中的一司，名曰税务司。赫德之职，在衙门中不过是一个司长，可是他的权力可大得很，所有海关人员，都归他任免，办事者是各国人都有，各国对此争夺的也很厉害，无论何国人到了中国，便由他本国的公使，介绍给税务司，求派差使。这些人刚至中国，当然不懂的中国话及文字，如此则暂不能在海关中担任职务，于是凡有由外国新到人员，都是先派到同文馆充当教习，他们被派到同文馆，外面是来教洋文，事实是为他们自己学习中国话，在当教习的期间，自己在外边请着中国人学中文及言语，学得够用之后，即派往各省海关去当差，这几几乎是定例。至于馆中的功课，他并不十分注意，而且他走的时候，并不告知总理衙门，只告知总税务司，由总税务司再通知总理衙门，说起来衙门对这些教习，可以说是没有任免权。旧教习离开时，对于后任不许推荐，由外国新到人员，亦不许直接来谋教习之职，必须由总税务司推荐，所以每逢一位教习离职，总理衙门就得通知总税务司，请其介绍新人，倘其时恰巧没有由外国新到之人，则馆中就得等几天，不过时期也不会太久就是了。

以上乃是外国人到同文馆任教员的情形。兹再谈谈初到中国之西洋人的身份，在西洋各国中，凡有学问道德之人，总有长久的工作，绝对不会赋闲。凡学问不够，或道德有亏，在本国不易觅工作者，方肯来华找饭碗，虽然不能说人人都如此，但绝对大多数都是这样。在光绪庚子以后，因中国已渐渐开通，由西洋来华之人，才稍有专门人才，以前则几几乎可以说是没有，请看西洋来的人，其程度不过如此，而到同文馆任事的情形又如彼，则安得会有好教习呢？没有好教习，已经不容易教出好学生来，何况他还不好好的教呢？同文馆总教习是一个英国人，名字叫作欧理斐，人极神气极骄傲，可是不但不够学者，而且几几乎是不通文，我见他给学生改英文的试卷，一般人但看着不好的地方，不假思索，一笔就涂了去，可是他改的时候，就费了事了，憋的红着个秃脑壳，改一次涂了去，又改一次又涂了去，半天才算改就，按彼时学生洋文的程度，不过等于现在大学一年级，他改着已经这样吃力，则他的洋文程度可知，而且据英文馆同学们说，他改的并不十分通顺。他是一个总教习，位置在所有教习之上，又是一个长期的，因为英国抓住这个总教习的位子，不肯轻易换人，倘换人时，怕别的国要争夺，所以老没有换他，以长期的总教习，其程度不过如此。一次我看到一个美国的传教士，他穿着宽肥的学士衣，戴着四方的博士帽，他很得意的样子，我问他，为什么没看到过同文馆的教习穿戴这种衣帽呢？他说："不要说博士，他们就没有一个是大学毕业的，他们怎么能够穿戴这种衣帽呢？"言外很有瞧不起他们的意思。

以上是关于教务的情形，兹再谈谈总理衙门的态度。总理衙门彼时在北京是极新的衙门，对于储备人才的同文馆，为什么这样的放任，使它这样的腐败呢？也有它的原因，不过这话说来太长，兹只简单着谈谈。一是总理衙门中的官员，没有一个会洋文的，最初曾纪泽他们一二人，当然都懂，后来就不见了，一直到光绪中叶，才有会洋文的人员，然也稀松的很，故对于同文馆学生成绩如何，没有人能知道，没有人能稽查，也没有人肯过问。二是中国人索来自大，没有人肯学外国文字或语言。中国政界的意思，是外国人来到中国，都应该说中国话，何况同政府办公事呢？按这种思想并不错，但是自己也应该会才对呀！但绝对没有人会，他们的思想是，外国人不懂中国话，他们便应该自己预备翻译人员，倘没有会中国话的人，就不必来交涉事情，堂堂中国政府，不能给他们代备这种人才，因自己国家的威严体面的关系，自己也不能设翻译人员。因为这种思想，所以从前与外国交涉的公事，无论来往都是用汉文，后来外国人强硬，来的公事才用汉文洋文两种；而我们去的公事，则仍只是用汉文。又过了一个时期，外国越强横了，倘来往公事有文字的争执，须以洋文为主，以上是关于文字的。再者衙门中当然常有与外国人当而商议的事情，外国使臣多懂中国话，而中国官员都不懂外国话，每逢会议，衙门大臣说完一段话时，该公使已经懂得很清，但仍由翻译官翻成洋文，这是体制，可是外国占了大便宜了，因为公使听到中国官员说的一套话，他早明了话中的意思，于翻译官再翻译的时候，他早斟酌了回答之语，及翻译官翻完，他二人再一斟酌，因为他有预先思索的机会，回答的言词，可以斟酌较妥，而他们两人为斟酌所说的话，中国官员又一字不懂，他译成中国话传回来之后，中国官员就得立刻回答，就是临时斟酌也不能太久，总而言之，没有考虑的余地，于是交涉事件，往往因此吃亏，这才感觉到自己也应该预备翻译人员。以上所谈，乃是光绪中叶以前的情形，到了甲午中日一战之后，风气稍开，自然就好了不少。请想彼时政府的官员，都不过是那样知识，他们怎能重视同文馆的事务及功课呢。当同文馆创立之初，是因为曾纪泽他们奏请，又因他们是出使过外国的人员，所以对于他们的奏请，不好意思不准，只好创设，但终以为无关重要，也没有人来稽查，所以办的阔绰是阔绰极了，而腐败也腐败极了。自同治二年开始授课，到了光绪十年，已实在有二十年的工夫，馆中的学生，不必说造就出来了什么样的人才，总之连一个会洋文的人也没有，腐败到这样的程度，不但是笑话，简直是怪事了。以上这段话，并不是造谣言，也不是菲薄我们的同文馆。在光绪八、九年间有军机处给总理衙门的一件公文，这篇公文，现尚在我家中保存着，是因为在西北科布多一带与俄国有交涉，需要会俄文的翻译人员，当然是由储备翻译人才的同文馆中去找，由总理衙门检了七个学生送到军机处考试，其中有一个人学过十三年之久的俄文，其余六人只学过七年，及一考试，其中只有一人能把俄文字母都念的上来，其余最多者，不过认识一半，军机处大怒，给总理衙门及同文馆来了这一件公文，把他们大申饬了一顿，其中有下边的几句话说，学洋文十余年之久，竟连字母都不认识，殊属不成事体云云。不成事体者，北方俗话就叫作不像件事。学了十几年的工夫，结果连字母都认不全，也真可以说是不像件事情。这种情形，若不是有这么一件公文作证明，那你跟谁说，谁也不会信的，连我自己也不信。其实不但俄文馆如此，其他英法文馆也是如此，彼时尚无德文及日本文。总理衙门经此次被申饬以后，当然很难过，才提议设法整顿，以后才稍稍有点起色，然仍未能按时上课。

兹再谈谈最初学生的情形，馆中汉文教习，洋文教习，以至总理衙门对馆中的情形，已如上述，在这种情形之下，学生怎么会用功呢？再说当初都是硬要来的学生，都是强打着鸭子上架，他们不但不用功，有许多都是偶尔来一趟，再则是到月终来支一次膏火银，别的时候，凡来者不是为上课，多半是约几个朋友来吃饭谈谈天，几几乎等于吃饭馆，这些学生，十之七八就没看见过洋教习面目是怎么个样子，何况学洋文呢？则学十年八年，不认识字母，也是平常事体。以上所说乃是不住馆的学生，还有住馆的学生，这种多是十几岁的小孩，他们所以住馆，有两种意思，一是为省家中费用，二是家离同文馆太远，住馆省得来回跑，且路太远，小儿走路，家中也不放心，所以住馆。这些学生同样的也是不用功，间乎有稍微用功者，也只是对于汉文，因为他们入馆之初，家长都有嘱咐，其嘱咐的意义，也大致相同，大约是此次入外国学堂，乃是被迫不得已，人是非入不可，但能够不学，还是不学，好在馆中也有汉文，对于汉文多多用点功就是了。家长都是这样的教育，哪一个小孩还肯用功呢？不用功的人，吃了饭出去玩玩，回来吃饭睡觉，用功的也就是读几本书，写两篇大楷小楷而已。上洋文课者乃绝对少数，就是上课，也就是同洋人说说闲话谈谈天，洋人借着他们，练习练习中国话，于学生毫无益处，于教师之学习中国话则帮助很多。

再谈谈馆中管理的情形。同文馆虽为总理衙门附设的机构，但不直接管理，只派两个司官，员外或主事提调此事，他们的官衔是总理各国事务衙门员外郎兼提调同文馆事务，简言之曰同文馆提调官，这是一个很肥的缺。除洋文教务的事，归总教习管理外，其余一切事务，都归他管。购买一切东西，固然都有回扣，但大宗的进款，则在厨房，开饭的预算，是按馆中共总有多少学生，就归此数开饭，六个人一桌，每桌菜饭，合银六两。彼时六两银子一桌菜，已经可以有整盘整碗的燕窝鱼翅，而学生吃的菜，在平常说是很阔了，然亦不过鱼肉，鸡鸭便很少见，彼时的物价，那样的菜，有二两银子便足，只按菜价，利钱已经很大，而每日开多少桌，还有虚账。最初学生，不过百余人，后乃增至三四百个人，六个人一桌，最初每顿饭开二十桌，后增至五十桌，可是常吃饭的学生绝对到不了一半，尤其是星期六及星期日，各学生都回家，吃饭者不过几个人，而他也照样开账，每顿二十桌或五十桌，大家给厨子算账，平均每天有四个元宝的进项，这笔款当然有一部分给提调，而得钱最多的还是厨子，包办此事的厨子头姓于，人称于八，自己捐的候补道台，给他儿子捐的郎中。请看这种腐败的程度，还要到什么样子？世界上无论何国，恐怕是不会有的。

现在才说到我入同文馆。在设立最初二十来年的时间，所有的学生，都是由各旗强迫调来，所以都是旗人。到了光绪中叶，风气渐开，汉人已有愿入者，然仍极容易，由馆中人员及教习介绍，或由资格较深之学生介绍，都可进去，何况堂官呢？绝对用不着考试，我进去的时候，是由翁文恭公同龢交派的，我入馆后之第二年，因为想入的人太多了，所以才有考试的规定，然考亦不难，且有大人情者不考亦仍可加入。到光绪戊戌，虽然变法未成功，但因政治的变动，于民智有了很大的影响，想入者更多，以后就非经考试不能入馆了。

谈到功课。最初学生之不用功，已如上述。到光绪中叶，因为学生越来越多，倘太不用功就不容易站住了。从前是一进馆，每月就给三两银子，到我进去的时候，就改为先学六个月，此为试验期，六个月期满，考试一次，最劣等的革出，平常的留馆，再试六个月，最好的每月给三两，我因为在家中就跟着家兄学过一些，又因得入同文馆，非常高兴，不但勉力用功，而且极感兴趣，所以当年就补了三两，次年因为成绩好，就补了六两。这样快就补上六两，在他人是很不容易，因为他们还是不用功的人较多，就是用功的学生，若比目下学校，还不及十分之一二。

前边所谈，都是光绪中叶以前的情形，都是听到前辈说，或由公文中看到的，我都没有亲眼见过，兹再把我亲眼见过的谈一谈，先谈生活，再谈功课。

我到馆之前三年，还是照样随便开饭，资格深的学生，固然可以单开，但谁也不肯，因自己屋里难免有气味，二则也太不洁净，都是几位知心同学，合开一桌。但有的有势力的学生，如衙门司官的少爷等等，不按时开饭，且有些学生爱逛窑子，半夜里回来才吃。清廷每日上朝，总是晚间三点钟，所以前门总是九点多钟关，到一点半钟开，以备住在南城的汉人大小官员，进城上朝，而这班逛窑子的学生，也多是趁晚间开城赶进来，两三点钟回到馆，就叫开饭，厨房里必须预备着火，更须有几个厨子伺候夜班，这于包饭之人，本来极不方便。于八想建一饭厅，所有学生均在一处吃饭，且按准钟点开饭。但骤改章程，也不容易办到，前两任提调，都没有答应。后换了一个提调，名朱有基，他使了厨子一大笔款才应允了他，改为定时在饭厅开饭。其实这倒是应该的，可是一般学生，自己随便吃饭，自由惯了，都不愿受此拘束，而且大家都知道，朱某受贿很多，更不愿服从，头一顿饭几乎是无人去吃。而我们有一些人，平常吃饭，都是规规矩矩按时开饭，则这种办法，与平常吃饭，也没有什么分别，于是就有几十个人，到饭厅去吃。

当时许多同学，骂我们奴隶性质，次日便有许多人来吃饭，可是笑话也就多了。因为从前大家随便要菜，于厨子太不合适，所以此次规定是六个盘八个碗，一个大海碗，夏天有荷叶粥果藕，冬天有火锅，倘嫌不可口，可以换菜，不许特另要菜。于是学生们便拿一碟咸菜，换一盘炮羊肉。厨子说咸菜不能换菜，学生说，六两银子一桌的菜，你为什么给咸菜吃，没法子也得换。有的把炮羊肉吃的剩了两片，拿着使厨子换一盘炒木须肉，厨子说吃的剩了两片不能换了。学生说，谁让你就给两片呢？厨子说，原来是满的，是先生们吃掉了。学生说，你当时盛了多少片来，有准数么？没法子也得换。有许多学生，想把白糖带回自己屋中去用，或带回家去吃，要白糖，厨子不给，然果藕及炸锅煤等菜，都应该有白糖，学生就要这种菜，但厨子也很坏，他把白糖混在藕或锅煤上边，不能拿着走。学生又出主意，要这些菜，须把白糖放在旁边，如果仍混在菜上面，则非再换不可，闹得厨子无法，只好把糖放在旁边才算完。冬天吃火锅，除各种肉片鱼片外，照例有鸡蛋，每桌六个人，预备十五个鸡蛋，意思是每人吃两个。倘有坏者，还有三个补充，然吃完仍可以添要。有许多学生，把鸡蛋放在旁边，带回家去，而说不够吃，就得再拿十五个来，厨子聪明，把鸡蛋打在大碗中，吃时用勺舀入火锅，学生不能再往家带，但是碗中之鸡蛋，万不能有一个破了蛋黄的，果有一个，则学生便说这个腐败了，于是一整碗都不能吃，只好再换，厨子无法，只好再弄整的来，好在厨子余利太大，这几十个鸡蛋，还算不了什么。吃火锅，锅里头汤少了，叫厨子添汤，来得晚了一会，大家就把锅内之汤，特别喝干，一次一顿晚饭，烧化了三十几个火锅。叫厨子盛饭，来得稍迟，便把饭碗扔给他，接不住就摔碎了，一顿饭不知碎了多少碗。于八虽然是包饭的厨子头儿，但自捐了候补道员，当然不会再做菜端菜，也万不会到同文馆来的。此次因提调朱有基使了他的钱，替他做主，并给他面子，一次开饭，朱有基监视，于八也穿着狐狸皮袍马褂（没敢穿官衣），也来到饭厅上，与朱有基并坐。被学生们看到，大喊于八盛饭，大碗的炖肉蹄子等等，整碗就扔在他身上。他见势不好，就往外跑，学生就在后边追，把他按在地下，泼了一身汤菜等等，才有人来救了他去。结果朱有基也落了一身肉汤，狼狈而去。每顿饭应该开五十桌，可是逢星期六星期日，学生多回家，于是只开六七桌或十几桌，可也要五十桌的钱。学生气不过，看到哪一桌上有菜，就坐下把各种菜搅和到一起，都搅完，又坐在空的桌上喊开饭。厨子无法，就得另去端菜，端来后或者又搅和了，再喊端新的。如此种种，不易尽述。这是无论哪一个学校都不会有的事情，也可说是腐败，也可以说是笑话。以上这种种情形，都是旗门中小孩所干，年稍长者，绝对不肯如此，尤其我们乡间来的学生，更不肯如此。固然是提调贪污，而这些学生，也算是没受过教育。

以往上课的情形，前面已经说过，我入馆以后所亲眼看到的，当然比从前好多了，但离现在的情形还差得多，不过有一半以上的学生，是天天上课的，虽然天天上课，而真正用功的人，也不过十之二三。因为教授法不好，所以也不容易用功，若想用功，最好是自己想法子，例如我，入馆一年多，升到第二班，但除第二班功课之外，连第一班（彼时称头班，不说几年级，因为在一班之中，也有二三年的，也有学过四五年的，无法论几年）的功课，我都预备喽，所以二年之后，我便升了头班。按现在的情形说，在第二班把头一班的功课也预备喽，这几乎可以说是不可能的，但彼时并不难，因为彼时只有洋文功课一门，小孩或成人愿入后馆兼学汉文者，那就又有汉文功课，否则只是洋文，俟洋文学有根基，再任意挑选一门科学，也只是化学、算学、天文几种，且极稀松。比方我选了化学，上课的头一个月，化学教习只给我们讲什么是漏斗，是干什么用的；什么是熔锅，什么是火酒灯，什么是试验玻璃管，什么是寒暑表等等，都是干什么用的；如是者讲了两三个月，这种功课，当然用不了多少脑思。其中最认真的，就是汉文算学，教习为席汉伯，乃李善兰得意的门生，教法也很好，家兄补六两银子的膏火，就是因为算学学的深。其中洋文功课到现在也不大适用。最初只是西洋小学的功课，慢慢的学习编译小故事，渐渐的翻译简单的公事文，例如总理衙门与各国交涉的普通公事，多交同文馆学生学着翻译。有时洋译汉，有时汉译洋。最后则读中国与各国订立的各种条约，例如学德文的学生，则读与德国订立的条约，至与他国订的就不用读了，然特别的条约，或也须读。过三几年之后，洋文稍有程度，可以被派到总理衙门旁听，因为国人懂得洋文的太少，最初衙门中并不预备翻译人员，后虽添设，然亦很少，且洋文程度多不够，所以遇有与外国使臣会晤（此系彼时的名词），所谈公事无秘密必要者，往往招一两学生去旁听，以便练耳音，只许听不许说话，按章程，学生听了回来，还应记录出来，呈交衙门，俾查验其听的对与不对，但是听了之后，也没有人写过，也没有人问过，这当然也是一种腐败的情形。凡用功的学生听过之后，自己都要记出来，但谁也不交官，而官也不要，所以许多人就都不记录了。因为以上种种腐败的情形，所以同文馆办了四十年的工夫，花了多少钱则无从知晓，但可以说是一个人才也没有造就出来。在光绪中叶以后，虽然派了几次学生到外国去留学，也是一位也没有学出来。最重要的是派出去的学生，没有一个学过科学的，比方地理历史等等，我们有的都是自己学的，馆中就没有这些门功课。化学是前边所说的那种情形，算学也只有一两个学生认真地学，例如家兄永远考第一名，第二名永远是一位高思霖，其余好的也不过会到加减乘除而已。这样的学生怎能入外国的正式学校呢？学生中最早出国的，是胡维德先生，他是由薛福成公使调出去的，在外国历练了多少年，才成了一个外交官，其余如陆徵祥周自齐他们，官阶虽很高，但在外国也不过就是学了些洋文而已。后来派出国的学生，回来就是巴结一个局长等等，也就算是如愿以偿了。

按创办同文馆的年代及耗费款项，都应该有很好的成绩，而且在光绪中叶以后，上海的广方言馆及广东的同文馆，两处的优秀学生，都要经考试送到北京同文馆，接续肄业，此名曰升学。照这种情形说，本应该训练或造就出来许多外交人才，但可以说是没有。外交官还有几位，而够得上外交家的，是一个也没有。我常对外交部的人员议论这件事，他们说，外交家本不容易，没有造就出来，是没有遇到造就外交家的机会。其实这话是强词夺理，中国自咸丰以后，是天天有外交的事情，天天用得着外交家，可以说天天有造就外交家的机会，怎能说没有遇到呢？我常想，造就一个外交家固然不容易，但这些年的功课，主要的只是洋文，又有些人到外国去留学，总可以造就几位文学家罢，但也没有，不但没有文学家，连能写较好点洋文的人都没有。这自然也有他的原因：一因所有教洋文的洋人，没有一个好洋文的。二因学生们的汉文底子都不够，没有好汉文的底子，便不容易学到好洋文，就是学的好，也是外国人的好洋文，不是中国人的好洋文。以上这些话，并非糟踏我的老同学们，连我也是其中之一，毫无所成。我写这些情形，也有点犯牢骚，当未入同文馆之初，常闻庭训，说外国怎样怎样，中国老作八股，国家非亡不可等等这些话，觉得作八股太无聊，乍听能入同文馆，觉着自己的前途，是从此一步登天，日进千里。岂知入了馆，是那样一种情形，白费了五六年的工夫，可以说是什么也没有学到，自然是比作八股好多了，但离自己的希望，还相差甚远，安得不牢骚呢？不过有一层，虽然没有学些高深的学问，但因认识几位洋教习，我常常去找他们谈天，谈的当然非常之复杂，例如西洋大中小学的情形，各种艺术如戏剧等情形、政治的情形、工厂的情形、家族的情形、婚丧的情形、饮食的情形、农业的情形、海陆军的情形，彼时不但没有空军，且无飞机，总之社会中各种情形，无不谈到。我永远是很详细地问他们，他们也都很详细地解说，他们不但不嫌麻烦，而且都很高兴，因为他们借此可以学许多的中国话，若只靠他们请的教习教他们，那范围是很窄的，学不到这些事情。因为我自幼对社会中各种情形，就非常注意，知道的较多，给他们讲解的较为详细，他们听着以为极有兴趣，非常爱听，所以他们非常的欢迎我。可是我问他们也问得很详细，往往我问出一句话来，他们就大乐，说这件事情，我并未留过心，可是因为你这一问，我往回一想，倒也重新明白了许多事情。我说中国有一句老话曰教学相长，就是这个意思，就因为这种谈天，我倒得了不少的学问，合算起来，比由馆中上课得的多得多，这是比在乡间作八股好的地方。

到了光绪庚子五月间，大家都知道，西后要利用义和团毁灭光绪，派团练大臣刚毅、赵舒翘等，大批练造义和团。洋人固然都逃到交民巷去躲避，而学生中，得点新的知识、认为义和团是强盗的人，大多数也纷纷逃避，回南方的、回家乡的很多，同文馆自然就停办了。北京所有的衙门中，都有义和团设的坛，宫中也不能幸免，同文馆也被义和团占据，可是义和团头目下命令所用的印，即是同文馆总教习的洋文图章，这真可以说是极奇怪的事情，他也有理由，他说这是洪钧老祖赐他的印信，上面文字是天文，所以平常人不认识。可也没有人敢告诉他那是洋文，倘若告诉，则自己非被杀害不可。馆中稍有价值的东西，被抢的很多，余下也就都烧了，同文馆从此被毁。庚子平定后，官场还想接着办理，因为已设立了译学馆，此处便永远停办了。

第三章　学警察、谈考试、往欧洲、助革命、看兵变

　　自光绪二十六年庚子，做买卖起，一直做到光绪三十三年，总算做了八年多的商人，可是在这八年之中，除作生意外，也兼办了不少别的事情，也没有忘掉求点学问，在出国之前，附带着述说几件小事，于我都有关系，且颇有趣。

　　自外国兵进城后，皇帝是跑了，不但没有一个办公的机构，连个私塾念书的地方都没有，彼时我们的本家亲友的子弟都来京，因此自己花钱成了一个很大的书房，除学中文外，算学、地理、洋文等等都学，请了几个外国兵：有美国二人，法国二人，德国三人，各教本国文字，这些教员，都不要钱，只送些烟卷啤酒便足，也有以教他中国话，作为互换条件的。这个书房存在了两三年，因为北京大学及译学馆等成立，所有子弟都入了那几个大学，此书房才慢慢停办了，这个书房我得益处确不少。我除接续学点洋文外，我是偏重问他们国内社会中的零碎情形，可巧遇到一位德国管财政的官员，他是专门研究社会情形的，他知道的德国社会情形很多，于我自然是有极大

的益处。他也极想知道中国社会情形及礼节，他问的很复杂，我不知的，还得替他各处去问，如此一来，我所不知道的，也多知道了许多，因此我们二人约定，每日谈一个钟头，此事于我益处更大，古人云"教学相长"诚然。因为他问我的，我固然要他问，慢慢他没有问的，我也要问，后来因为我认识的工商各界三百六十行的人很多，各处去问，更多知道了许多事情，到现在我知道的北平零碎事情较多，就是在这个时期也收获的很多。

学警察

这里还有一段很小的事情，也可以算我一生可纪念的事情，就是日本军队办警察。中国从前没有警察，全国的警察，始自北京，北京的警察，是由日本人创始的。北京在前清时代，外城归五城巡城御史管辖，办事处名曰城上，再下为坊上。内城归步军统领管辅，办事处名曰厅上，最下层为堆子上，每一个胡同中，必有一个堆子，其中驻一二兵丁，专管本胡同中的水火斗殴等等的事情，总算是也管些巡逻侦查的事，但离警察的制度相当远。那么警察是怎么兴起的呢？始自庚子日本的军队。记得是辛丑年的春天，我的一位同学在日本军营中办事，他忽来找我闲谈云，日本人想招一班人，作警察的训练，将来即作巡街的巡警，但是怕招不到人。我说："不会招不到人，且容易得很，因为日本人所占的地区是北城，北城住户，多是旗人，旗人的生活，都是靠着每月的钱粮，他们自去年夏天，就没有得到钱粮，旗人如此，汉人也是很难生活，洋兵进城时，虽然大家抢了不少，但已经吃花了半年了，也快完上来了。大家正在生活有问题的时候，有这样的事情，一定都愿来的。而且旗人之兵丁，文字都有限，他们所当的差使及学问的程度，是正合于巡警的身份，有这种种原因，我想人来的一定很多。"我们二人这不过是闲聊天，随便谈谈，没想到他回去把我这一套话完全告诉了日本人了，不久招考，应考的非常之多。日本人以为我知道北京的情形很清楚，约我前去谈一谈。我到顺天府（日本民事机构在此），一位日本军官对我很客气，他说想办一班警察，应募的人很多，现在自然须日本人管理，将来各国撤兵后，自然就由中国人接办，管理人须知识较高之人，但也须稍知警察法，言外是也得训练。我听罢又想，他居然想到他们撤兵以后的事情，其实他们走后，这些警察果能存在否尚是问题。但我又想，从前在同文馆时，曾听说德国警察办得最好，日本效法德国，而比德国也差不了多少。我虽然如此说，但彼时我尚不知警察的详情，于是我便答应他，你们讲功课时，我一定来听听，果然感兴趣，也许可以接续听下去，日本人应允。这件事情，我的同学他为什么不作，让我作呢？原来他知道，这是中下阶级的职位，但我不知道，总算上了一个大当，去了几天，以后就不去了。我为什么说这是于我可纪念的事情呢？请想全中国的警察，始自北京，北京的警察，创始自日本人，日本人办警察，第一日第一堂上课就有我，我不可以作纪念么？

谈考试

现在才接着前段谈下去。到光绪末年，我总觉着做一辈子生意，是毫无意思的，当然还应该求点学问，要想着求学问，是非往欧洲不可，因为彼时虽经了那样大的变乱，国家吃了那样大的亏，丢了那样大的人，而国民还毫未能觉悟，外国人要求不许再考，此款列在《辛丑条约》之中。按外国人的意思，固然是给中国人面子不好看，但也是帮助中国维新的意思，而且，此于中国实有大益，毫无伤损。可是中国人不懂，尤其是政界学界，醉生梦死，他们以为这是毁掉中国的文化，所以洋人一撤兵，他们就设法想考试。在北京考试这一层，虽然经过几次讨论，但碍于《辛丑条约》，未敢实行，乃设法提议，在定州乡试，因彼处有较宽敞之考棚也，刚一提出，即被各使馆质问，未敢实行，又商议偷偷地借河南开封考棚，为直隶省（今之河北省）乡试之所。外国使馆最初本想依据条约的规定，仍要阻止。后经大家商议说，中国人既这样糊涂，此番乡试，又不在直隶省，条约中又没有极详明的规定，现在他们既这样的喜欢考，于我们既毫无伤损，我们就睁一个眼，合一个眼，佯为不知道，任凭他们去罢。以上这段话，闻系荷兰公使所说，但记不清了，彼时荷兰公使为领袖公使，或者是他的建议。各国既未阻拦，大家欢欢喜喜，都偷着往河南应试。于是政学界的人得意极了，自己认为这个法子想的太高，以致洋人都没能干涉。中了举人的，尤为高兴，仍然是到各亲戚朋友家，鸣炮报喜，祭祖庆贺。大家一想，乡试外国人没有干涉，则会试当然也可以举行了，于是半明半暗的大着胆，也举行了一次会试，当然状元、榜眼、探花、翰林、进士等等，也都中出来了，大家更是得意洋洋。有些洋人问我，为什么不去乡试会试？我说我没有会试的资格，乡试倒还可以。他问什么人才可以乡试，什么人才可以会试？我说是秀才都可以乡试，捐一个监生，也可以乡试。所以谁想乡试，捐个监生就可以乡试，乡试中了举人，才可以会考。他又问那么你为什么不去乡试呢？我说这话说来话太长，现在世界各国已经进化到了什么程度，中国赶紧维新，学各种科学及各种真实的学问，急起直追，已经不容易赶上人家，倘再作几十年八股，考几次，那中国就非亡不可了。他又问，那么这许多人，又为什么非去考不可呢？我说这话就难说了：第一是不知世界大势，以为作八股仍然还可以生活，第二是羡慕虚荣，中国千八百年以来，最崇拜的是状元进士，至今犹是旧思想。他又问，大家为什么这样崇拜它呢？总是有大学问，有治国的本领。我大乐，说这话说来更长了，许多年前就有一个类于此事的笑话，我可以说给你听，由此你就可以知道其中大概的情形了。许多年前，有一位外国的大学问家大政治家，以为自己的知识不够，听说东方有一个中国，一切文化政治都比西洋各国高得多，特别到中国访求学问，到了中国，问中国人：中国人中最受人崇拜，且有学问能治国的是什么样的人？大家都说，以状元为最，全国三年才出一个。外国人问怎么着才可以中状元呢？大家说他作的文章，名字叫作状元策，策之中齐家治国平天下的学问都有。外国人大高兴，买了几本状元策，研究其中治国平天下的法子，研究了好多天，也没有找到强国之法，他还不甘心，以为是自己的脑思不够，不足研究这样深奥的学问，又买了几十本，寄回本国，请本国国内的博士们共同研究，没想到憋死了许多博士，也没有研究出状元策中有什么治国平天下的法子来。这话固然是讥讽的笑话，但状元策中，也实在找不出什么治国安邦的道理来。我又对外国人说，按严格来说，此次的进士，还不能叫作进士。按国家的规定，考试取中之后，名字只能叫作贡试，待朝考殿试后，才有特旨为赐进士出身，所以才叫进士。朝考者，在朝中考试也，殿试者，在保和殿中皇上亲身再试一次也，此次不敢在北京考，安有朝考殿试，只派了几位大臣，在河南马马虎虎的考了一考，也就是对付着称个进士而已。

往欧洲

光绪末年，我正想到欧洲去留学，忽巴黎豆腐公司需要工人，求我给送去，豆腐公司虽为李君石曾所创，但主其事者实为家兄竺山，他们在中国招了二十几名工人，求我给送到巴黎，我来回的盘川都归公司担任外，在巴黎即住在公司中，所有费用，亦由公司供给。这于我当然是很好的一个机会，自初谈到起程，不过十天就上了火车，好在我从前学过一些俄国语，走西伯利亚，在火车上尚能说懂了两三成。尤其是彼时到处自由，行路更自由，无论到哪一国，说去就去，说走就走，哪一国也不要护照，也不用办出入境证的手续。只有俄国需要护照，但我们是过境，不是入境，较为容易，且彼时办护照的手续，也简单得很，比方：豆腐公司常招工人到法，每次需用护照，俄国使馆为手续便利起见，一次给了五十张护照，几时有人走，便填上姓名，随时可上火车，不过上火车后，把该次所去之人名，抄给他一份，以备存查便妥。请看这有多么省事，现在是万不会有的事情了。彼时由北京到巴黎伦敦等处，经过西伯利亚，可以由卧车公司买通票，但只限于头二等，至三等票，则须由哈尔滨买起。三等车是慢车，没有饭车，然也很方便，各大站都有饭厅，各列车中都有行车时刻表，表中都列有在某站可吃饭等语，这种吃饭之站，最少停三四十分钟，且各站台上都有开水，任人取用，不花一文，沿路稍大之站，都有卖面包零食之所，肠子、火腿、烤鸡、烤鱼等等，都很便宜，尤其贝加尔湖之鱼，味美而价廉。我到法国，前后去过三次，都是去送工人或学生，最便宜之一次，由北京到巴黎，连车票饮食，一切都算在其内，每人才合银洋一百四十五元，可以说便宜已极，现在是绝对没有的了。到巴黎请人补习法文，以备正式入学校，其奈学了不过半年，北京家中有事，不得已回国。宣统三年，又替豆腐公司送工人出去，这两次在巴黎，除到其他国游历外，看各国的戏颇多，尤其在巴黎之时，各戏园因豆腐公司为外国机关，常常送票以广招徕。不过各戏园所送之票，有的完全白看，有的须花半价或四分之一的戏价，因此，我看的外国戏很多。方思在欧洲多留几年，求些新的知识，没想到辛亥革命起来了。

助革命

武昌起义之电报，到达欧洲，大家兴奋极了，正值蔡子民、张静江、张溥泉、李石曾等君，都在法国，吴稚晖先生在英国，都纷纷回国，舍弟寿山，虽未入同盟会革命党等组织，但非常起劲，他们约他一同回国，他们前后都走了，只有褚民谊留在法国。李石曾到北京，适汪精卫已放出来，无处可住，由石曾介绍，即住在舍下东院西屋中，盖恐在外边住仍有危险也。慢慢的民军的声势越来越大，清政府对革命党，已有畏心，不敢随便谋害，精卫乃起身回南方。

此时家兄竺山正在北京，我此次所以留巴黎者，乃替代家兄也，忽来一长函云，其意大致如下：

> 李石曾君来云民军声势已很大，有几省已可站住，惟北京尚无办公的机构，现在上海造的炸弹，亦可运京，存于比国公使馆，惟使馆中有许多中国人出入，太为人注意，太不方便，拟借用义兴局设一办公处所。

我接到家兄这封信，我知道石曾的意思有六种：

一、义兴局自庚子成立后，只是同外国军队交买卖，连各国使馆的文人都不交，因为他们的下人都要花销，而我们不会说这种生意话，且不屑跟他们同事，故不交，所交者都是德美法奥比荷俄等国，所不交者只英国日本，来往的都是军队中的人员，大门口出入的都是外国兵，近于交民巷之警察局，虽常与外国有交涉，尤其外国兵常因醉惹事，这当然都是警察局的事情，可是他们最初没有翻译人员，都是我们帮他们的忙。有以上这两种情形，警察局对义兴局极有面子，倘民军在里边做事，不大容易受干涉。

二、义兴局自光绪三十年搬到崇文门内镇江胡同一所房，约五六十间，共六七个大院，一切居住都极方便。

三、我们朋友较多，所以义兴局来往的客特别多，凡天津保定等处之友人到北京，多住在此，如此则民军机构人员来往虽多，亦不容易使人注意。

四、石曾与我家为至亲，论亲戚他比我长一辈，可是他又是先君得意的门生，有这种种关系，他知道我们绝不会告密卖革命党。

五、吾族自先九世祖林玉公，在明朝末年，与王余佑、颜习斋、李恕谷、窦大东、窦二东兄弟（二东即戏中《连环套》之窦尔敦）诸人与前清打过仗，后来虽未得志，但族中之人（林玉公后人），多有反对清朝的遗传性，此事先君恒与石曾谈之，彼知之颇悉，故彼关于此事，绝对不避讳余弟兄。

六、镇江胡同离交民巷极近，倘有意外，党员很容易躲入公使馆，较为安全。

有以上这种种情形来讲，民军的机关设在义兴局里边，是再好没有的了，家兄当然也乐意答应，但家兄所以特来信问我者，也有两种原因。一因家兄从前虽也在义兴局做事几年，但因帮石曾之豆腐公司，离开义兴局已六七年。他对于义兴局所用的人员，有的不知其底细，对于民军事是否可以保密，他不能十分清楚。二因我虽远在法国，但义兴局之人，都是我所约用，而且我离开义兴局，不过几个月。有以上这两种原因，所以家兄特来问我。我接到此信，高兴极了，也兴奋极了，赶紧写一回信说，民军果借用义兴局，乃义兴局可庆幸之事，焉有不应允之理？其实我知道，就是没有我的回信，他们也是一样的借用，所以给我信者，不过是打个知字而已。果然我的信来到之前，他们早已工作起来了。

他们在此工作的本意，不过想着侦察清室要人的行动，藉以报告南京，且该时民军已得了上海，在上海工厂中可以自由制造炸弹，凡要紧物件及炸弹等等，运到北京，先存在外国使馆内，再慢慢取到义兴局应用。其原因的性质，是一个暗中动作的机关，没想到后来变成了一个大明光众的交涉机关了，这也有个原因。

义兴局向来闲住着的客人很多，前边已经说过，该时正有几位保定府莲池书院的学生住着，他们也都是先君的学生，他们因在保定住久，与吴钱孙（号彭秋）为朋友，这群人又多是袁世凯的党员，非党员者也是赞成袁的人，而且这群人与李石曾也相熟，吴亦久住保定，与袁世凯为至亲，斯时正作北京巡警厅丞，他对于民军的机构，当然极端注意，所以以找朋友为名，常到义兴局来，侦察民军的动作。照这种情形说，似乎吴彭秋应该把这个机构给抄喽，人员也逮捕喽才是。但是他没有那样作，固然义兴局暨所有朋友面子也有关系，但有重要原因，就是看外表似乎是袁世凯凭藉清皇室来摧毁民军，其实他是两面打主意，一面藉着皇室压迫民军，一面是借民军挟制皇室，所以他很想同民军拉拢，适民军的机构在此，而他的党员也在同院中，有这样凑巧的事情，焉得不利用呢？所以不但是吴彭秋常来，连袁克定也来过两三次，因为这种情形，民军人员以为义兴局相当可靠，越放心胆大，把整箱的炸弹也存在义兴局。这里边还有一段插曲：一次大家斟酌，怕上海新造的炸弹，不一定保险准响，倘若临时不响，不但误事，派出之人，岂不是白被逮捕么？大家商量先试验一枚，但北京绝对没有试验炸弹之处，幸我们在南苑买了一块田地，经种者为余表兄段筱轩，请他拿了一枚往彼去试验，虽然很响，但地僻人稀，没人注意，给大家坚强了信心才敢使用。由此两造不断地有所接洽。兹只说一件事情，一次交涉，民军所索条件，袁不答应，可是他说，并非他不应允，他一样也是汉人，为什么倒偏爱清室呢？不过这里头有人作梗，此人官虽不高，但满洲大员都信他的话，所以权势很大，问为谁？他指出良弼。按良弼字赉臣，系黄带子，与我为同学，他学日本文，在同文馆时，同我最说的来，确是一个有作为有志之士，留学日本军官学校，回国后任军咨府政务厅长（好像此官名，记不清了）。载涛、铁良他们都听他的话，所以很有权，而且人个性极强，与袁最不对付，袁确有点怕他，故特别把他指出来。民军闻知此事，次日即派彭烈士及王君二人假扮主仆，往拜良弼，适良弼由衙门归家，遇于门口，彭君掷弹，自己捐躯，乃炸掉良弼一腿，旋即毙命。不要以为这只是小小一个炸弹，它的影响力异常之大，第一反对革命最有力的良弼是死了；第二是旗人以及宫中由此丧胆；第三是袁世凯指出良弼之时，不过是借以推脱，减少自己的责任，他没有想到刚说出口来，不过两三天就真被炸死，由此他已知道民军真有人，且真干，他自己也有些害怕了。自此炸弹之后，不但所有交涉较前容易，而且慢慢地移到南边去了。以前几个月的工夫，义兴局可以说是时时有被抄的可能，但大家谁也不大怕，就连柜上做生意的人，也满不在乎。不但此也，民军人员来义兴局的很多，且大多数就在柜上吃饭，几个月工夫，只说吃一项，已经耗去八九千元乃至万余元，而义兴局没有跟民军人员提过一个字。石曾说这笔款，应该由民国政府偿还，但义兴局绝对不会要，义兴局何以能如此呢？这也可以说是我的功劳了，因为光绪庚子以后，做几年好买卖，赚钱相当多，有盈余，所以到宣统辛亥年，还有这点力量，后来生意渐劣，自然就差了。

然还有值得补述的一二小事。

我因在巴黎接到先君于辛亥十一月去世的噩耗，于是赶紧往回返，到民国元年正月十日才回到北京，见到石曾，知该机关早已撤销，惟见尚有新制炸弹空壳、炸药、导火线等等，与石曾商议，这些物品，得赶紧消灭了它，于是我们共同去埋。石曾云：这些炸药须多与土混合方妥，否则日久可燃烧，成一地雷，因炸弹壳制的很精，平常很难得，有人想留存，作为纪念品，我说收藏这些东西，没事还好，倘一有事，便是惹祸，石曾亦云然，遂都毁灭。我说我没赶上给民国出点力，这也算是我给民国做了点事情，大家大乐。

看兵变

我到北京，就听说南京政府派蔡孑民先生为正使，汪精卫、魏注东二人为副使来欢迎袁世凯到南京就职，因为都是熟人，欲约同石曾去看他们，因他们太忙未果。晚上就兵变了，我整整看了一夜的热闹，因我刚由法国回来，穿的西装，彼时北京穿西装者，尚难遇到，这群变乱之兵，都以为我是日本人，他们对我都很客气，所以我可以在大街上随便走动。按国家兵丁变乱，固然是给国家丢人、极可耻可恨的事情，但也有许多笑话，那一夜我在崇文门大街上站立了足有五六个钟头，看着大家抢，而且还烧。奇怪，有时候他们还跟我来说话。

大街东有一铁铺，匾额是德隆永老铁铺，有两个兵进去，打着掌柜的要钱，掌柜的央告说，穷铁铺哪里有钱哪？一个兵又出来看了看匾，大声说"老铁铺，走罢"，又到别处抢去了。我心中很乐，幸而他认识字，否则掌柜的还得多受些打。再一想他认字还不够真切，倘未进去之前，看清是铁字，他也就不进去了。本来铁字也极像钱字，这也难怪他。

有几个兵都抱着一包衣服，来问我："这是绸子么？"我一看是冥衣铺里的寿衣，还有陀罗经被，我一想这东西本不值钱，但若实告诉他，他必又另抢，不如就让他留下这个罢，赶紧告诉他是绸子，他们很喜欢地走了。

又有几人抢了一堆小碗，问我是什么？我告诉他，这是银楼中用以化银子的小碗，名字就叫银碗，乃缸砂所制，不值钱，他扔下就走了。这种小碗，现在已不易见到，径约二寸，形似蚌壳，而正圆，其原料与此地之砂锅差不了多少。

又有几人抢了一堆挽联，问我是什么？我给他讲解，他说："是办丧事的对子吗？"我说："对啦。"他们大呼倒霉而去。

又有二人抢的衣服中有一件貂褂，问我是什么？我说："是貂皮。"他说："老雕是长翅膀的，怎么长毛呢？"我说："那是鸟，这是走兽，这种皮出自东北，是皮子中最贵的东西。"他们高兴极了，欢天喜地地说没有白出来。

此次各营本是奉命兵变，这是人人知道的，抢了东西，还可回营照旧当差，有许多人虽出来抢，但仍是很自然的，不似真兵变之紧张，所以他们抢了东西，还肯随便问问人。这本是一种怪现象，于我仿佛很有趣味，但我又一想，类似这一晚的情形，我岂不成了变兵的顾问了么，想罢赶紧回家，家兄因各处有火警，也一夜未睡，谈了谈，天就亮了。因惦记着蔡子民先生他们，也没有吃早点，擦了一把脸，就出门了。我住东单牌楼裱褙胡同，一出西口，远远就望见石曾同他们三位由北边来了，看样子很狼狈，我问他们是怎么回事，原来他们怕戕害他们，一听外边枪响，他们就跳墙出去，在墙根蹲了一夜，很冷的天，当然很狼狈。我问他们往什么地方，他们说上六国饭店，我让他们先到我家休息休息。他们说还是到饭店罢，饮食沐浴，都较方便，石曾问我，身旁有钱否？我说只有二百元，他要过去，我说倘不够我再取去，他说到饭店再说罢，我就同他们一齐到饭店。在街上走着，我对子民先生说，我们分别不到几个月，时局变到这个样子，我的意思是居然变成民国了。子民先生说，这一夜的工夫又大变了，变得更快，大家概叹者久之。子民先生又说，一切计划，都成过去了。到了饭店，袁已派人来慰问。以后的事情，自然应该载在民国开国史之中，不必我再饶舌了。过了些天，张静江、褚民谊二君到北京，即住在舍下，又过些日，中山先生也到北京，静江带我去见，给我指引，只说了四个字"豆腐公司"，中山先生与我握手后，静江又说："他也是义兴局的经理。"中山先生对静江说："花他们不少钱。"静江说："是的。"中山先生对我说："很打搅。"我说："是大家都应做的事情。"静江又说我不但与李石曾好，同张继、王法勤他们都是老朋友。中山先生说："哦！"很高兴。

彼时袁世凯他们，正与各国进行一笔借款，使各国公使共同商量，某国负担多少，他们把数凑好后，我们成总借入，以免借款时他们彼此竞争。这件事情，凡留心政治、留心经济的学者，大概还都记得有这么回事情，这本是古今中外各国借款没有的现象，各国不能瓜分中国者是因他势力不能均也。如此，一来各国势均力敌，瓜分的手续，岂不是进了一步呢？我们在家中谈起来，静江就有气而大骂，及至见到中山先生，便以此意请教。中山先生说，他们不懂。随即大发议论，指斥袁等之无知。这回事情，我并一言未发，于我并没什么关系，我所以特记此事者，因为我亲耳听到中山先生议论政治，只此一次，故志之引以为荣也。

办俭学会

我此次回国，本系奔丧，原想大事办完，仍回法国。后吴稚晖先生也来北京，蔡孑民、吴稚晖、张静江、李石曾、张溥泉诸位商量，决定发起办一留法俭学会，在北京先设一预备学校，请我主持其事。我的意思，仍然往欧洲去留学，并且说豆腐公司现在也无人管理，我还是先回法国，大家商议请家兄先回去，我留在北京，俟把头一批学生训练出来，我送他们去法，如此则时间不过只晚半年，最多一年，因为预备学校的宗旨，只是学点眼前应用的法国话及在欧洲生活或旅行的习惯，以免到法国到处出丑及无法行动，有余暇再补算学等等，有法文资格深的学生，当然另教，所以需时不必太久。于是我也只好应允，后该校办得很好，一切饮食都在校中，借以讲究西洋生活的规矩，招的学生也很多，民国二年都送往法国，因路间车票关系，倘一次人数太多，则购票甚难，因须特别添挂车辆也，于是乃分三班前往，我也送去一班，所有学生到法国后，多数都很用功，出来的人才也很多，如李君书华、汪君申、郑君毓秀等，都是该会的学员。

此次送学员出去，可就比前者送工人省事多了。因为前者送工人，我受累受罪都非常之多，所以在学校中，对于旅行饮食的情形，给他们讲得很详细，路上就省事了。从前都是受的什么样儿的累呢？兹在下边大略说几句，诸君看看，也或者以为有趣。所有工人，都是由乡村招来的青年，仅仅的在乡村小学念过几年书，对于世界上的知识，当然一点也没有。沿路我就不敢带他们到车站饭店去吃饭，我也曾带过一二人去，作为试验，倘能吃再陆续多带。他们一吃饭，是"特儿喽、特儿喽"的山响，刀叉池响得更凶，这还不要紧，任何一种食品，他们不但没有吃过，且没有见过，都不会吃，我可以教给他们吃法，吃是会吃了，可是因为黄油味道的关系，大多数的东西都还不能吃，所以后来我就买了东西，都让他们在车上吃了。北方人向来吃的多，乡间人吃的更多，青年人吃的尤多，这帮都是北方乡间青年人，吃的特别多，每人每顿约吃五个两头尖的俄国面包。共二十余人，每天一顿点心两顿饭，约须买二百多个面包，一次买这许多，固然不容易，且也怕人看着可笑，于是设法零买，每站买若干，然而同车的乘客无不笑者，问我，你们怎么吃这么多？

这还不要紧，最伤脑筋的是大便。北方乡间，绝对不会坐着大便，尤其没见过外国的抽水马桶，都是蹲在上头，火车又摇动，拉的各处都是屎，还得替他们擦洗，便桶里的水，只能洗里边，且水亦无多，每到大站，总要打水，好在自己有大水壶。一次，我告诉大家必须留神，以免贻笑于人。一工人曰："他们怎么知道是我们拉的呢？"我说："你这句话，你自以为很有理，可是由此更可知道，你对世界上的事情，是一毫不知。西洋人大便，有坐着的习惯，自有火车以来，没有人把大便拉到外边过，今天车上有中国人，而有这种毛病，你说他们不知道，其实果能知道是谁拉的还好，比方说他们知道是你干的，那是你一个人丢人，他们不知道，他们就要说是中国人拉的，那我们所有的人，都得跟着你丢人，再说他们不知道我们是干什么的，只说是中国人，那就要全国都跟着我们丢人。"这类事情还多，不必尽举，此次与学生讲得很详，且学生的知识总比工人高得多，所以此次旅行没有这种笑话。

我此次送他们到法国后，本想安心学点什么，不幸又有重要事情，非回国不可，回北京后，附带着也把俭学会预备学校办下去，还要招些工人，原定民国三年，仍可回欧洲，不意第一次欧战起来，我回不去了，所有友人有的回南方，有的去欧洲，因为欧战，俭学会也不能再办，我一个人独自无事，乃研究起戏来。

第四章　看戏的由来、研究国剧、名角谈话、著述

看戏的由来

谈起我所以爱好戏剧来，话太长了，大致说有六种原因：

一、吾乡在明朝昆弋腔就很发达。父老相传，从前大的书房（做文章的学生，为大书房。）大多数的先生学生都能唱昆弋腔，许多书房到保定府去考的时候，都在车上带着锣鼓琴笛等乐器，住在店里，无事时就唱起来。能唱昆弋者，不只吾高阳，左近多有之，如安新县也很多。后来渐渐衰落，据老辈说，是因为南方反乱，大家心神不安的关系，后慈安太后及同治两次大丧，遏密八音，北京不能唱戏，有两个昆弋班，因为与吾乡昆弋班向有来往，于是便投奔吾乡去演，藉谋生活。盖北京禁止虽严，而乡间则较松，故能随便演唱，县官假装看不见，再暗给差役几个钱，也就没人干涉了，由此一来，吾乡的戏，又发达了百十来年，不但昆弋，因为同时有北京的梆子班也到吾乡去演，所以梆子腔也很发达。吾乡有两句话说，有几

个村子，狗叫唤都有高腔味儿，此虽笑谈，然足见能唱的人多了。因自幼有听戏的习惯，我虽不会唱，但狗叫都有高腔味儿，我或者可以比狗好一点罢。

二、因舍下几世都能唱昆弋腔，先曾祖竹溪公（名正训）本就能唱，后中嘉庆年进士，为阮芸台先生（元）之门生，因此多与江浙人往还，故颇知其中之意味。先祖叔才公（锺庆）能唱百余出。先君禊亭公（令辰）乃光绪甲午进士，为翁同龢、潘祖荫诸公之门生，亦常与江浙人谈到昆曲，亦能歌数十曲，与吾乡之昆弋班诸老角无不相熟，且能背诵昆曲很多，如《北西厢》、《琵琶记》、《牡丹亭》、《长生殿》、《桃花扇》等等，差不多都能整部背诵，然而只偶尔唱唱，不但未登过台，且未上过笛子，且未正式研究，对于我们这些小孩子，虽不禁止观剧，然亦不提倡，所以我们这一辈就不会了。但因家藏南北曲很多，也不断看看，也能知一二，所以看剧的瘾，永远是很大的。

三、因吾村有武术会，会打拳的人极多，且都是花拳门。花拳极花哨，除几十套拳术外，用枪刀等器的套子也不少，可以说哪一种兵器都用，不像太极行役等门专靠拳术。比方行役门之用兵器者，只有齐眉棍，按高尚说，自以上两门为高，但它不够花哨，所以国剧中只吸收了花拳的武术，如各戏中之打把子，在明朝不是这样子，后来才吸收的。我们小孩们，因平日看惯了打拳及各种兵器，所以看着戏中的武戏，也特别感兴趣，由此就更爱看戏。

四、入了同文馆以后，自己以为便不能常听戏了，一则功课一定忙，没工夫听戏，二则乡间看戏，永远白看，绝对没有花钱的，到北京必须花钱才能听戏，我一个学生，哪有许多闲钱看戏呢？所以理想着就不能常看戏了。事有凑巧，我们同学中，有一位文质川先生，他比我入同文馆早三年，他虽是学生，可是在都察院有个都事的差使，御史等听戏，当然可以要包厢，都事阶级低，只可以要一张棹，然而不用花钱，所以他请我们去听戏，八个人坐一张棹，若买票则须九吊多钱（一吊合大洋一角），他不用花钱，只给赏钱便足，赏钱不过一吊，合一角，最初是他自花钱，后来我们大家凑，每人一百，约合大洋一分，下短若干归他出，最后我们七个人共凑一吊，他白听，可是外面仍归他赏。按这种观客，戏园自然不敢不敷衍，但他不欢迎，可是看座的茶房（上海所谓案目）却极欢迎，因为倘买票，则约合九吊五六百钱，给他十吊票，其余四五百便算是赏他的钱，他也不敢再争，倘不买票则至少要赏他一吊，所以他特别欢迎，因此每逢星期日，也常常去听戏。

五、在光绪庚子年，外国兵进京后，人心稍安，戏界人为谋生活，戏馆子也都开张，我也偶去看戏，最初是我自己买一个包厢，也不过两元钱，能坐十几位。一次德国兵来听戏，因为误会，同戏子吵起来，把戏馆子的人给打了，还不完，幸而我到了，给他们解释才算完事。后来闹过几次这类的事情，都是我给他们解了的。最有趣的是有一次花旦小旋风演戏，有些个德国兵去看，彼时花旦中以小旋风（忘其真姓名）为最漂亮，这群兵以为他真是女子，演完后都到后台，非看看他不可，不但把小旋风吓坏了，连全戏班的人，都吓跑了许多，小旋风藏在厕所后头不敢动，适我在场，赶紧跑到后台，德国兵说明情由，我亲身把小旋风扶出来，我说你只管卸装，一切都有我保险，让他当着这群兵的面前，卸跷，卸装，卸头，洗脸，换衣服，变成了一个男子，所有的兵都大乐，都跟小旋风握了握手，很谢谢他，欢天喜地而去。有几个兵说，虽是男子也很美的可爱。所以戏园戏班的人，对于我之感谢，那就不用谈了，都说倘我不在场，不晓得闹出什么笑话事故来，甚至把戏园子拆了都不一定。以上这些事情，差不多都出自广和楼。以后我再去看戏，不但不用自己花钱，而且他们常特别派人来请我，他们所以请我者，不只为给他们了事，乃另有别的原因：每天演戏，总短不了外国兵来看，他们当然不会坐在池子条棹，与中国人挤在一处，他们都是上楼坐包厢，他们人虽不多，也坐不久，但包厢中一有他们，则中国人不但不进他们的包厢，连左近的包厢，也没人肯坐，如此则戏园中便减少了许多生意。只若有我在包厢中一坐，所有的兵都跑过来坐在我包厢中，听我给他们解释戏剧，或谈天，我认识他们的人本极多，认识的过来，不认识的也就跟着来了，如此一来，所有包厢大多数都空闲，依然可以外卖。因为这种情形，在光绪二十七年外国兵未撤之前，我几乎是每星期听两回戏，由此更认识了许多戏界中人，以后更是不断的听戏。

六、到了法国，我三次到欧洲，都有点替代家兄的意义。家兄为豆腐公司之经理及厂长，我当然就住在公司，公司在法国乃是一个外国的机构，各戏园子为招徕生意，常常有人送戏票，自然倘该园天天满座，他便不会白送戏票，但生意稍差，则设法赠送，倘我自己须花钱，我当然听不起，不能常去，有这种票，而他人有工作或不愿去，而我是闲人一个，所以常常去看。

请看我自孩童到三十多岁，总有听戏的机会，因此也就当然引逗的对戏剧有了浓厚的兴趣。最初只是爱看戏，并没有研究的性质，那么我为什么才研究戏呢？这话说来也很长。从前自然是很喜欢国剧，但在欧洲各国看的剧也颇多，并且也曾研究过话剧，脑筋有点西洋化，回来再一看国剧，乃大不满意，以为绝不能看，因此常跟旧日的朋友们抬杠，总之以为它诸处不合道理。我于民国二年，曾写过一本书，名曰《说戏》，立论是完全反对国剧的，彼时汪大燮正长教育部，特别索去，存于部中。其实我在书中所写的改良国剧的话，到如今看来，都是毁坏国剧的。

研究国剧

我为什么又研究起国剧来了呢？在第二次回国之后，因为看西洋的戏相当多，回头一想中国戏，一切都太简单，可以说是不值一看，回国后约一年之久，没看过戏。一次余表兄段叔方约我去看梅兰芳，本意不去，因他向来不大爱看戏，而他说梅兰芳之好，实在是得未曾有，以一不爱看戏之人，盛赞一角，颇觉新颖，便同他去看了一次。据我看来，虽说不像他说的那么好，但天才实在难得，面貌尤美，由此就又看了几次其他角色，乃引起我一种特别的心思来。自此之后，就不断的看戏，常常看到票友，唱工自然有的比戏界人还好，但动作上则永远不及戏界人，且可以说绝对不及。按聪明学问，都应该比戏界好，就按天才说，他既是好戏剧，则他当然就近于戏剧，是天才也应该比戏界人好，而且他们有的也很用心，也很用功，何以永不及戏界人呢？尤其是戏界中人之去配角者，他的动作，也比票友之去正角者自然而美，常使我心中不平，因此便引起了我研究的心思。最初以为研究研究戏剧，也不过是很随便的事情，用不着费多少脑思，也没什么太难。哈哈！真没想到，敢情比研究什么学问都难，干脆的说罢，简直得是不知道由什么地方研究起，没法子入手。无论想研究哪一门学问，总要找点书籍，倒是找到了二十几种，无非是《燕兰小谱》、《明僮录》等等这类的书，不过这些书，不但没有讲戏剧理论的，且没有讲戏班情形的，都是讲的相公堂子。如某人为某人之徒弟，隶某部，工某角，意思是搭某一班，工唱青衣或花旦之类，也有恭维各角的诗词等等，但所有恭维的词句，都是与恭维妓女的文字一样。总而言之离戏剧太远，这些书于研究戏剧，可以说是一点用处都没有。于是又设法找到几种。如焦循（字笠堂）《剧说》之类，我未见之先，私以为焦笠堂为经学大家，他的《剧说》必非《燕兰小谱》之类，及至看到，确也有点研究的性质，但总是偏重南北曲剧本的记载，关于理论的部分，还少得很。至于《度曲须知》，陶九成论曲，燕南芝庵论曲，周挺斋论曲，赵子昂论曲，丹丘先生论曲，涵虚子论曲，《录鬼簿》等等，虽然都是专门戏剧的书，但都是研究歌唱及记录曲中的情形，绝对没有谈到戏中之动作的，就是《扬州画舫录》等类的书，也就是记载当时的情形，然更是似是而非。为什么说它似是而非呢？因为他是文人的记载，偏重文字语句的顺适，不十分管实事。例如秦腔与梆子两个名词，按戏剧说，有时应该写梆子，有时应该写秦腔，不能混淆，但文人记载，他不管这层，他是宜于平声字的句子，他就写秦腔，宜于仄声字的句子，他就写梆子，所以说他似是而非。总之，关于研究戏中动作之书，可以说是一本也没有，因这种困难，更感到兴趣，何以国剧已有七八百年的历史，且全国中无处不有戏剧，何以前人竟无一人研究，竟无一字之记载，这种事业倒要费些心思去研究研究，这便是所谓因困难倒感了兴趣。不能由书本子上研究了，乃返回来问戏界的人，以为演唱了多少年，当然会知道的，殊不知更令人失望。简直的说罢，没有一个人知道，都是一问一直脖子。有的很客气，干脆说说不上来，有的强不知以为知，随便乱说，有的红红脸，自己以为很不够劲。比方，我问过谭鑫培五次，他都没有答出来，他自以为很不够劲，因此以后我就不好意思再问他了。至此我才知道他们戏界之学戏，就是只教技术，不管理论。然在明朝及清初以前，一定是连理论教的，否则国剧不易有系统的传到现在，若从前就只教技术则国剧早就失传了，而且在咸丰同治年间，程长庚他们，有许多好角还能说的上许多来，这不但可以证明国剧之理论未尽失传，而且可以证明从前确是有理论的，因此我研究国剧的心思，就又紧张了一步，但是仍无其他的方法，仍只好问戏界人，因为他们虽然不懂，但都会，戏界以外的人，当然更不知，于是我就逢人便问，好在我认识戏界的人很多，几十年的工夫，大约认识的有四千人左右。我怎能够认识这许多人呢？这也有几种原因，现在也可以大略述说述说。

一因庚子以后，不断地听戏，于是认识了许多，但大多数是梆子班中的人，此层前面已经说过，不再赘。

二因我与程遵尧兄弟三人同学，都是程长庚之亲孙，庚子联军入京后，我住在他家很久，以后且常去，他们兄弟虽因考试关系，讳言此事，但我因此却认识了许多戏界人。

三是民国元年戏界总会精忠庙，改组为正乐育化会，谭鑫培、田际云为正副会长，所有戏界人员，都是会员，所有有名之角，差不多都有职务名义。我也曾加入，每逢开会，我必到场，因此所有在会中有名义之名角，就都很熟了。每年开大会一次，全体会员都到，第一次周年大会，即在精忠庙内召开（精忠庙内有一舞台，也很整齐），约我给他们讲演，我讲了差不多三个钟头，大致说的都是反对国剧的话，先说的是国剧一切太简单，又把西洋戏的服装、布景、灯光、化妆术等等，大略都说了，没想到说的虽然都是反对旧戏的话，而大家却非常之欢迎。这也有个原因，没有思想的演员，他们固然是一切守旧，总是自己的好，稍有思想知识者，他们听到西洋这些情形，便很以为然，自命维新的人，尤其赞成。我讲完之后，副会长田际云登台说："齐先生讲的怎么好，大家自然知道，不必我恭维，我有一句话是：一个外行人，在戏界大会中演说戏剧，这是头一次。"全体鼓掌。谭鑫培也对我说："听您这些话，我们都应该愧死。"我自然是道歉了。谭之妻弟侯幼云，从前演刀马旦极好，以小名侯连二字出名，彼时为育化会之干事，与我最好，他私自对我说："谭老板一辈子没说过服人的话，今天跟您这是头一句。"经这些名角一夸奖我，我当然也觉着不错，岂知研究了几年之后，才知道国剧处处有它的道理，我当时所说的那些话，可以说是完全要不得的，是外行而又外行！然因此不但认识了许多戏界人，而且得到了戏界人相当的信仰，落下了相当的名望。

四是正乐育化会附设有育化小学，校长乃项仲延，为安新县人，与吾极熟，常到校中去看他，且也给学生讲过几次，尤其校中每次开会，我也永远被约与会，因此就认识人更多。

五是因为我为研究戏，想多认识人，跟戏界人来往很多，有许多戏界之家庭，我都常去，遇有婚丧事，我也必到，所以认识人尤多。

六是外界人尤其是官员、学者与戏界人来往，都只是认识好角，我则不分好坏角儿都认识，连后台管水锅的人等等，我都相熟，过旧历年，多数都给我来拜年，我总要给他们几个钱，所以他们帮我忙也很多。总之你想要问一个人专门的技术，那是你要问该行的好角；若问戏界全体的事情，那你就各行都得问，生行的问生行，净行的问净行，关于行头就得问管箱之人，各行的事情都是如此。

我认识这许多人，也有用人力才认识的，也有自然认识的，这可以说是我研究国剧至高无上的机会，倘不认识这些人，简直的就叫作没法子研究。无论什么时候，什么地点，我是逢人便问，每逢看戏，我在后台，总有人来围着我说话，他们也很愿告诉我，关于衣服、盔帽、勾脸、把子、检场、音乐等等，只要他们不忙，我就坐在旁边问长问短，都是勤勤恳恳地告诉我。好角家中，我也常去，总是带着本子铅笔，一面问一面写。这里有一句话要补充的，就是问他们虽然得到的东西很多，但平常听他们议论谈天，得到的东西更多，因为他们在无意中往往说出很重要的话来。你问他们的时候，倒不一定回答的上来。每天回到家，便把当天所问的话，一一记录在本子上，最初是随便写，不知分类，后来便分类记录，我所记录的本子，一尺多高一摞，共有四摞。不过各位所说的话，有若干是靠不住的，但也不要紧，有几种靠不住的谈论，也可以挤出些道理，有时候由不对的议论，倒可以托出正当的理论来。有的一问就问到一位知道的，立刻就告诉我，经一思索，他的话一点不错。有的问了多少人，没得到正确的答复，末了问到一人，立刻就给你说个很清楚，这种情形，尤其痛快。我所问来的材料，后来都整理出来，为归纳各种谈话，也费了不少气力，幸喜都找到了相当的原理，我已把它写了几十本书，有已经出版的，有尚未出版的，虽然尚未能全份写出，但已有十之七八。不过里面，也有许多错处，乃是因为听到那样说就写出来，后来又听到更合理的，未能赶上更正就是了。各书在台湾虽不易找到，但在内地尚有存者，此处不必多赘。

名角谈话

现在我把我所与各名角谈的话及谈话的情形，写出几段来，请大家看看，不但颇有趣味，而且亦可以知道得点知识之不易。按这些情形，我曾想写一本书，名曰《名角谈话录》，大约有二三百条，但我只写了不到几十条，日本投降，便未接着写，其实这乃是很重要的掌故，有工夫一定还要把它写出来。

何桂山（以何九出名） 二涛髯 国剧的规矩，戴胡子规定极严。清高人带三绺髯（简言曰三），富贵人带满髯（简言曰满），莽撞人带扎髯（简言曰扎）。可是我常看见去家院的生角都戴满髯，我就不懂为什么他可以戴满（在台湾则随便来来），我问过许多人，都说不出道理来。一次问到名净何桂山。他说："咳，先生错了，那不是满，那是二涛。"他又说："也难怪先生不懂，我们戏行中，懂得的人也不多了。现在戏班中，大多数已经没有二涛，老箱中还有，新的衣箱图省钱，就模糊了，都是戴满了。按规矩，二涛与满髯的制造法一样，不过二涛长不许过七寸，满髯则可一尺多。"

黄润甫（通称黄三） 绺三掏扎胡拉满 从前看到各脚绺胡子的情形不大一样，但我分不清都是应该怎样绺法，问过许多人，都说不一样，例如扎髯，则必须掏，大致可以说都知道，但都说不出肯定的话来。一次问到名净黄润甫，他立刻就说："绺髯，掏扎，胡拉满。"请看他有多科学，多有传授（胡拉乃北方的话），如今台湾随便了。黄三跟着又说："咳，齐先生！唱戏这个玩意儿，细汉子不干，粗汉子干不了哇。"他这话很感慨。

贾洪林 黑白须老生 名须生贾洪林，小名贾狗儿，青年时为谭鑫培之敌手，倒嗓子后全靠做工。我一次同他谈天说："生旦净丑各角，就是生角年岁分的清。净丑两种角色，无论小童老头，都归净丑扮演，不分年龄。旦角可以说分两个阶段，五十岁以下之妇人归青衣扮演，虽在闺门旦一角，都是青衣兼演，至花旦一门，乃是品格的关系，不是年龄的关系，只有老年妇人，归老旦扮演。生角则分三段，童年归娃娃生，再大归小生，武生亦是文武之分，不是年龄的分别，一挂髯口，就归老生了。"贾洪林说："您这话对极了，可是还不能彻底。生角应该分四段，戴黑须与戴白须，虽然同是老生，但须分为两段，因为身段表现，都不能相同，不信请看，文的如：《摔琴》的锤元谱，《甘露寺》的乔玄，《教子》的薛保。武的如：《珠帘寨》的李克用，《定军山》的黄忠，《碰碑》的杨继业等等，所有动作，都不能与挂黑须之角相同。黄忠曾说年迈力刚强，所以他的一切身段表情于刚强之中，还不可忘了年迈二字，否则身段便不会合规矩。如李克用等等也是如此。"我与他谈这套话，大约在民国元年，他说话我当然很相信，但我又以为他相当年轻，他才比我大六七岁，他居然知道的这样详细，又有点信不及。我以后又与几位老角，谈及此事，都说这话一点不错，就是如此。尤其有趣的是问到谭鑫培，他说："那是一点不错，错喽祖师爷是不答应的（谭最爱说祖师爷），有一件事情，我可以跟您说一说，从前搭三庆班时，程大老板同别人谈过此事，别人说演《昭关》伍子胥换挂白髯口后，身段都应该改，虽是一场戏，前半段跟后半段，就不能一样。大老板说，不用改样，因为他虽一夜把胡须愁白了，但身体并未老，且一夜工夫，也未见得衰迈，所以不用改身段。"以上乃是他们当时说的一套话，你看讨论的多么仔细，所以我听了之后，永远没忘。我听过这番话之后，不但佩服老角之用心，越发相信国剧处处都是有理论的，如今则模模糊糊了。

胜庆玉　和尚脸谱　和尚勾脸，与平常人不同，同是武人，一看脸谱，便知道他是和尚，不必再看别处。我把这种情形，问过许多戏界人，都说和尚脸谱一看便知是和尚。我问分别在什么地方？问过许多净角都说有分别，但都说不出分别在什么地方来。一次问到名净角胜庆玉，他立刻就说："棒槌眉腰子眼窝，才是和尚，平常人不许用。"后来遍看各戏，都是如此，老角知道的多，实在令人佩服。胜君乃嘉庆年间成亲王府戏班的徒弟。成王府班，从前很有名，所以胜君得的传授，也最精湛，我得的胜君的益处尤其多。

郭宝臣（老元红）　西风紧雁南飞远林如画　光绪二十六年，偶与几位梆子班老朋友谈天，我说在《春秋配》一戏李春发唱词中，有"西风起雁南飞杨柳如花"一句，很不好懂，可是名小生胖小生、汪小旺、马全禄等都是如此唱法，斯时马全禄亦在座，也不能回答，名老生郭宝臣说，那是唱讹了，原来是"西风紧雁南飞远林如画"。老角们知道的总比较多的多。

侯俊山　彩旦　一次与名花旦侯俊山（即十三旦）谈天，我问有专门演彩旦的没有？侯俊山立刻就说没有，凡彩旦的戏，都归小花脸花旦两抱着，其实从前彩旦戏很多，且都能叫座，如今剩了不多几出了。戏中这种情形很多，三花脸的戏，都归二花脸小花脸两抱着，没有专唱三花脸的了。闺门旦等等也是如此。

王福寿（外号红眼王四）　倒椅　一次我在后台偶问戏中为什么用倒椅，例如《四进士》一戏柳林写状一场，王福寿在旁立刻答曰："凡不是正当座位都用倒椅。"其实这件事情，凡检场之人，没有不知道的，不过他说不了这么干脆。他又说："比方在野外，在哪里找一个椅子呢？所以不能直呼直令的坐椅子，只好坐倒椅。又如《打侄上坟》员外安人行礼后照例坐下，那个地方可以用椅子，也可以用倒椅。用椅子者，意思是大家主坟上，总有房子，有坐落的地方，所以可用正式椅子的座位；但小家主之坟，有许多没有房屋座位，所以也可以用倒椅。"按王福寿知道的东西很多，极渊博，可惜我跟他来往很少，只在堂会后台谈过几次，没有往他家去过。

韩佩亭　闺门帔　光绪庚子后，偶尔听戏，在后台谈天，正值俞菊笙扮戏（菊笙外号毛包），应穿开氅，适太旧，别人以为不好看，说有新的硬面褶子，你可以穿，褶子与开氅，制法本一样，只差后面有摆无摆，所以大家请他穿。他说："硬面饽饽吃过，硬面褶子没穿过。"他绝对不穿，这就是老角能穿破不穿错的规矩。彼时我还不知开氅与褶子的分别，但我记住了这回事，可是永远未跟人谈过。到宣统年间，才偶与韩佩亭谈起来，他说："照规矩褶子没有硬面的（缎子面为硬面），开氅没有软面的（洋绉、绸子为软面）。文人衣服，帔无软面，褶子无硬面，女帔有软面的，专为闺门旦所穿，名曰闺门帔。"后来又问了许多好角，都如此说法。但我看到清宫内之箱，也有硬面褶子，大概是宫中合外边不一样。按这件事情，从前戏界知道的人很多，此处所以写它者，因为我得的韩佩亭的帮助极多，此不过一件小事。韩本为梅兰芳之梳头人，按此行从前在戏界为最下等的行道，但韩之为人，知识道德都高，从前人都呼他为韩师傅，后来都称韩二爷，与本界任何人都说的来，所以我常求他替我调查事情。

周春奎　踩跷　周春奎乃程长庚之亲家，为余同学程绍唐之外祖，所以我认识他很早。一次问他，《能仁寺》一戏，为什么何玉凤踩跷，张金凤就不踩？他说："戏中踩跷，不是旧规矩。乾隆年间，四川角魏长生来京才兴开的，无所谓谁应该踩谁不应该踩，总之按旧规矩都不应该踩，所以昆弋两腔之戏，到现在还没有踩跷的。自魏长生踩跷，如《滚楼》等等唱红，梆子班先学之，不久皮黄班也传染上了。总而言之，不论戏中写何人，凡青衣演就不踩，花旦演就踩。"他这套话说的坚决极了，后来常常看戏，才知道果然是如此。

汪子良　巴搭　汪子良为光绪年间打鼓的名手，知道的特别多，但有点毛病，就是打鼓时容易出错，所以戏班不大乐意请他，然若请他教场面，确是好教师。一次我问他："鼓师们念鼓点的时候，常念巴搭或搭巴，有分别么？"他说："怎么没分别，一是左手，一是右手。"我说："我问过几个人，他们都没有说出来。"他说："如今差多了，会几个牌子，就敢上台打鼓，您问他们，什么是摔锤，什么是搓锤，什么是提锤，什么是闪锤，什么是亮锤？等等，大多数说不上来了。按巴搭的分别，他们虽然说不上来，但因你一问他，他借此一想，也大致可以说上来，至于摔锤等等，大多数都说不上来了。"

著　述

我既是立志将来继续把名角谈话录写完，此处就不必多写了。以上只写几件，大致是每种事情一件，至于谈话的角色出名与否，则不大管，我关于国剧的知识，就是这样一点一点积蓄来的，请看有多么难，果能都是这样的说法，还不算难，大多数是谈了半天毫无收获，尤其是白费工夫。把所有听来的话，不管它合理与否，总要一段一段地研究，研究之后，再归纳，归纳之后再断定，这个断定就相当难，断定之后，再与各名角审查其是否还有疑义，一步一步地都整理好，决定之后，还要找些旧书来作证明，否则一般学者说你无中生有，迹近武断，所以又非多看书不可。前边已经说过，全中国没有一部讲戏剧的书，有也是专讲南北曲之歌唱的，至于讲各种理论之书是没有的。那么怎么办呢？只好想法子寻觅，例如十三经外，以二十四史中乐志等部分，文选中关于歌舞的各篇辞赋，历朝名人的笔记中，也间有记载。我所得益处最多的，《礼记》、《周礼》、宋朝陈旸的《乐书》、明郑恭王世子载堉之《乐律全书》、清朝的《律吕正义》三编至《古今图书集成》中之乐律典一部分，虽没什么高尚，但研究此事，则可以说是非看不可。以上所说，乃是国剧整个的来源，若想研究其中各种的姿势及歌唱音乐等等，则又是考古学，不止历史的关系了，连关于四裔的记载及各省各县的风土志等等，都得要看看的。尤其是风土志这种书，于戏剧、小调、杂技及各种艺术等等，都有很大的关系。我偶尔看到陕西省两处的风土志，才知道这种情形，可惜家中所存者，只有六七部，到琉璃厂去找，只找到两部，问了许多学者，大多数就不知此书，后在民国十几年，才见到故宫博物院图书馆存的各省县志及风土志颇多，国立北平图书馆，也有存者。后闻人云，美国存的很多，但我忘了是哪一个图书馆了，此书美国人早就重视，而本国人知道的已经不多，重视更提不到了。说起来真是惭愧，因为若想研究中国的文化、文物、各种技艺，则县志、风土志这些书是离不开的，可惜我也不过看过二十几种，我为什么要把自己这段情形写出来呢，并不是我自夸看的书多，按以上所写这一些，在人家有学问人的眼中，看着也不过沧海一粟，我所以写它者，有两种希望：

一希望研究国剧的人（不止国剧）不要听到一两个演员说几句话，便以为定而不可移。其实他们所说的话，大多数都靠不住，老角尚且如此，何况现在的角呢？必须旁征博引，再找证据。曾记清皇帝诏修《医宗金鉴》一书，纂成后序文中有句云："蔗浆解热，旁搜摩诘之诗，昌阳引年，远证昌黎之句。"《医宗金鉴》是多么专门博大之书，尚用得着在零碎诗文词句中搜索材料乎？此固然是骈体文体裁的关系，但是可见各种学问，都要旁征博引。胡君适之，一生治学，最讲多找证据，我极佩服。

二希望研究戏剧，不要看一两种笔记，就据为定论，必须要多看关于国剧的文献。此种北京较多，也要多看其他关于国剧的书籍，因为笔记的文法多注重词句的结构，对于实事，往往有出入，但它不十分管，所以研究者，不可专靠它，还要到各地亲身去考查，如不能去，则最好是多看风土志这类的书。

以上我也不过是这样说说，其实我看的书，还是不够，恐怕还差得多。可是学界中人，不但新学者鄙视国剧，而旧学者，也以为它是小道，不足以登大雅之堂，也没有人来研究，更没有人跟我合作，但是我不管事业的艰难，也不管自己的愚陋，埋头苦干了这些年，居然得到了一些线索。所得到的理论，我已经写出来几十种书可以参看。

国剧的原理，有两句极扼要的话，就是："无声不歌、无动不舞。"凡有一点声音，就得有歌唱的韵味，凡有一点动作，就得有舞蹈的意义。其说明在我写的书中已详论之，不必再赘，兹只把各书名，列在下边，以供参考。

《说戏》、《观剧建言》、《中国剧之组织》、《戏剧角色名词考》、《京剧之变迁》、《脸谱说明》、《脸谱图解》、《国剧身段谱》、《戏班》、《上下场》、《行头盔头》、《国剧简要图案》、《国剧浅释》（附有英文）、《梅兰芳艺术一斑》、《梅兰芳游美记》、《故都市乐图考》。以上已出版。

《戏馆子》、《歌场趣谈》、《戏词谚语录》、《戏中之建筑物》、《舞谱》、《戏学獭祭编》、《戏剧音乐图案说明》、《扮像谱》、《戏班题名录》（自同治二年到民国十七年）、《清宫剧本之研究》、《全国戏台楹联汇纂》、《剧话》、《皮簧音韵》、《家藏北曲版本考》（约共四百余种，曾登北平国立图书馆季刊）、《家藏小说版本考》（约共四百余种）、《戏界文献录》、《名角谈话录》（未写完）、《杂剧传奇剧情意义之分析》、《小说勾陈》、《故都百戏图考》。以上尚未出版，其中有十种，已交南京之教育部，未悉现仍存在否？

以上所举，都是有关戏剧的，其中虽有几种是关于小说的，但也于戏剧有连带的关系。此外尚有几种，本想写成，因种种关系未能如愿。到台湾后，又想接着写，但一切参考的材料，都未带出来，更不能写。事有凑巧，遇到很多报界的朋友，常常嘱写点东西，为他们的报纸补白，不得已写了也不少，有的信手随便写写，真是所谓随笔，有的未下笔之前，就想有统系地写写，写了六七年的工夫，归弄了归弄，又归纳成几种，其中有两种已经出版，兹列举于后：

《国剧概论》（文艺创作出版社出版）

《国剧漫谈》（晨光月刊社出版）

《编剧浅说》（一部分曾登《中央日报》，一部分尚未发表。）

《名角漫谈》中有谭鑫培、陈德霖、杨小楼、余叔岩及梅兰芳出国情形。

《北平梨园史料》，凡北平戏界有点历史性质的，都归这一种。

《北平梨园掌故》，凡有关技术的都归这种，但书名都还未确定。

《国舞阐微》，大部分已登《中华副刊》及《中国一周》，一部分还未发表。

此外尚有许多零碎写的文字，尚未整理出来，其他也有若干篇有点价值，容积少成多，再行分类规定。

几十年来，所经过的情形，虽然还有许多未写到，但已有了个大概的轮廓，写了此篇以后，不由得很有点感慨。为什么要感慨呢？中国三代以前，就是一个很尚音乐歌舞的国家，国剧来源于古代之歌舞，由宋朝创始杂剧说起，已有七百年的历史，由唐朝梨园子弟歌舞说起，则已将千年，这里头当然应该有有价值的部分，但数百年来，所有学者文人，都以为它是小道无足观，不但没有人研究它，且没有人理会它、甚而于绝对不谈它，以至古来的这样有价值的一种艺术，不能为世界所知，真是太可惜了。这话又说回来啦，从前想研究，还有些角色可以问问，现在想找个人问，就很难了。

第五章　编　戏

　　说到我帮梅兰芳的忙这一层，虽然不敢说全国皆知，但知道的人确是很多。说真的，实实在在我也帮了他二十多年，可以说一天也没有间断过，一直到他搬到上海去住才算停止，这是不错的。但所以帮他忙之动机，则确是为的编戏。

　　我到欧洲去了几次，在德法英奥比等国很看过些戏。最初看的几十次，虽然有人给讲解，但是懂得的总不够深刻，可以说只明了其皮毛。彼时欧洲正风行神话戏，且编的排的，都很高洁雅静，返回来看看我们本国的戏，可以说是没有神话剧，有之则不过是妖魔鬼怪，间有讲一点情节的，则又婆婆妈妈，烟火气太重，毫无神话戏清高的意味。须知神话戏，不是专事迷信，也有社会教育的力量，且可以教人有高尚的思想。又看到西洋的言情戏，虽然讲言情恋爱，但也相当高尚，并不龌龊。回来再看中国的言情戏，简直的说，哪一出也够不上言情，都是猥亵不堪（这些戏从来都被禁止）。因为这两种事情，所以回国后想试验着编编它，但刚想入手要编，便感觉出来了两种情形：一是神话戏多非一二人可演，编着也难；二是言情戏，想往高尚里编，在我这初学编戏的人，也不容易。再者是我在西洋看的神话剧大多数是歌剧，歌剧之难懂，比话剧又难百倍，其剧本结构词句等等不算外，其乐谱制的如何，奏的如何，歌唱者歌的如何，嗓音如何等等，我都不能十分明了，则编戏一层，就更不用说了。我以为话剧似较容易，且彼时我编好剧的能力尚不够，又因日本春柳社几位友人到北京，跟他们盘桓了几次，于是想编编话剧，乃编了一出话剧《女子从军》（非《木兰从军》），当时最维新之演员，要数梆子班青衣崔松林（外号崔灵芝），老生孙佩亭（外号十六红），小生马全禄，我与这三位都极熟，崔松林他们演过《惠兴女士》之后（此剧忘却是谁所编），我便把《女子从军》本子，交给他们，我也看着他们私自在家中排演了两次。末后孙佩亭来告诉我说："白话戏总不成，《惠兴女士》一剧，虽然起了几天哄，但已冷落不能再演了，据我看您编的这个本子，最好看看风头，再行上演，您以为怎么样？"我大乐，说："很好。"其实他所说的话，我已明白，固然是话剧还不大受欢迎，也是我编的不够程度，从此我把编话剧的兴致，也给打消了。过了些日，又想编编旧戏试试，乃编了一出《新顶砖》，交崔松林扮演，未演出来。又编了一出《新请医》，交梆子名丑刘义增（外号大丑），又未演出来。其实他们所以未演者，不一定是本子不值得演，大概一个角色想排一出新戏，则该角必须是该班的主角，否则便不易排。一则其他角色不听他的，不跟他合作，便排不出来。二则就是勉强排出来之后，该班还有主角，必须要演末一出，则新排之戏，倒须演倒第二出，则不但演者不起劲，而观众也就不重视了。彼时刘义增固然是一个名丑，但在戏班中，则不是重要角色，崔松林虽为有名的旦角，但彼时年已稍长，且梆子班多移往天桥演唱，更不为社会重视，则他们之所以未排，也实在是有不能排的隐情，我所以交给他们者，可以说是我外行的关系。但由此便灰心了，不愿再轻易编戏，由此又只是看戏了，以上这段情形，大约在宣统末年的时候。以后便是我开始看梅兰芳的时代，我所以特别要看他者，也有几种原因：

一因前者北京办过一次菊榜（忘记是哪一年），状元为朱幼芬，榜眼为王蕙芳，探花为梅兰芳。彼时正是我对于旧剧鄙视的时期，所以三个人我都没有看过。后来要看时，朱幼芬已不恒演，王蕙芳面貌尚可，技术平常，虽然也可以说是不错，但没什么可看的。看到梅兰芳，则认为或者将来可以成一个名角，因为天才都够，此层在后边当详谈之。

二因在彼时，好的老角多不常演，他们这三人可以算是新进，所以要看看，这也有一点调查的意思。

三是在宣统末年、民国初年的时候，兰芳不过十六七岁，可是他叫座的能力，已震动北京，虽谭鑫培亦望尘莫及，杨小楼就更差了。在这个时候，我才看过他的戏，看过几次，并未看出怎么好来，前边所谈的鑫培都望尘莫及一层，也只是听到人说，并未亲眼看到。一次戏界自己创立的育化小学校筹款，在大栅栏广德楼演义务戏,全体好角尽行加入。我因是育化会开会必到之一人,又因我是学界中人,他们请我照料育化小学,又因该校校长项仲延是吾至友,所以也常到校中谈谈,兹值校中筹款演戏,当然我要前去帮忙。是夜大轴子为谭鑫培,倒第二为杨小楼,倒第三为梅兰芳与王蕙芳之《樊江关》。适是日梅兰芳有三处堂会戏,连此共有四处,当然是赶不过来,倒第四出演完了,他还未赶到,于是杨小楼先扮上,就上去了,戏界人都以为后头有杨小楼、谭鑫培二人之戏,则兰芳不演,也算不了什么。没想到小楼一出台,观众不干了,因为事前观众就说,兰芳内城有几处堂会,此处的戏,不一定赶的到,现见小楼已上,他们想兰芳万不能演在小楼后头,这一来一定是没有兰芳的戏了,所以观众人声嘈杂。育化会各执事人,都到前台给大家解说兰芳在内城实在还有三处堂会,但倘能赶来则一定赶来,观众乃大嚷:"非来不可,不来就得退票。"他们嚷嚷了几几乎半个钟头,没有结果,我一看池子中(台前一片曰池子)的观众,多系我的熟人,就是不熟,也是熟脸儿(北京土话,凡见过不知姓名者,曰熟脸儿),都有点头的交情;又见育化会的执事人,都没有办法了,事情已成僵局,不得已拉了该校校长及众位教员到池子中,同观众说好话,并央告大家说,今天的情形,实在是对不起大家,但今天之戏,是专为教育,诸君虽是来取乐,但对教育没有不热心的,望诸君看维持学校的分上,容恕这一次,以后定当想法子找补。我们以为这话说得很客气,没想到观众中,有几位同时发言说，我们是花钱来看梅兰芳的，没有他的戏就退票，用不着废话，我总算是抡圆喽碰了个大钉子。但是因为教育，因为学务，我一点也没有怕羞，我对他们乐了一乐，有许多熟人，也对着我乐了。正在为难之际，忽台上有人报告说，梅兰芳已来到了，此戏完了，下一出就是他，一场风波这才终了。梅兰芳为什么来的这样快呢？因为育化会中人看着情形不好，观众嚷退票，在天津还不算新鲜，在北京这还是头一次，倘真的要退票，则大家费了许多精神气力，这天戏算白唱，未免太丢人，而且对不起小楼、鑫培等人。所以借了一辆汽车把兰芳接来。说也凑巧，那一天兰芳虽有四出戏，但都是《樊江关》，在堂会中演完，也没卸妆，围上斗篷就来了，来到后也不用另化妆，就上了台了。这件事情，于兰芳的面子算是十足了，但于小楼、鑫培太不好看。小楼一出戏，整个在人声嘈杂中唱完了，等于白唱。鑫培以北京第一位名角，抵不过兰芳，鑫培又是爷爷辈，比兰芳大四十多岁，今竟落了这样一种情形，其难过也不减于小楼。小楼演完，一句话没有说就走了。鑫培老早把行头穿好，脸彩揉好，只是没有戴网子。田际云过来乐着告诉我说："谭老板要看兰芳的戏。"我问他何以知之？他说："您看他都扮好了，只差戴网子了，他若不是想看戏，他不会这么早就扮上。"我当然也以为然。及至兰芳一上场，观众之欢迎起哄，自不必说，老谭果然在台帘内看了多半出，我当然也要看看，看完之后，谭摇了摇头，对我说："没什么呀？"意思是没什么好处。我点点头没说什么。这天晚上，唱的也实没什么好，但从此我便很注意他了。按艺术说，也很平平，何以人缘这样好，风头这样足呢？以后倒要详细地看一看，这是我看梅兰芳最重要的一种原因。

我最初看过梅的几次戏，觉着他虽然叫座之能力极大，但艺实平平，可是有他的特别长处，就是天赋太厚，学界中所谓天才太好。戏界老辈常说演戏有六个点，合于这六个点，便是好角，差一个点，就要减色若干，我也常对大家说这套话。这六个点，都是什么呢？此处无妨再说一次，再加以解释。第一点是嗓音好，第二点是会唱，嗓音好不会唱，固然不好听，唱的好而嗓音不好，也不会好听。第三点是身材好，第四点是身段好，身段即是动作，身材好不会动作，固然不好看，倘身材不好，则动作多好，也不会好看。第五点是面貌好，第六点是会表情，只是面貌好，不会表情是死脸，无足观，倘面貌不好，那你越表情，观众越讨厌。以上一、三、五三个点，是以天赋为重，虽然用人力也可以帮助一些，但甚微。二、四、六三个点则以人力为重，果能得到好教习，指点好，传授好，自己再认真用功，则定能有很大的功效，很大的成就。彼时梅兰芳的艺术，虽然还不够水准，但天才太好，前三个点，他都很优越，虽然不能说都够一百分，但同时其他的旦角都不及他，这也是彼时大众公认的。后三点虽然还差得很多，但这是可以加人工，且可以有很快进步的，于是我就想要多看一看他的戏，或者也可以帮帮他的忙。看了几次戏，以为确是不错，确是一块好材料（此语系谭鑫培背地夸奖他的话），我就想同他谈一谈，但也不愿太冒昧。一次看他一出《汾河湾》，扮相固然很好，身段也很好，只是在薛仁贵在窑外唱一大段时，柳迎春坐在窑内，脸朝里休息，薛仁贵唱半天，他一概不理会，俟薛唱完才回过脸来答话。彼时唱青衣之角，通通都是如此，也无足怪，但从前的老角，则不如此，这不但是美中不足，且可以算一个很大的毛病，于是我就给他写了一封很长的信，议论此处应该怎么作法，原文很长，已不复能详记，大致如下：

　　（前略）昨观《汾河湾》，演得很好，一切身段，都可以算是美观，尤以出入窑之身段最美，所以美丽原因，在水袖运用的合宜，与该身段增色很多，以后仍应再多注意（按此身段，兰芳完全学的王瑶卿，但比瑶卿还美，其美就在水袖。后之演此戏，无论直接间接都是学的兰芳，可是没有一个比得上他，其病也在水袖运用的不好）。此戏有美中不足之处，就是窑门一段，您是闭窑后，脸朝里一坐，就不理他了，这当然是先生教的不好，或者看过别人的戏都是如此，所以您也如此。这是极不应该的，不但美中不足，且甚不合道理。有一个人说他是自己分别十八年的丈夫回来，自己虽不信，当然看着也有点像，所以才命他述说身世，意思那个人说来听着对便承认，倘说的不对是有罪的。在这个时候，那个人说了半天，自己无动于衷，且毫无关心注意，有是理乎？别的角虽然都这样唱法，您则万万不可，因为果如此唱法，就不够戏的原则了。或者有人说，此处唱旦角的正好休息休息，这更不合国剧的规则，国剧的规矩，是永不许有人在台上歇着，该人若无所事事，便可不用上去。龙套虽为助威的人员，但亦恒有表现，昆曲对于此等处，更为认真，如果不信，请看《风筝误》中的"诧美"及《琵琶记》中的"赏荷"等戏，就可明了一个大概，"诧美"中的丑丫环有白有作，"赏荷"中的四家院四丫环，都有舞的姿势，且有群曲。随便的家院丫环，尚且如此，何况一个柳迎春是个主角呢。不但主角，而且这一段是全戏主要的一节，承认他与不承认他，全在这一套话，那么这套话可以不注意么？再者听到他说起当年夫妻分离的情形来，自己有个不动心不难过的么？所以此处旦角必须有极切当的表情，方算合格，将来方能成为好角，兹把生角唱时，对某一句应有怎样的表情，大略写在下边，请您参考。

"家住绛州龙门郡"听此句时，不必有什么大表现，因为他就是假冒，他也一定知道薛仁贵是绛州人，且此处倘有大的表现，则与后边有犯重的毛病，但生角的倒板一张嘴，便须露出极端注意，侧耳细听的情形来方妥。

"薛仁贵好命苦无亲无邻"听此句时，不过稍露难过的情形，点点头便足，因为他说的总算对，但薛彼时之苦情，在结婚之前，柳未亲见，故不会太难过，只露出以为说得不错情形来就够了。

"幼年间父早亡母又丧命，撇下了仁贵受苦情"听此两句，只摇摇头，表现替他难过之意便足，因此事自己并未目睹，不会太难过也。

"常言道千里姻缘一线定"听到此句时，要表现大注意的神气，因为他要说到的话，与自己将有关系了。

"柳家庄上招了亲"听到此句当然要大点点头，表现以为他说得对，但最好要有惊讶之色，因为他居然说得很对。

"你的父嫌贫心太狠"听此句要露难过的神气，因为自己的父亲总算对不起儿婿。

"将你我夫妻赶出了门庭"听此句当然要大难过，不但自己的父亲对不起儿婿，连自己也有点对不起丈夫，思想前情，焉得不难过呢？不过是后边还有难过的句子，此处只稍一拭泪便足，以便同后边不会犯重。

"夫妻们双双无投奔，破瓦寒窑暂存身"至此才大哭，好在此后改唱二六，板快身段亦好作，用袖子拭拭泪，两三句就唱过去了。

"每日里窑中苦难尽，无奈何立志去投军"此处仍只是难过，板快不容再有任何动作，就是想表情，不等表现就唱过了。

以后生角的唱词使旦角不能作身段，从前名须生王九龄所唱之词，说的都是在家的情形，所以旦角可以一面听，一面表情。按这段唱词本应该尽说家中的情形，因为柳迎春命他说，说的对好认为夫妻，说家中的情形，柳迎春才知道对不对，君说离家以后的情形，柳迎春怎能判断对不对呢？而谭鑫培改的词句，后半段都是离家后的情形，我常说，谭老板没什么学问知识，但他很聪明，所以最爱改戏词，改的好的，固然也有，但坏的较多，例如《四郎探母》的引子，原来是"被困幽州，思老母常挂心头"，这本不错，他改成"金井锁梧桐，长叹空随几阵风"，他这是偷的另一出戏的引子（偶忘某戏，但此易查），固然没什么不可用，但与后边旦角所唱之"芍药开牡丹放花红一片"等句，就太不对景了。就以此剧来论，他这后半段的词句，便使旦角大大的为难，听他在窑外说话，假装没听见不合道理，听见脸上没有表情不合道理；表了半天的情，进窑后问的还是这些话，更不合道理，所以说闹的旦角没法子交代。不得已要想补救的办法，于听到"无奈何立志去投军"一句时，可以大哭，屡屡用袖子拭泪，意思是他说这些话的时候，正是我哭的时候，他的话我完全没有听见，这与后边旦角所问的话，方不冲突，这也可以算是有理的办法。（下略）

以上乃我于民国元年给兰芳的一封信，原信很长，约三千字，兹只录一段。发此信后，自己想也不过随意写着好玩儿，不见得有什么效果。过了十几天，他又演此戏，我又去看，他竟完全照我信中的意思改过来了，而且受到观众热烈的欢迎。这一下子，引逗起我的兴趣来了，不但感兴趣，而且极兴奋，因为彼时他在北京，可以算是最红的一人，乃肯如此地听话，确也实在难得，因此便想助他成一个名角。别的事情，不必再详细多说，由此每看他一回戏，必给他写一封信，如是写了百十来封，这些信他自己还都保存着，后来交给国剧学会一部分，尚小云借去一部分，一次演义务戏，谭与梅合演《汾河湾》，窑门这段，兰芳大受欢迎，掌声不绝。演完后，谭对别人说："窑门一段，我说我唱的有几句，并非得好的地方啊，怎么有人叫好呢？留神一看，敢情是兰芳在那儿作身段呢！"老名角都不喜欢别人要好，乃是通病。但由此兰芳就信我的话，我怎么说，他就怎么改。我给他写了两年多的信，我还没跟他长谈过，只有时在戏馆子中碰见说几句话，绝对没有上他家去过一趟。这也又有原因：一因自己本就有旧的观念，不大愿意与旦角来往。二则也怕物议，自民国元年前后，我与戏界人来往渐多，但多是老角，而亲戚朋友本家等等所有熟人都不以为然，有交情者常来相劝，且都不是恶意，若再与这样漂亮的旦角来往，则被朋友不齿，乃是必然的事情，所以未敢前往。三则彼时相公堂子被禁不久，兰芳离开这种营业，为自己名誉起见，决定不见生朋友，就是从前认识的人也一概不见，这也是我们应该同情的地方。

到了民国三年春天，我想既是通过这些次信，还是应该见见面，且关于戏中的事情，专靠用笔写，是搞不清楚的。尤其是在彼时羡慕他的人，固然很多，嫉妒他的人也不少，所以说他坏话的人确很多。关于这层，我也想调查调查，研究研究。倘帮一个下等人忙，也是很无谓的。及至我到他家，留神详细一看，门庭很静穆，本人固然是谦恭和蔼，确也磊落光明，实在是不容易。本界的亲友，来往的已经不多，外界的朋友更少，倒是有几位比我认识他早几年或一二年，也多是正人君子，其中有一二位，心中似稍龌龊，但也毫无破绽，不过有点以老斗自居的嫌疑就是了，我听到过许多次这种言语，所以肯写这几句话。或者有人说，目下还谈到相公堂子，未免有伤厚道。其实不然，它原也是一种事业，数百年来好角多出在相公堂子中，这也是不应该埋没的实事。至于说是相公堂子中有不道德的行为，这固然难免，但官场中比它不道德的事情，恐怕更多，且品行比他们更坏，不过所谓不道德品行更坏者，其情形有点不同就是了。此事余另有文详述之，此处不必多赘。

梅兰芳本人，性情品行，都可以说是很好，而且束身自爱；他的家庭，妇人女子，也都很幽娴贞静，永远声不出户。我看这种人家与好的读书人家，也没什么分别，自此我就常往他家去。他从前的几位朋友，倒不常去，常去者只有最初教他皮簧的吴菱仙，后来又有教他昆曲的乔蕙兰，我们四个人，常常的一同吃午饭，品行都很好，从此我便决定要帮助他。不过是如是者来往了一年多，只是谈谈旧剧，没有说过排新戏，因为从前编了戏找人排吃过碰，所以以后不肯轻易提到编戏，而且我也不知道他排新戏的能力如何，故尤不愿说及。

此时梅所搭之班，为俞振庭所成，永远在东安市场吉祥戏院演唱，后俞又把文明戏院租过来（后之华北戏院），由上海约来林颦卿等成班，与兰芳之班在吉祥、文明轮流演唱。林以新的本戏《白乳记》、《狸猫换太子》等等为号召，戏虽没有什么价值，但北京人没见过，大受欢迎；兰芳之班大受影响，叫座之力不及人家。兰芳此时已知，不排新戏，不能与人竞争，乃商之他以先几位朋友，他们虽都爱好戏剧，但都是外行，无人能编；兰芳乃商之于我，我说："编戏并不难，但不知你想演哪一路的戏？"他说："类似《白乳记》这路戏就成。"我说："这戏容易得很，不过毫无价值，只能风行一时，过些天就不成了。而且这种戏已出了旧戏范围，可以说是脱离了旧戏，这是上海滩的戏，北京不宜演，你们规矩角色更不宜演。"我又说："我常想编几出神话戏及清高的言情戏。"他说："好极了，就编那种戏罢。"我说："别忙，这类的戏，我虽然早就想着试编，但编的好与否，我一点把握也没有，就是我编出来，您能演的合格与否也不敢说，倘头一次就搞糟喽，以后的声名，不容易挽回，还得小心试着步儿来，一时不可冒昧。我们还是先编一出旧式的戏来试试看。"于是就编一出《牢狱鸳鸯》，完全旧式，演出后，人山人海，大受欢迎。其实编得很平常，但由此我便认清，梅兰芳确是一位有能力的演员了。演此戏时，约在七月中旬，离八月节不远了，俞振庭来说："八月节第一舞台王瑶卿他们演《天香庆节》，乃宫中的本子，中秋应节戏。我们也应该排一出新的应节戏才好，否则一定要栽给他们。"栽者栽筋斗，被人战败之义。在座之人，听说要被人打败，都有一点着急，我说："戏界总是爱说谁被谁打败了，我最不赞成这句话，今天你的戏码硬，你就上座多，明天他们的戏码硬，他就多上座，何所谓打败呢？"大家说完也就各散回家。次日兰芳跑到我家来，匆匆忙忙地说："您可得救命。"我问："什么事呀，这么严重？"他说："你昨天说的那番话可不成。"此时我已经跟他很熟，所以他说话就毫不客气了。他说："被人家打败，不但本班人瞧不起，第一舞台那一班，不晓得怎么说便宜话呢？连本界人都要说长道短的。"他说完，我乐了一乐，问他："昨天晚上俞振庭他们去鼓动您了罢？"他也乐了，他说："振庭他们，自然是着急，但他们不上我家去，我也要来的，总之此戏是非编不可，且非你编不可。"我说："好罢，一定编。"他问："编什么戏？"我说："我得计划计划，总之你放心，一定可以打败他们第一舞台就是了。"

谈了会子他走了。我想大话我是说了，准编的怎么样，则确无把握。想了许久，乃决定编一出神话戏，尤其中秋应节戏，最好是神话，因而想到嫦娥奔月这段故事，没有人编过，于是编了一出《嫦娥奔月》。

此戏共总不过几场，简单极了，编成后把本子交给他们。他们看过之后，不但他朋友不满意，戏班中人也以为不够，他个人更有失望的意思，他把本子送回来，问我："可以添改不可？"我乐了，当即告诉他："我知道你们对这本子不会满意，但您只管拿回去折单本（每角个人之词句为单本），赶紧发散，俾大家念熟为要。这是我们所说的神话剧，不能专注重情节，得看排的如何。等我把一切身段安好，您把词句念熟，我给您一排，管保一定够看，一定能叫座，您只管放心。"于是我想着把衣服扮相设法都给他改成古装，并每句唱词都安上身段，成为一出歌舞剧。这种办法，在皮簧中还是创举，一定可以一新观众之耳目。没想到这样一来，不但费了大事，而且为了大难。

先说扮相，这种事情，也值不得找考据，只找了些古美人画，以为照画的美人衣服来制造便妥，却是很难，只裙子一物，便不易造。因为画中美人的腰都靠上，下半身长，上半身短，诸君随时打开古画，一看便知，如此则不但显着人细高，而且袅娜。真人的腰都靠下，如此制法，实不能穿。强制成固无不可，但与朝鲜女子之旧式裙子相似，绝对不会好看，因为他们的腰，都显着粗，动作不能袅娜。于是费尽心思，裙子之尺寸，仍照画中制法，腰带则结于真的腰际，而裙子加长，裙腰则靠上，用小银钩盘于胸间，如此方能显着身长而腰细，且合于常看古画之眼光。裙子之外，另有一短裙，名曰腰裙，此物也很难制，稍宽肥则大膨胀，贴于身上则像小儿之屁户帘子。后来演戏之古装，尽都是学的梅兰芳，但一直到现在，没有一个好看的，因为是没有一个明了古装原理的。再说到梳头，古美人之头大致分两种，有顶髻有垂髻。此项顶髻，总算创制的不错，后背垂髻就没有研究好，迨第二出古装戏《黛玉葬花》才研究好了。然只正顶上之髻，这种髻，于神仙夫人自然合宜，但如小姑娘或丫环，则宜梳旁髻，垂于鬓旁，方显着幼稚年轻。但这个旁髻，始终没有研究好，后来研究了一种，只由孟小冬梳上照了一张相片，确极美观，这张照片，在社会中存留着的还不少，诸君或者有看到过的。所以好看者，也是因小冬之面貌好，《红楼梦》中所谓容长脸儿，身材亦细瘦而高，所以美观。兰芳脸形稍宽，梳旁髻不易美观，所以永未用过。如今各角之梳古装头，没有一人研究过，所以也没有一个好看的。

再说到身段，按昆腔戏，几乎是每出戏都有身段（舞式），我自幼看过很多。我以为安些身段当不至很难，也是没想到，入手一安，才知道很难。因为昆腔的歌唱，音节都圆和，皮簧的腔调都是硬弯，也可以说是死弯，身段真难动作，动的太圆和喽，与腔调音乐，都不呼应；与音乐腔调都呼应喽，身段又不易美观，很是为难。但我大话是说出去了，不能不算，只好费事，研究了五六天，居然创好了两场，但慢板的身段终不能好，只安了南梆子及原板两种。后来到了排《天女散花》，才安上慢板的身段。安好之后，次日即往梅家去教他，他倒会的很快，惟有些身段，其姿势还接连不上。不得已我也穿上有水袖的褶子与他同作，居然练好，因彼时他还没有演过有身段的戏，昆腔他还未学，因系初练，所以这样费事。一切都预备好，还怕古装在台上不好看，平地看固然不错，但由矮处看高处，未必果能好看，而且戏台上从前没有人扮过古装的，兰芳更未扮过，是否能美观，更是问题。未演出之前，先把配角及场面都请到家中，并赁了十六张八仙桌，摆在他客厅里，他规规矩矩的装扮上，排演了一次才放心。及至演出去，果然大受欢迎，大家都叹为得未曾有，连演了四天，天天满座。这在上海算不了什么，北京没有这种习惯，所以是很不容易的，把第一舞台之《天香庆节》，打了个稀溜花拉。过后到兰芳家，俞振庭及几位班中管事都到，对我特别表示谢意，兰芳更是从心中感激。俞振庭说："这出戏光看本子，实在想不到有这种力量，真是多亏您安排。"适朱素云也在座，他也说："所有身段，实在是调度有方。"大家又说："真想不到，这出戏可以这样好。"我对他们说："今年的应节戏，要照您们大家的意思，我敢断定非失败不可，为什么呢？因为他们的戏辉煌，你们也想辉煌，他们的戏热闹，你们也想热闹，你们没想一想，你们这个班怎能比他们？讲到戏园子，人家是新盖的新式舞台，又有转台，又有布景。你们的吉祥园，不但是旧式，当初就盖得不够讲究，现在是又破又臭，座位也比第一舞台更差得太多。讲到行头，人家花了八千两银子，在上海新制来的衣箱，不但衣服样子全，切末也多，尤其都是新的，哪一件衣服，都是耀眼真光。你们的行头，虽然不至把《挑袍》唱粉喽，但也都是污旧不堪（粉者猥亵也，这是戏界一个老典故，诸君或者不知，无妨附带着述说几句。相传一位不爱看戏的老先生，偶尔去看戏，适该班行头太坏，他看了回来，说此戏太粉，万不能看，同人问他看的什么戏，他说关公挑袍，大家很奇怪，问他关公挑袍，怎能太粉呢？他说关公上马一翘腿，什么都露出来了，同人大乐）。你们的行头，除了各角自己的私行头，公中的行头都是破破落落，这怎么能够跟第一舞台比呢？讲到角色，人家有杨小楼、陈德霖、王瑶卿、朱幼芬、王蕙芳、王凤卿、龚云甫、王又宸、姚佩秋、姚佩兰、钱金福、王长林、萧长华、赵仙舫、张文彬等等。你们这个班，都是有什么人，你们自己知道，更是不及人家。戏班三种最要紧的事情，你们都比人家差得很多，可是你们也想照人家的道儿走，那有个不失败的么？你们这叫作不用自己所长，专暴自己所短。世界上做事，都要避去自己所短，利用自己所长，无论作何种事情，都得如此，戏班更要以此为重。你们的戏班，靠谁叫座？不必客气，也无可讳言，是靠梅兰芳。既是靠他叫座，当然应该在他身上想法子，所以这出戏，才这样编法。他们倚仗人多，我们专靠一人，所以此戏只嫦娥是正角，其余都是配角，且不重要。他们倚仗行头新，可是虽新，而别的班也有，我们特创一件古装，乃从前及现在的戏班中都没有的。他们倚仗切末多，我们专靠身段，以歌舞见长。如此一来，安有不打胜仗之理？你们要知道，我为这件事，很费了点心思。"我说完，李寿山（李外号大个李七，乃本班之总管事人）即站起来说："齐先生从前在育化会上演说过两个钟头，说完谭老板说，听齐先生这些话，我们本界人都应该愧死（彼时杨小楼俞振庭两派，与育化会不合作，开会他们两派的人，永远不去，谭此语，俞振庭当然不知，所以李七特述此事），今天您这套话，我们也应该愧死。"说罢大家大乐。从此戏班中人，凡我说的话，没不听的，兰芳对我更是说什么听什么，由此一来，我在北京戏界的声名信用，是完全站住了。

请看排一出戏，就费这许多心思气力，以后给他编过二十几出，都得我亲自给他排演，再加上他学的昆曲，我共给他安排过四十几出，虽不能说每出都是如此费事，但也差不了许多，有的或者比此还费工夫，但不必都详细说了。只此一出，已写了两三千字，倘都详细地述说，则非几万字不可，写着固然费力，大家看着，也未免以为讨厌，以后的戏，只大略的谈谈就够了。

以后的编排戏，便有两种宗旨了：一是为梅叫座，一是想借此把国剧往世界去发展。两样都顾全着，当然就更难编一点，好在在这民国四五年的时候，还没有把中国戏到外国去演的这种想头，所谓往世界发展者，只不过是初步的办法，请外国人看看而已。他们既欢迎歌舞剧，那么我们就往这一路去发展。接着又编了几出，《洛神》、《红线盗盒》、

《天女散花》、《廉锦枫》、《太真外传》、《上元夫人》等等的神话戏（《太真外传》末本，亦归神话），并且把古代的舞，如掉袖儿舞、羽舞、拂舞、垂手舞、杯盘舞、绥舞等等，设法变通安置在各戏中。又因国剧中，最高尚的还是昆曲，不但词句雅，音节亦好，老角们都是先学的昆曲，昆曲的每一出戏，都是有歌有舞，且念字亦讲究，所以老角们，念字动作都较优美。自杨小楼、王瑶卿、余叔岩、梅兰芳，他们这一辈的人，都是先学皮簧，没有正式坚实的昆腔底子，所以都较稍差。以上所举四人，虽然也都很优越，但比起老角来总不及，所以吾特怂恿他多学昆腔，他倒很听话，居然学了六七十出，常演出者，不过二十几出。没想到他这一学，有些地方使我很失望。我幼时所看过的昆腔戏都有身段（舞式），到北京看过几出，也都有身段，如《探庄》《夜奔》、《雅观楼》等等几出武生戏是也。且程继先他们都是按照旧路子演唱，身段也都作得很好，因为这个，我才怂恿兰芳学昆曲，可是教他的人，一点身段也没能传授。彼时能教昆曲之老旦角，只有陈德霖、李寿山（幼年习花旦，后改净角）、乔蕙兰三数人。陈不能常教，李年久未演旦角戏，或已忘掉；乔则当年本系一位二三路角色，唱得很好，但毫无身段。第一出是学的《尼姑思凡》，曲子唱会之后，要排身段了。他说他不大会，最好请别人排一排，德霖忙亦不肯教，寿山也不大会了，兰芳求我给他排，我说："身段我可以给你安插，戏剧地方最为重要，哪一出有哪一出的地方，倘错了，不但本行人挑眼，且实亦不好看，但地方我不知道，幼时虽看过，但不记得。还是请乔先生排一排，我也看一看。"

乔先生给排时，地方确是都对，就是一点身段也没有，只是把蝇尘向下，稍微转动转动就完了。戏界人说他就会和弄豆汁儿。我看过之后，从新设法，宗着他的地方，回想幼年看过的情形，再按着该剧词句的意义，安了许多身段，比旧的还多，可以说每句都有，演出后大受欢迎。彼时正是所谓人才内阁时代，第一位张季直先生（名謇）最是梅迷，演此剧之日，全体内阁都来参观，此事轰动北京，传说了许多天，不但把梅之精神鼓动起来，把我的兴趣也提高了许多。以后陆续又排了十几出，如《游园》、《惊梦》、《寻梦》、《折柳》、《阳关》、《乔醋》、《琴挑》、《瑶台》、《金山寺》、《昭君出塞》等等。《金山寺》及《出塞》两出戏，在北京这些年，倒是不断有人唱，还保存着些身段，但亦不多，《思凡》、《寻梦》等戏，倘没有身段，还有什么可看呢？于是我通通给他安上身段，《金山寺》、《出塞》两出，添的也不少。最初我以为这些身段，只是北方把它失掉，南方还不至如此，因为北京在光绪中叶以后，昆腔不为社会欢迎已有二三十年的工夫，戏园中难得有一出昆腔。像《探庄》、《雅观楼》等等，还偶尔见之，像《折柳》、《阳关》这些戏就很难见到了，所以昆腔中有许多身段，就都失传了。然北京虽然失传，南方为昆腔的发源地，当然不至如此。一次南通张季直先生约梅去演戏，因张为余之年伯，所以特约我也去逛逛。彼时南通已有一戏曲学校，颇重昆曲，所有教师，都是江南的老名角。由梅在他更俗剧场中，演了一出《游园惊梦》，以便学生观摩，诸位教师当然也都到场参观。我听到他们背后的议论说："可真了不得，每一句都给形容出来"等等的这些话，这种情形，在外行人懂得的总是少数，老的内行人当然都看出来。不过是我听到他们这种话，我有点奇怪，他们固然是恭维梅的话，难道他们就没有身段么，何以说是了不得呢？次日看他们学生演了两出：一是《折柳阳关》，一是《赏荷》，可就真是都没什么身段。后来在上海看了几次，身段也都不够，由此知道，南方丢的也不少。

再谈谈言情的戏，前边说过，中国没有真正言情的戏，有之则是极端腥臜，说不到言情二字。按旧有言情的戏本不少，当初编演的时候，也不会像后来那样猥亵，后来所以那样不堪者，也有它的原因。一因乡间的人脑思都粗浮，作演戏的时候，若演的恰到好处，适可而止，那观众便以为不够看，且有许多人未看明了，他们不会欢迎。到演的过了火，文静人看着已经不堪了，可是大多数人高了兴，都喝起彩来，演员们为迎合观众的眼光，就越演越往猥亵里变化，所以演成这个样子。二是因为北京城内，自乾隆年间，禁止妇女入戏园后，则观剧者只是男人，于是演员便更肆无忌惮，遇有言情戏，则都竞争着往猥亵里演，一个比着一个粉。乡间演戏，演得太粉喽，还有人干涉，北京则倘官场不管，便无人干涉，于是各演员更是为所欲为，闹的真是不堪入目，岂止有伤风化而已。到了民国后，这些戏就一概被禁止了。我因为这些情形，早就想编几出言情的戏，于是也就编了几出，如：《晴雯撕扇》、《俊袭人》、《黛玉葬花》、《牢狱鸳鸯》、《洛神》等等几出。这些戏的身段表情，倒用不着我替他安插，他自己很长于此，不过也得在旁边出出主意就是了。最难的一出是《洛神》，得我给他安排，因为此戏因

《洛神赋》词句的形容，当然是要看舞态的，然洛神与曹植梦中相晤，不能一点表情也没有，这种表情，倒相当的难，因为表现的稍一过火，则近于真人，未免烟火气太重，且不似仙；倘作的太雅淡，则大众不容易明了，若想作的不即不离，而观众又能明了，则确非易事。我帮着他安置的，虽然不能说怎样好，但还算差强人意，不过这不是一般演员所能领略的，也是他们思想不到的。

以上所说的这两种，一是言情戏，一是神话戏，一种是以表情见长，一种是以歌舞为重，这是我最想编的两种戏，目的总算达到了。然倘没有梅兰芳，我这目的就很难达到，就是编出来排出来，也不容易有这样的成绩。从前中国银行有一位汪楞伯君，他背地同别人说我用梅兰芳当作试验品。这话我自然不敢当，但没有梅兰芳，我就办不到，则确是实情。

比以上**两种**还重要的，是情节戏，因为以上这两种，较为清高雅静，社会中一般人，是不会大欢迎的，大多数人欢迎的是情节。既名曰情节戏，当然是其中情节有曲折，情节曲折多，则戏一定演得时间长，所以大家多欢迎，他们恭维的话是"真够看"。这种戏也无怪大家欢迎，确也是国剧的长处，因为歌舞剧或滑稽戏等等，则只能发挥歌舞或引人发笑便足，无需情节，更无需太长。然国剧的主要宗旨，在发挥忠孝节义及各种旧道德，要想发挥这种道德，且戏须长，且须有曲折，否则烘托不出来，没有奸佞显不出忠来，没有淫邪显不出节来，因为须写反面，则文字当然要多，则戏自然就长了。因为这些情形，也曾编过几出重情节的戏。这里边有一层，是要声明的，就是替旦角编戏，多数都是偏重节义二字，至于孝字尚有时写到，若忠字则实难得写到的。例如：

《一缕麻》是节，且是悲剧。

《生死恨》是节而义，亦是悲剧。

《双珠记》更是节而义，尤为悲剧。此剧乃由《六十种曲》的头一种改编者，故用原名。

《空谷香》是节而义亦在其中。

《春灯谜》是专注情节之曲折，亦自有其孝义在其中。此剧乃由阮大铖之《春灯谜》改编而来，故仍用旧名。

《太真外传》意在反面，纵欲者几亡国，恃宠者乃丧身，尤为悲剧。

以上不过只举几出，所说每剧的优点，是原故事如此，并非自夸戏编的好。不过这种戏，可以说是戏中的正格，言情戏、歌舞戏，虽也好玩儿，但于社会关系较小；这种戏才能补助社会教育，于社会关系才大。

一次到教育部，因为部中多系友好，他们说："中国剧情节的范围，多在本国内，有国际的思想的很少，有国家观念的也不多。"我说："你们诸位话是极对，但对于国剧研究的还差。国剧中并非没有国际的事端，而且多得很。不过戏中的国际思想与现在的情形不同，与诸君心目中之国际情形，自然也不同了。中国向来以中央华胄自居，自己才是人主帝王，其余四邻都是番邦。平常四裔各国，与中国有玉帛的来往，都算是来觐见朝贺，所谓万国来朝，没有一点现在所谓报聘的性质。遇有干戈打仗的时候，也是中朝平定藩属的性质，与两国交战之情形不同。中国自古就是这种思想，汉朝匈奴那样的厉害，打仗则曰平番，讲和则曰和番，绝对不是两个平行国的情形；在唐朝，还有郭子仪单骑冲回纥这种记载，安禄山犹为臣属；到了宋朝，因为金元闹的太凶了，两国相争，才有了点国际的情形，后来编的也就改了改笔法，才算有国际平行样式。诸公认为他没有国际思想者，实因此故，非真没有也。"我这话他们当然很以为然，随着说："何不新编几出呢？"我说："你们找几个题目罢。"于是又编了几出，如《木兰从军》、《生死恨》、《西施》等等，这种戏是改的旧戏多，如《宇宙锋》、《二度梅》、《窃符救赵》等等都是有些国际观念。按战国时之打仗，尤其是到吴越时代，那本可以算是国际之战，但国人向来认为他们是内战，自己打自己，这种观念，本来也极好，编戏的人当然就得这样编法了。

以上乃我二十几年的工夫，编戏大致情形也。其中还编了几出滑稽小戏，如《新顶砖》、《新请医》等等。按玩笑戏，在国剧中也是很重要的一种，因为各种旧有的玩笑戏，其原义多含讽刺性，既云讽刺，则都有箴规的性质，于社会都是很有益处，不过演者有时专重滑稽，把讽的意义，给忽略过去，则把该剧的价值损失了若干，这是很可惜的事情，所以我也编了几出。例如旧有《打城隍》一戏，原义是讽刺秦始皇，形容他建长城虐待百姓之义，而欲以滑稽出之，以便吸引观众，后来演的只是偏重笑乐，观众对于原义，倒不大理会了，所以我又把它改了一改。兹将我所编之戏列在后边，虽然算不上什么心血，但也赞了不少的心思气力：

《牢狱鸳鸯》、《嫦娥奔月》、《黛玉葬花》、《晴雯撕扇》、《天女散花》、《洛神》、《廉锦枫》、《俊袭人》、《一缕麻》、《西施》、《太真外传》、《红线盗盒》、《霸王别姬》、《生死恨》、《木兰从军》、《凤还巢》、《童女斩蛇》、《桃花扇》、《麻姑献寿》、《上元夫人》、《缇萦救父》、《春灯谜》、《空谷香》。

以上乃自编之戏，均已演出。

《新请医》、《新顶砖》、《珍珠塔》、《团花凤》、《双珠记》、《群美集艳》。

以上亦自编之戏，尚未演出。

《三娘教子》、《春秋配》、《宇宙锋》、《游龙戏凤》，《天河配》、《窃符救赵》、《二度梅》。

以上乃改编之戏，除《二度梅》外，均经演出。《窃符救赵》，乃尚和玉、陆素娟二人所演。

《征衣缘》、《新打城隍》、《新送京娘》、《勾践复国》、《新小放牛》。

以上到台湾后所编，除《小放牛》外，均经演出，前四出已由文艺创作社出版。

以上这些戏，哪一出在前，哪一出在后，就有许多不记得了。有的戏于社会当时的情形，也有关系，比方一次河南水灾，北京河南同乡，演义务戏筹款，因河南乡民都说水灾是蛟的关系，河南友人就嘱编了一出《童女斩蛇》，借以破除迷信。还有一件事情，也值得谈一谈，在光绪末年，民国初年，这十几年中，余叔岩因嗓音失润，总未常唱，后经我们把他提倡起来，所谓提倡者，不过是多年不演，许多人都不知道他了，我们约他在堂会中演了几次戏，观者都以为得未曾有，于是才又红起来。因兰芳到处推荐他，他对之很感激，便想与他同班合演，于是便要二人合演几出戏，第一先提到《游龙戏凤》，因为这路的戏，非王凤卿所长，他二人演着很对工。在光绪中叶以后，演此戏出名者，都是梆子腔的花旦，皮簧班中长于此戏的人很少，只票友陈子方倒差强人意。兰芳演此，理想着不会错，他们把戏本子交给我一看，大致都不十分好，梆子的近于俗，皮簧班的又太瘟。请我给他们另编一次，于是找了兰芳祖父的一种本子、叔岩父亲的本子（叔岩父余紫云，演此很精彩，惜于光绪二十五年故去，去世前又有几年未出台，所以此戏我没有见过）、戏考上的本子、梆子腔的本子，四种合在一起，精彩的保留，俗或瘟者删去。编成之后，又帮着他们二人排，某句该重念，某句该轻念，某句该快念，某句该慢念，念某句或唱某句时，应该有何种身段帮衬，排了二十几次，可以说是严丝合缝，戏界名曰"一棵菜"，一棵菜者，好比一棵白菜，两菜帮之间，决无空隙之谓也。演出之后，果然大受欢迎，每次堂会或义务戏，总是演此戏。后来他二人离开，兰芳与凤卿演了一次就不演了。叔岩与慧生演了一次，也就不演了。因为事前没那样排，演出来是费力不讨好，所以二人都未再演，如今演此者，都是学他二人，但词句身段都差多了。

还有《霸王别姬》一戏，我编好本为兰芳与李连仲合演，因故未果。后来杨小楼与尚小云在第一台曾演《楚汉争》，乃同治年间的本子，兰芳遂不肯再排，以免有竞争之诮。然小云之虞姬，完全是一配角，话白唱工都不过几句，瑶卿讥其为"高等零碎儿"，诚然，该本子尚都存于我国剧学会。后梅杨合班，又重排此戏，我把两种本子合起来又改了一次，交他二人另排，小楼念"力拔山兮"四句，向来坐着念，我给他添上身段，"别姬"一场，也给他们排了几次，后兰芳到沪，由金少山配演也不错，然较小楼就差了。

以上乃我编戏排戏的一段情形。在这个时期中，因每日总到戏园，所以问的人不少，于我研究戏，也是很重要的时期。按我给兰芳编这些戏，从前没有对人谈过，所以大家多不知，有的人说编戏者不止我一人，其实并无他人所编，倘他人所编，则我也不该掠人之美。且这种小技，也值不得掠人之美，不过其中也难免有别人一点半点的笔墨，如《木兰从军》的《折桂令》一曲，及《天女散花》的《风吹荷叶煞》一曲，都是福建人王君又点所编。其余尚有几人，然后来都成了头号的汉奸，枪毙的枪毙，逃亡的逃亡，都是极痛心的事情。不过是不敢再提，也不愿再提，也不忍再提了。至于樊樊山、易实甫两先生，都是前辈，尤其易实甫先生，是我的年伯，他们二位的诗词文章，自是一代的宗师，但编戏则尚非其所长。实甫先生未编过戏，樊山先生倒是编了几出，然也不合用，如富竹友所演的《雌雄剑》，即其所编，也就是演了一次。诗文与编戏，是两件事情，不但结构不一样，尤其是押韵，诗词中合韵之字，在戏剧中往往不合辙；戏剧中合辙之字，诗词中不叶韵的更多，罗瘿公与艳秋很编过几出戏，头几出都犯此弊，他编成永远送给我看看，头几出我给他改的就不少。倘原本尚存，则其中之朱笔字，都是我写的。再者实甫先生在民国以后，就到兰芳家中去过，樊山先生只去过一次，还是我同瘿公请去的，还在兰芳祖母八十生日之后。以后再谈往外国演戏的情形。

第六章　国剧发扬到国外

现在说到国剧出国演唱的情形，说来话也很长。当民国六七年的时候，我已经给兰芳编过几出戏，无论言情、歌舞、悲乐等戏，都演得很好，虽然不能说是恰到好处，但戏界中所说的六个点（见前）都在八十分以上，这便是戏界中不易遇到的人才，又有美国公使等等的恭维，彼时我就动了一动脑筋，以为中国戏或可到外国去演演。然彼时我对国剧虽已研究了几年，问的人已经不少，但对于国剧的真正原理，真正精华，果真如何，尚未敢确定，恐怕到外国去丢了人，故未敢陆续妄想，只动了一动脑筋而已。又过了几年，我问的人又多了，知道的国剧原理也较真切了，知道它以歌舞为原则，且颇有科学的思想，以为一定可以到外国去演。而且在这个时期，兰芳的技术，已有长足的进步。这时，往国外演的心思，又高涨了许多，然自己以为仍是梦想，不能实现。一次日本财阀大仓喜八郎及文学家龙居濑三来访兰芳，我亦在座，大仓谈及梅可以到日本去演一次，亦未正式约请。他们去后，我同兰芳谈天，他自然也很愿意出国，但他以为很难，万不能成为事实，他倒是漠然置之。可是我心中，就大为跳动了，以为有机可乘，于是便打听大仓他们的真意，盖此事乃由龙居先生动意，龙居为日本之大文学家，于中国文化很有研究。他爱看梅的戏，每到北京，必要看梅，无一日间断。他与大仓为好友，便告知大仓，大仓亦曾看过几次，亦大恭维，以后又接洽过两次，渐有眉目。龙居写了一篇文章，谈梅兰芳的技术高妙不必谈，就他那面貌之美，倘到日本来出演一次，则日本之美人都成灰土了（大意如此）。这篇文章在报上一发表，惹起许多人之反对，当然有几个报反驳，因此闹的日本有许多人注了意，结果居然成为实事。最初约时，是用中日亲善的口号，也有中国人反对说："日本倡言中日亲善是假的，不可相信。"我说："这个无妨，如今两国相交，多数彼此利用，中日亲善四字，也可以彼此利用，倘能利用得法，于中国也不见得有什么损害。"

至于应演何戏，事前也必须要详细斟酌，彼时《天女散花》一戏正受欢迎，龙居、大仓二人，也很以为此戏实在优美，兰芳想演《天女散花》，多人也很赞成，大仓他们也算同意，但我不以为然。兰芳乐演此剧者，因此为其独有之戏，别的角没有演过。多人赞成者，因为它乃歌舞优美之戏。我不以为然者，出国应拿旧戏来号召，其实《散花》是我编的戏，以我个人立场来说，我当然赞成，以便自己也大出风头。但这里头情形，大家不知，兰芳想出国演戏与我的本意稍有不同。他的脑思，是他出国演戏，所以一切以他为前提，国中人也都是这样想，所以一直到现在，我国人说起来，都是说梅兰芳到外国演过戏；我的意思是中国戏到外国去演，一切以国剧为前提，彼时兰芳的思想，还没有这样分明的判别，但意思如此就是了。于是规定以《御碑亭》为主要戏，《游园惊梦》等昆腔戏，也要一二出，经日本人要求，也演了几次《天女散花》。此次日本却非常之优待，许多行李箱笼，进国出国，没有开验过，全国铁路没要过运费，并特许在帝国剧场出演，演出之后，果真大受赞扬。其中有些小插曲，可以谈一两件。一家报纸对梅之歌唱大加恭维，说了许多赞美的话，次日有两家报纸反对它，说梅某人唱的好，人人知道，你也不过同别人一样，听着好听就是了，何必假装在行说那许多话呢？你真懂么？该小报的答复是：我听着好听，我就赞美，又何必懂呢？比方黄莺叫得好听，你当然也爱听，试问你懂么？又一次北京一小报写了一篇文字，说日本人说梅兰芳之歌唱有如猫叫。有友人把此报与我们寄到东京问果有此事否，我们看了此报，不过笑一笑，也就完了。日本有人看到此报，都大不高兴。我们劝他们说："此等报有什么价值，你们何必生这样大气呢？"他们说："这不是骂梅兰芳，这是骂我们日本人！一位外国人到日本来演戏，日本人说人家闲话，这样的日本人，不但不懂得国民外交，而且道德不够，这就是骂日本人没受过教育。"后来大仓喜八郎生日，又去演过一次，但是那完全是演庆寿的堂会，与第一次之性质完全不同。兰芳自己也以为到日本去过两次，多数也如此说法，但论其精神价值，则差多了，所以第二次，我没肯同去。

以上前后两次到日本，虽然一切都是我筹备的，但原动力不是我，都是人家自动来约，所以自己用不着费多少脑筋，后来到美国去，那就难多了。往美国去这一次，倒值得述说述说，这也可算是我生平很大的一件工作，一直到现在，还有许多人不知道，这也有原因，多数人都以为是梅兰芳出国演戏，而不知是中国剧往外发展，若光是为梅兰芳到美国演戏，那不过出风头或挣钱而已，那就没什么大的问题，只不过是选择人员，整理行头等等的事情，不至于有多少顾忌、多少为难了。可是我的宗旨，是发扬国剧，这个题目，当然较大的多，为难的地方，自然就较多了。比方说：国剧是否够看？于中国文化是有益或有害？于中国国际地位，是有损有益？先到何国去演？怎么样才能表现国剧的长处？应该用哪一种角色出去，或生或旦应演何种的戏？凡此种种问题很多，都要详细斟酌，都与去日本大大不同，到日本是人家约梅兰芳去演戏，那问题简单得多，因为能去的主要人，只是一个梅兰芳，用不着斟酌。往外发扬国剧，则不必一定用他，是别人可去与否，也须斟酌尽善才好。如此种种，都要详细地考虑，稍一不慎，便可贻笑世界，有误国家。

在民国十年前后，我就动过一次脑筋，想着把国剧到西洋去演演，但因事体关系极大，为难的地方也很多，不易实现，所以脑筋一动，也就过去了。及至到日本演过之后，我这种思想，又活跃起来了，这有两种原因；一是我们到东京后，中国代办公使柯先生，举行了一个规模很大的酒会，不但各国大使都到，而日本整个的内阁，连总理都到了，酒后演了一出小戏，大家欢迎的情绪，都非常之热烈，各位赞美的言词，亦各有不同。柯代办及使馆人员，都大为高兴，都以为得未曾有。柯先生对我说："一个代办公使请客，最高的官员，外交次长可以到一到，总长就很难到的，此次内阁总理都惠然肯来，可以说是史无前例，这都是梅兰芳的面子。"我说："也可以说是中国戏的力量。"柯先生对此语未加注意，总之是无论是因为哪一种关系，但给的我们国家的面子确极大。有一件事情，这里附带着说两句，这个酒会，当然花了几千块钱，报到外交部中，不准报销，说为一个唱戏的人请客，史无前例。至于为国家争了多大的光荣，他们脑子里头没有，尤其新进的各司长更是反对，后来换了部长，这笔账才报销出去了，彼时部中官员知识，不过如此。其次是在帝国剧场出演时，不但各国使馆人员来看，更有许多欧美的商人来参观，也曾有相当的好评。在日本人，因是同文之国，他们对国剧能够领略一些，乃是意想中的事情，西洋人也能够有点明了，这是不容易的。因为世界中的话剧，是用真的表情动作来表现心情，虽话白不能懂，由表情动作还可以明了若干，因为各民族表情动作，差不多是一致的。中国戏则不然，完全是以歌舞表达心情，歌舞的动作，是每一个民族都不同的，各有各的意义，是不容易懂的，他们既不懂中国歌舞的意义，而对于中国戏，却能感兴趣，这是见中国戏，可以到欧美去演。

由以上这两种情形，坚强了我的信心，以为国剧一定可以到欧美去演。信心是坚定了，但这事情如何去办，怎么样入手呢？真如大海捞针，不但我没有办过，还是没人可以请教。因从前与老友司徒雷登说闲话中，谈起此事，他并未反对，我特到燕京大学，与他商谈。他很赞成，他说："梅兰芳的面貌歌舞，到外国去演唱，是没有问题的。"我说："您这是就梅兰芳一方而立论，大致面貌美，扮相漂亮，是很容易受欢迎的；但这次我的意思，是以国剧为重，您看中国戏到外国去演，是否能受欢迎？"他对国剧，还不能真正明了，他还不肯骤然就下断语。我说："等我先把国剧的原理，用文字或用图画把它描绘出来，您看看再说，您看好不好？"他说："很好。"我费了三个月的工夫，写了一本书，曰《中国剧之组织》。有专靠文字不能明了的事情，似非图画不可，于是又找了一位极好的画匠，此人姓孟，画工很高，亦可称为画师，同他商量，把国剧应用的东西，都有统系地画出来。他说的好极了，他说："画，我当然会，但是所谓有统系一层，我绝对不知道，您可以开出单子来，我照着画。"没想到这件事情，竟有两层难处。第一层这单子就很难开，就以衣服这一层来说，说是有准规矩，但是所有戏班的衣服单子，虽然是大同小异，但开单子之时，何去何从，便要费一番斟酌，就得大费一番脑筋。我把我国剧学会收藏着数百年来的行头单子几十种，又求几个行头铺，各开了一个全份行头单，并参看了北京故宫所存着的旧行头十几份，有几份尚完整无缺，且另有明朝行头百余件，由这些单子及实物，费了一个多月的工夫，才把行头的原则找到，由他们原则审核，才知道哪件衣服应该有，哪件衣服不应该有，这才把单子开出来。虽然还难免有不妥当的地方，但大致则差不多。把单子开出之后，交孟君去画，这第二层难处又来了。第二层难处，是他虽会画，但他不知哪一个名字是哪一件衣服，每一件都得我给他解释，而他又不能到戏园子去画，戏园子人多太乱，唱戏后又装箱收拾起来了，必须出戏班中借出来照画，这便很难，由戏班中往外借衣服，是很不容易的事情，何况每一件都要借呢？衣服还较容易，盔头帽子尤其难，幸尔我认识戏界人多，也有相当的人缘，我借出几件来交给他，画完再换。请看这有多麻烦，以上只说一种，其余都是如此。于是拣着戏剧原则不可少的，画了两百多条，大致分为十五类，每类包括多少种，兹大致列下。

剧场　六条　共十二图。

由元明以来，城里乡间，各种剧场，这于中国舞台进化的情形，固然可以明了一点，但要紧的意义在于这种的建筑，与国剧的情形，是有重要关系的。

行头　十二条　共一百六十八种。

此种前边已大略说过，无须再详。

冠巾　八条　共一百四十四种。

此种之费事，比行头还难得多。

古装　四条　共四十八种。

古装之制法，早已失传，就是还能觅到，恐怕与画上之形式不同。可是大家的眼目中，只有画中的衣服样式，所以我们都是照画中制成的，确也极受欢迎。因此时尚不能知道，到外国果演何戏，而这种衣服，却在戏箱规矩以外，所以必须画出，以便外人明了，且每戏有每戏的衣服，都各有意义，非现在戏中之古装可比，故尤须画出。

胡须　一条　共四十种。

胡须的规矩，失传的很多，经与许多老辈研究审查，才把各样式根本找到，不意这一幅小画，也赞了许多心思气力。

扮相　十条　共五十种。

此系按照清官所画的图样画成，把脸谱、冠巾、胡须、衣服等等一齐画出，为给外国人一个整个的观念，使外国人看了，或者可以发生兴趣，并且可以稍稍明了冠巾行头等的性质。

脸谱　十六条　共二百五十六种。

这种更费事了，画工不能画，非请戏界人画不可。而戏界人，大多数只会在脸上画，不会在纸上画。青年人有能在纸上画的，但他们所绘的脸谱，不见得合规矩，又非找老角不可。请了许多老净角，斟酌了许多次，把各种人员的脸谱，按颜色、勾法分类开了一个清单，大约四百多种，又求能在纸上画的净角，照单子来画，一共画了二百多种，一切较重要的人员，可以说是都包括在内了。

舞谱　二十六条　共一百六十六种。

我与梅君在戏中安上许多身段以后，后来有许多旦角仿效，我想费了许多心思气力，便想把它画出来，以便大家明了。按舞的所有动作，非拍活动电影不能明了，但彼时我们中国还远没有这种机器，只好画画。不想这一画，又费了大事了。每一个动作（舞式），得先命一个名，这个名字就很难，这个名词，必须能包括各动作的姿态及意义，斟酌的有个大概之后，又须照中国行文的旧规矩命名，不许私造，私造则名曰："杜撰"，必须现成，什么叫作现成呢？就是古人文字中用过的字眼方许采用，否则便没有价值。于是又从汉唐辞赋诗文中找到许多字眼，用来作为舞式的名称，还须用着恰当，必须名词与动作呼应合式，不能随便就安上一个。比方《天女散花》一戏，唱至"大鹏负日把翅展"一句时，则所持之绶带便舞作飞之姿势，这个姿势即命名为"振羽"，"振羽"二字，出自傅毅《舞赋》。如此者每一个动作，都安好名词后，又按各戏，各开一单，开好后，画工不知某名词是怎样的姿势，他当然不能画，于是又使梅君，每一姿势照一相片，又照了一百多张相片。但戏中姿势是活动的，所照相片是固定的，其袖子、身段、舞具都是静止住的，与真的动作及名词，都不会合式，我又把衣服袖子等等的姿势画在相片之上，又把各戏之衣服物件交给画工，再照着画，先打一底稿，拿来看好之后，再正式画在条上，请看有多费事。

舞目　八条　共三百二十八种。

为搜索这些名词，曾参考了二三十种书籍，也费了几个月的工夫，为什么要有这种工作呢？因为西洋人大半都说，中国没有跳舞，所以写出这些名词来，给外国人看看，好知道中国从前乃极讲舞之国，且是中国剧的来源。据司徒雷登告余，古罗马跳舞的名词，现在所存者，不过七八十种，亦是只知其名，至于舞的姿势，早就没有人知道了，中国古舞之名词，现存者约有五六百种，兹只写了三百多种，仍只有名词，不能图绘。

切末　十条　共一百一十九种。

中国人管戏中所用的物器，叫作切末，日本人名曰道具，于是中国人管切末也呼作道具。按切末与道具，自有其相同的情形，但其性质有时则相去太远，绝对不像日本道具那样简单。第一日本道具范围极广，任何真的物器，都可以拿到台上使用，切末则不然，都有严格的规定。

不在规矩之内者，绝对不许上台，所以画出来，俾大家可以明了其性质，至每件之说明，则余另有文详之，兹不多赘。

兵械　六幅　共一百九十二种。

国剧中本来就没有兵械，所用之枪刀等物，最初不过是舞具的性质。中国几千年来打仗，哪有用竹片刀、藤杆枪的呢？此不过借舞式以形容战态耳，非真打仗也。后来越演越复杂，添出来了许多兵器，然亦不过二三十种，一直到现在还是如此，则此种画了这许多，当然已出了国剧的范围，只因戏词中常有提到兵器的名词，而观众不知为何物者，于是按历朝的武备志，画了这些种。再者兵械也等于切末，不过若与切末合画，因画格子眼的关系，恐怕占地方太多，所以特另画之。若专按国剧之规矩，则此图大部分已出范围，特此声明。

　　　　乐器　六十六条　里面又分八项，计：

　　　　金属乐器　十二条　共七十一种。

　　　　石属乐器　四条　共二十三种。

　　　　丝属乐器　十二条　共七十一种。

　　　　竹属乐器　十四条　共八十三种。

　　　　匏属乐器　四条　共二十三种。

　　　　土属乐器　三条　共十七种。

　　　　革属乐器　十四条　共八十三种。

　　　　木属乐器　三条　共十七种。

　　国剧中现有的乐器很少，为什么画这样多呢？也是因为西洋人以为我们没有音乐，所以特别画了这许多，倘没有音乐，怎会有这些乐器呢？在欧美研究东方文化的人或者知道，而我画的这些画，是想预备在外国剧场中陈列，以供来看戏的人研究的，普通看戏的，大多数总是不明了中国文化的，所以绘此。

宫谱　八条　共二十五种。

西洋的乐谱，进化到五线谱，已经很完备了，但最新的还有三线谱，不过还没有风行就是了（余熟人法国欧斯洞，创有三线谱，实优于五线谱），由此可见什么事情，都是时时进步的。中国的画谱方法，自古至今，也变化了几十种，现在只画了二十五种，俾外国人看了，可以知道中国乐谱大概的情形。

角色　二条　共九十三种名词。

西洋人有许多对国剧很感兴趣，很想研究，但对于戏中角色之名词，都不很明了，颇感迷惑，因此写出了许多名词，并且把某名词是由某名词衍变而来特别列清，以便容易明了。其实这一层，不止外国人不明了，就是中国人明了的也少得很，则把它清列出来，于国人研究戏剧者也不为无益。

我把这些图画绘完后，并于每个图之上，都注上一个名词，另外都有地方预备翻译洋文，所有工作都作完后，连同我写的一本书，到燕京大学去找司徒雷登先生，并与他解释了好几天，他才知道国剧有许多道理在里边。他代约了十几位教授，其中国人外国人都有，帮助翻译这些名词，有的按原名词翻的，有的照实情现斟酌的，前后费了三个月的工夫，还有一部分未翻，因别的关系，只好作罢，大家都说，以后稍闲再接着工作，可是到现在，还没有遇到这个机会。

由这一来，不但引来司徒雷登先生的兴趣，而且有许多人感到新奇，大家都愿帮着工作，必使这件事情成功，这样一来，我也兴奋了几倍，于是拟了几个问题，以便研究进行，其问题如下。

一 宜用哪种方式出国

这层大约分两种办法，一是由外国来约，一是自动前去。

由外国来约，又分两种：一是由外国公家来约，或市政府，或人民团体。但这层似要经过外交途径，在预备这件事情的时候，大约在民国十五六年，正是北方军阀时代，他们不但不懂，而且脑子里头也不曾有这回事，政府如此，外交当然没有办法。民众团体来约，亦以经过外交途径为是，但可以不经过，惟中国现在只有我一个人暗中工作，外面尚无组织，且未定先往何国，亦无法接洽。以上这两种办法，倘到美国，则司徒雷登先生都可为力，但亦不容易。且彼时我自己虽努力预备，但绝对不告诉人（热心都助者除外），因为倘去不成，只胡吵嚷一气，未免难堪，故不愿宣布，因在国内不愿宣布，则在国外更不易进行。

自动前往也分两种，一是请政府为力介绍，此种亦须由外交途径，彼军阀时代，更谈不到此。完全自动以私人资格出去，也有两种办法；一是由经纪介绍，世界上专有作这种营业之人，专介绍各园的大艺术家往其他各国献艺，如音乐家、体育家、歌唱家、戏剧家等等，经由这种人出国，较为省事，只若与他讲好条件，再供给材料，一切宣传接洽等等，他就都替办了，彼时在上海就有两位，乃专管此业者，给他一信，他必来接洽。不过有人说，这行人都是犹太人，结果给他做了饭，自己或者吃亏。最简单就是自己前去，由司徒先生或别的教授在纽约觅妥戏院，预先代为接洽，较为省事，且不至预先嚷的满城风雨，此事不愿预先发表者，就是怕到时办不成，所以就采取了最后的这种办法。

二　宜用什么样的角色

中国人大多数主张老生或武生，也有主张用旦角的，但是却没有主张用老旦或丑者。主张用老生的理由，是老生向为台柱，且老生扮的都是正人君子，扮相冠冕堂皇，雍容大方，歌声亦朗润清华，悠扬动听。主张用武生之理由，是武生所去之人，都是忠勇将官，英雄豪杰。这两种角色，使外国人看着，我们是个讲忠勇的国家，歌唱亦高亢激扬，无靡靡之音。主张用旦角的人也不少，但反对的人也很多，都说是以男扮女，自用假嗓之音，为外国所无，故不应用旦角，免为外人所笑，倒是没有反对老生武生之人。

以上乃是本国人士的议论，大致多是如此，后来用这种原则同外国人斟酌，但总是先问他们的意见，大多数没有主张，及至谈到中国人所说的情形，他们却不大谓然，都主张要用旦角，理由很有几种：一是老生武生演忠勇的戏，旦角一样也可以演忠勇的戏，且戏的主义格式很多，不必一定忠勇。二是歌唱，老生武生虽然洪亮，但歌唱不是非洪亮不可，悠扬清婉，也一样的好听。三假嗓一层，并不奇怪，西洋女子歌唱也常用假嗓，再者也不能说，西洋不用，中国就不能用。四是男扮女一层，现在说似稍新奇，但从前希腊戏剧，常常以男扮女，也没什么奇怪的。五就专为外国人看着好这一层来着想，那也是旦角比老生武生好得多。比方以老生说，纱帽、胡须、蟒袍、玉带，在中国人看着，是冠冕堂皇，在外国人看着确有些可笑，为什么两个纱帽翅必须颤动，玉带要那样大一个木圈，说它是腰带，却离腰很远，外国人初看，一定莫名其妙。

以武生来说，去一武将，他穿的铠甲，尚有些像，而头上戴的额子，四飞八炸，背后四个旗子，都很奇特，手中的枪像手杖，又像小儿骑的竹马，靴子底之厚，更为西洋所无，这样装束，在平常动转，已经不够灵活，何况打仗呢？在中国人看惯了，不觉怎样，而外国人初次看，一定觉得新奇，这些情形，在国剧中，自然有它的原理，有它的规矩，但外国人看着倒有点眼生。若旦角则不然，旦角虽然也有戴凤冠，佩玉带的时候，当然也是膨胀。但这种情形，在男子身上，看着奇特，在旦角则或者没有什么奇怪。因为男子的衣服，在西洋这些年来，虽然不断地改，但样式总没有多少变动，不过长短宽窄，稍有变化耳，若骤然看这种衣服，一定以为新奇，因为他与西洋男子衣服两样了。而西洋女子的衣服，则变化极大，从前裙子长的可拖丈余，近来则短不及膝，从前一露腿，不但观者以为奇怪，而自已也认为是可羞可耻。帽子一物，变化更大，有时高一尺多，径三尺多，有时盖不过脑门来，所以西洋人看着女子衣装，怎么样也不为新奇，再者旦角的扮相，大致与西洋差不了多少，上身袄子，下身裙子，与西洋没什么分别，所差者只一双长袖。西洋有时也兴长袖，尤其是古装、细腰、长裙，更与西洋无异。当时大家说的意见很多，归纳起来，是中国人都主张用老生或武生，西洋人则主张用旦角。

三　宜先往哪一国

中国人大半主张到巴黎，说世界上的艺术团体，只要在巴黎演红，则无论到何处，都可畅行无碍。后来以此意问外国人，外国人则说这是大战以前的情形（彼时第一次世界大战结束不久），大战以后，世界局势改变，凡艺术团体，若能在纽约的百老汇演红叫响，以后到各国就都没有问题了。再者还有一层，更要先往美国，因为法英等国自以为是老大帝国，他们认为自己什么都有，尤其是关于文化艺术的事情，更不容易吸收，除了科学之外，关于文化的事业，一点进取心也没有。美国则是一个新国，处处都是朝气，一切文化艺术，都很容易吸收。这话并非说到法国不能成功，而是到美国则较容易，故不及先往美国，他们说的法英这种腐败情形，可以说是与清朝末年之情形一样。

四　宜演何种戏

这个问题有两种：一是演新戏或旧戏。二是演整出或零段。第一问题，中国人多主张演新戏，他们的意思有两种。一是新戏为梅独有之戏，二是新戏都为我所编，有点敷衍我的性质。我的主张，则非演旧戏不可，新戏乃我所编，演出去连带着我也出风头，我有什么不愿意呢？但此等戏确没有别人演过（后来有些戏，演的人很多了），不能算是普通的戏。旧戏一则多少人演过，千锤百炼，处处都有精彩，这才算真正国粹。第二个问题是，中国人主张演整出的，外国人则主张演零段的，理由是美国人好动，让他们坐两三个钟头，不是容易事情。每晚的戏，最好分三四段，一段一个情节，倘有不感兴趣者，他看这种短戏，则不至生厌，倘有些生厌，则此段已完，他当然想看下一段，未等看厌又完了，如此则无论多浮躁之人，也必能看至剧终。于是按此意，定了两个戏单：

《汾河湾》、《青石山》、剑舞、《刺虎》。

《醉酒》,《芦花荡》,羽舞、《打渔杀家》。

到美国还是只用了一个,因为外国习惯,不可以随便换戏目,倘一换,则上座必要受影响。

五 应该怎样演法

所谓应该怎样演法者,国剧中规矩是否应该酌量变更,例如:花脸、胡须、靴底等等都在应斟酌之列。所有中国人都主张非变更不可,如张飞脸固然黑,但不会那样黑而且花,应该用黑色揉一揉最妥,一切脸谱都应如此。他们的思想大致都是,人的脸不会那样红,那样白。胡须也是要短,最好在脸上粘住,方显自然。大致所有中国人议论多是如此。其实这种议论是很幼稚的,谁不知道脸没有那样红呢?他既这样做,它总也有其来源,有其理由。至外国人的见解,则与此相反。他们说,演戏应该用长须与否,或厚底靴子与否,以及应那样红或那样白与否,不必研究,但中国戏在中国演是怎样,则在外国演,也应该那样,必须一切照旧,一毫不得更改,总之你们是拿中国戏,给外国人看,外国人要看的也是中国戏,你要一有变更,那就不是完全的中国戏了。没有到过中国的外国人,他们不懂,他们或者不会挑眼,倘有曾经到过中国而且看过中国戏的人,他要说一句这与中国原来的旧戏不一样,倘有人说这样一句话,那你就非失败不可,因为大家想看看中国戏,你既不是真正中国戏,那大家就不要看了。因为外国人说的这一大篇话，听着非常有理，所以一切照旧，一点也没有更动，果然大受欢迎，也没有一个议论说奇怪的。与我们同时到美国的，有一个日本戏班，他登的广告是："我们这是极合于美国人眼光的日本戏"，有此一句话就完全失败了，美国的舆论大不高兴，说我们是要看看你们的戏，用不着合我们的眼光，要想着合我们眼光的戏，那最好是看美国戏。由这一件事的旁证，我们的戏的一切照旧，是很对的了。当时若听我国诸位先生的话，那是非失败不可了，凡做一件事情，总要虚心请教他人，是很重要的一件事情。

六　舞台如何布置法

国内人士都不主张用门帘台帐，说缎子绣花太华丽，有的人主张用布景，有的人主张用淡色幔帐。而外国人士，凡于中国戏稍有研究、或看过中国戏者，皆主张用中国旧式门帘台帐，理由是用呢布幔帐，无论颜色深浅，不会与衣服都能调和，与深色的调和，就不会与浅色的调和。更不能用布景，因中国戏动作穿戴等等，都与布景联络不到一处，比方我们看过杨小楼的一出戏，后头是一个山林的布景，可是他穿着很华美的衣服及厚的靴子，一个人在树林子外走来走去，一会到林子这一头，一会到林子那一头。按人走路不应该这样快，不知道他是作什么，后来问人，才知道是骑着马打仗，为什么打仗穿那么厚底靴子呢？这种情形，在外国人是看不明白的。总之中国戏是中国的东西，布景是外国东西，中国戏当然有它的规矩，倘骤然就与西洋东西合作，一定是格格不入的，且必要闹的笑话百出。不但不能用幔帐布景，就是西洋舞台的样式，也一样的不能用，须把它整个的遮住，一点也不露，使整个的舞台完全变成一个中国舞台才成。我问他们："这是什么意思？"他们说："这很容易明白，美国人大多数没看过中国戏，难免要用看美国戏的眼光批评中国戏，如此则他们批评的不会正确，明是好处，也许看成坏处，果尔则看过之后，或者有不好的印象，或者有人说，应该把中国戏稍稍改动，以便迁就外国人的眼光，这层前边已经说过，如此则不但失去了中国戏的精神，有意研究中国戏的人，因此一来反倒不愿看了。若想避免这些毛病，最好是把舞台变成一个完全中国形式，使观众目光一新，他们不知不觉的，便要改换一副眼光来看，就是想批评，也得重新想一想。否则若在美国舞台演中国戏，他们看着一定是不对的，不但动作不对，连立坐都是不对的，所以必须要中国舞台，因为中国舞台，美国人多数没有见过，如此则各角立处、坐处、动作等，他们没法子来断定对不对，于是他们也就不敢随便下断语了。"我们听了这段话，非常有理，我们就布置了一个中国舞台，到彼安放妥当之后，他的旧舞台就一点看不见了。总之未开戏之前，仍是戏园中它的旧幕，旧幕拉开后，就是我们的红缎子绣花幕，此时奏中国乐，乐完拉开幕，整个中国舞台，完全摆在台上，不但是门帘台帐，而且还作中国宫殿式的隔扇，顶上有藻井，前边两旁有对联，果然大受欢迎。

到美国演戏的情形，我写过一本《梅兰芳游美记》，早已出版的，又写过三篇文字，登于《新闻天地》，兹不必再赘。现只把美国的评论来谈谈：他们的评论约分三个部分：一是笼统着议论中国戏。二是议论此次在美国所演的几个戏。三是议论梅个人的技术。后两种在前边所说的书中已经详写，在这里只大略把他们议论国剧的话，述说几句，所有的意思，大致归纳如下：

中国剧的一切组织，完全艺术化。大致与希腊古剧相同，以歌为重，较写实派的戏剧，实在高得多。场上的布置，剧中人站立坐落的地方，以及一切举止动作，都有一定的组织，不得任意！可是不但不呆板，却是非常之自然，而且是艺术化的自然。

说白到相当的时候，就变成音乐（此指的是歌唱）。

手指、目视、举足、转身等等的小动作，处处都有板眼，并且都有艺术的规定。

男子扮女子，不是摹仿真女子的动作，乃是用艺术方法来表演女子的各种精神的神态（其实这是用舞的方式表现）。

花脸纯像古雕刻。

以上不过大略说几句，无需多赘。

此外还有一段情节，也应该大略说几句，就是美国电影业的人来谈的话。我们到旧金山演戏的时候，好莱坞的电影员，来看的人就很多，且都来拜会谈天，都说中国戏的组织法高深，此次来表演，美国人固然欢迎，电影界尤其重视，实在有其原因。因为现在电影的趋势，有些地方很像中国戏，有话白，有表情，到相当的时候，就起歌唱，这种情形与中国戏实在没有什么分别，并且这种电影，颇受观众欢迎。又因自发明有声电影之后，旧的排演法，已经渐渐不适用，所以各电影大明星，都有点皇皇歧路之势。例如卓别林大滑稽明星，便决定不演有声电影，此无它，不易找出路也。而又不能像话剧，因为它在电影中显着太枯干，所以电影公司都极力往这条路上追求，而美国以前又找不到前例。恰巧在这个时候，有中国古代的戏剧来演，实在是我们最好的参考品，我们怎么能够不欢迎呢？有几个电影界人，在纽约曾看过，回来都互相谈论，说中国戏此次来美国演唱，于电影界影响极大，益处亦极多。当时大家听了这种议论，还很怀疑，不大相信；现在一看，方知他们的话，一点也不错。类似这类的话，很有几位说过，到洛杉矶出演时，差不多所有电影员都来看过，后来听说，于他们的工作大有影响，以上这一段，写出来有什么意思？就是要请诸君知道，有许多略染西洋习气的人，多看不起中国戏。可是二十年来，风行世界的电影，其中已含有许多中国戏的成分，此种情形，明眼人一看自能知之。

到美国演戏、住行及报章私人批评的情形等等，都详于《游美记》及《新闻天地》文中，此外另有汇印的美国报评语，亦可参看、，此处不必多赘。此行总算是成功了，不枉我费了四五年的工夫及心血，大多数人都以为是梅兰芳成功，其实是国剧成功。按外表情形说，这两件事情是分不开的。以国剧来说，它是空的，无论剧本编得多好。台上排的多好，但没有好角演唱，则它自己便不能现于人前，何况出国呢？以梅来说，他固然长得好，有天才，但不演国剧他也出不了名。这两件事情，既是并重，何以必要说是国剧成功呢？这有两种理由，一是目下西洋电影，有些地方是摹仿国剧的，而不是摹仿梅兰芳的。二是自此之后，西洋研究国剧的人，已经很多，而没有研究梅兰芳的，是足可以证明是国剧成功。

按国剧已经成功，它在国际间已有了它的地位，总算已经达到我的目的，应该相当知足了罢，但是不然，而且落了一个大大的不满意，因为我最初目的不止如此。兹把我与两位学者的谈话，写在下边，诸君就可以知道一个大概的情形了。

与司徒雷登先生谈话

一次我特别去找司徒雷登先生谈话，我说二三年以来关于国剧出国去演的情形，有的由先生介绍的，有的由别人介绍的，与美国人士接谈大约有几十次了，据所谈的情形来推断，大致总可出国一演，成功一层也似乎有相当的把握。但我所以使国剧到外国去演者，有两层希望，也可以说有两个目的。他问："怎样的两种希望？"我说："第一当然盼着国剧在外国成功。第二是于戏价的收入之外，还想募点捐。倘国剧不能成功，没什么人欢迎，当然也是谈不到募捐这一层，倘若能成功，您看这件事情可以作不可以作？"他问我："都是求什么人募化？"我说："我在美国一个人也不认识，虽有几位中国朋友，但他们绝对不能担任此事，当然是专靠先生，先生能帮忙便作，否则便不能作。"他问："募了款来都是作什么用？"我说："这一时很难定，说来话也很长，简单着说，五十年来，国剧衰落已甚，有许多好的东西已经失传。它失传的原因，就是学界没有人研究。募了款来，少则先办一个国剧研究所，这个研究所，不只是学唱学做，如现在之票友，要紧的工作，是研讨国剧的原理。倘款有余，则办一所戏剧博物院兼图书馆，我个人收藏关于戏的物品，已有三万余件（此事详后），各省的东西，应搜罗的还很多，关于书籍，我收藏的只有二百余种，不过是杂剧传奇等剧而已，即此亦应该仍继续搜罗；关于各省的小唱本及各种戏的剧本，都应该多方搜购。款再有余，则办一戏剧学校，因为虽然已经有人注意到此，但他们办的只是一个科班，虽名曰学校，而与科班无异，若仍只办一科班，则戏界人员自优为之，不必俟学界来办，且学界人办的，其成绩还远不及戏界人。所谓戏剧学校者，要一面研究艺术，一面研究其理论。款再多则建一新式剧场，西洋各国，差不多都有国立或市立剧场，先生当然知之甚详，中国则阙如，且中国如果建筑，与西洋亦当有别。"我说完这套话，他问我："大约需多少？"我也笑了，说："自然是越多越好。但燕京大学乃专靠在美募款保存，此事须不要妨害燕京为原则。"他想了会子才回答我。他说："这件事或者有办法，也或者于燕京大学无损。"我说："如此则好极了。"他说："或有人，你劝他捐燕京大学之款，他不感兴趣，可是若劝他提倡中国戏，他也许高兴。"我问他："据理想可以募到多少？"他说："这很难说了。多则几十万，少亦应该可以募到十万。"他又说："我给美国友人写几封信去，请他们计划计划，探听探听情形，等他们有回信来后，我们再商量，怎样进行法。"我听了这话，越发的高兴，进行的更起劲，我说十万美金也是好的，办一戏剧学校之外，还可办一图书馆博物院，倘办得好，则戏剧学会，亦可办起来了。过了几个月，得到美国的回信说，大致可以有点办法，但须看演戏之成功与否，方能规定募捐的方式。我听到这个消息，当然又兴奋了许多，于是更加紧预备起来。

与李石曾先生谈话

我与石曾先生是亲戚而兼世交。论亲戚他比我长一辈，论世交他是先君十来年的学生，他是先君头一个得意的门生，而他对先君亦异常之敬佩，常常念念不忘，所以常相聚处，但这件事情，我没有同他谈过，就是偶尔说及，也不过随便谈谈，没有正式的说过。所以未说过者，因为彼时关于此事，只和司徒雷登先生谈过些回，因不知果能去的成否，白嚷会子只是贻人笑柄，故未向人谈。到了民国十九年春天，诸事预备的已经相当齐备，美国接洽也有些眉目，眼看着很可以前去了，但有一重要问题，就是还没有路费。此事无人可求，司徒雷登先生，只能在美国一方面帮忙，在国内他当然是没办法，也不必前去张嘴，想来想去，只有石曾先生，因他对于沟通国内外文化的事情，最感兴趣。于是找了他去，问他对此事可帮忙否，他回答的极简单："若一个人出去，为自己图利，则无忙可帮；倘为沟通文化，则一定帮忙，而且有多大力量，使多大力量。"我把此事之前前后后对他一说，他很感兴趣。我又把我写的《中国剧之组织》稿子（彼时尚未付印）及所画的二百多条宣传品，给他看了看。他知道我宣传的都整个是为国剧，不是为梅兰芳个人，他非常赞成，也非常起劲，他问我："款项差多少？"我说："整个的旅费一文钱还没有呢！"他说："梅个人可以拿出多少来？"我说："他为这件事情，各方接洽，招待外宾，在美国的宣传，以至改制行头，添置箱笼，整个到美国用的舞台布景等等，已经花去四五万元，连我零七八碎，也填上了四五千元，我家中之钱固无多，他也实在无法再垫款了。"他问我："旅费共须若干？"我说："我们出国，大约不过二十一二人，至应用船价多少，我实不知。但知此者很多，可随便一问朋友，必有洞晓者。"他说："容我计划计划。"过了几天，他来说由他请回客，所请者都是银行界人，我把所画的物品全带去陈列，我问他："有这样宽绰的地方么？"他说："在齐化门大街王亮俦先生住宅，地方很宽。"届时挂好，大家一看，叹为得未曾有，他们万没想到，有这样大的一种工作，于是大家议妥，每人出资五千元，作为入股，将来有余利先还此款，如赔钱则作罢不必再还。上海也有几位很肯帮助，事情才得成功。没想到全班人员到了上海，又有很大的顿挫。有兰芳一两位老朋友，正住在上海，大为阻挠。其实可笑得很，他们的意思，完全是吃醋，他们以为这件事情，我太出风头了，阻止兰芳不让前去。兰芳说："我花了好几万块钱，还是小事，离开北平之前，亲戚、朋友、学界、政界，整个的市政府，都给我饯行，送我出国，我若不去，只有跳黄浦江，没有脸再回北平。"我一看此事是以小人之心度君子之腹，此外尚有原因。我告诉兰芳说："此事容易解决，你就让他们接着办下去，他们就心平气和了。"如此一来，果然才能成行。在船上兰芳对我说："没想到到上海有此一变动，真是不幸。"我说："这还是不幸中之大幸；倘他们原来就在北平，这件事情就办不成，他们早就破坏了。"没有想到，又有一位姓黄的同去，把此事搅了稀溜花拉，他的道德不必谈，在美国出乎法律的事情，就不知有多少，他是发了点小财，可是这样一来，司徒雷登先生再不肯帮助捐款了。我在好莱坞遇到他，他叹了一口气，说只好再遇机会了，这里头还有关于清华的情形，也就不必多说了。这样一来，闹的石曾先生帮助约集款项，也没有能够还。

司徒雷登先生以往的帮助翻译，帮助宣传等等也都算白费了心思，梅兰芳也赔了五万多，我的第二层希望，完全变成画饼，所以我说还不能满意，而且是大大的不满。这件事情，除了局中人都知道外，银行界的人知道的却很多，但我则没有发表过，也是因为写东西的性质不同。《梅兰芳游美记》一书，既是以他名书，则当然一切由他立论。给《新闻天地》写的两篇文章，则当然只说国剧出国，提不到这些事情。此处是要写我的工作，所以附带着说了几句。此事固然是遇不良之辈，但也怨兰芳，彼时我和他说过几次，他虽听我的话，但他办不到，我也不愿在外国和同去之人翻脸，以免闹出更多的笑话，所以也就忍耐了。有一两位同事之人，一切做事专为自己。例如波末拿大学及加里福尼亚大学要赠兰芳以博士学位，他们都极力反对，他们所以反对，是吃醋，因为他们留学几年，没得到一个博士，所以反对此事。他们一反对，兰芳就有点不敢接受，临了倒是我主张使他接受的。兰芳自然是意外的高兴。但我同他说："此事也值不得怎样高兴，中国人得博士的也不少，但多数人都没有人知道，其出名者，还是在他的学问，并不在博士二字，而且您得此，必招国中学者嫉妒，我所以主张使您接受者，另有意义，说来不值一文，更是可笑。因为政学界人，向来都鄙视唱戏的，平常只管有多好的交情，到了文字，他们就很斟酌了，他绝对不肯弟兄相称。从前都称小友，按小友二字并非坏字眼，可是用坏喽也就坏了，谭鑫培陈德霖二人都跟我说过，从前凡给他们的书画，倘写小友则一定撕毁，就是此意。比方与您最要好的文人，要数樊樊山，但他不肯称您兄弟，也不肯论辈行，也不肯称先生，也不好意思称小友，只好称个艺士，但仍不自然。如今您有博士衔，则大家当然都称博士，又自然又大方，这是我使你接受的本意。"

我写以上这一段，对于兰芳并没什么怨意，因为我深知他除演戏外，别无所长，关于演戏，你同他说一点，他就可以做到，且做得很好。关于处世，则只忠厚和蔼外，自己一点判决力也没有。

说到往苏俄演戏，虽然都是我筹备的，且特别给他写了一本《梅兰芳艺术一斑》作为宣传品，但原动力是人家来约，我因他故未去。

他所以未能往德法等国去演者，也是因为我没有同他去，其实我在德法两国，预先也都有点接洽，尤其在法国，我们的同乡很多，也肯帮忙，但果然去时也许赔钱，所以我也就不起劲了。

自美国回来之后，歇息了些日，我对兰芳说："我们两个人，自民国元年给你写信始，到现在是民国二十一年了，我们共同工作，已整二十年，在这二十年之中，我固然得的戏界知识很多，得您的帮助也不少。但我大部分的工夫，都用在帮助您的身上，我最初的意思，是想帮您四十出戏，此语我对您对别人都说过，仍是到现在，只编了二十几出，连改的旧戏不过三十几出，总算还差几出，未能如愿。"他说："以后还可以接着编排。"我说："您也四十几出头，也用不着常唱，所有会的戏，也就够用了。其实以后再想编戏，也不是无路可走，比方你从前年轻，我给你编的都是姑娘的戏，以后再演，当然显着岁数太大一点。但若编贤妻良母的戏，您演着也不会显老。不过演新戏只是为卖座得利出名，那都是次一步，以后可以不甚需要，因为您名已成，钱虽不多也不至挨饿了。再者讲赚钱，那非出国不可，全靠国内赚的钱，只为一家享受，自然足够，但不能以之办什么大事。再者您自己血汗，挣那么几个钱来，也不能都作了发扬戏剧的事情，出国虽有挣钱的希望，但只有美国，往欧洲去只有赔钱，往美洲去的这条道路，已经被你上海一帮朋友堵死，此次把机会全失，以后也再没有希望。总之往美国去这一趟，乃是我们两个人划时代的事情。自今日以前，在你个人一方面说，你的艺术是日有进步；自今以后，算是停止住了，不能再有进步，尤其您要往上海一搬，那是必要有退化的。第一上海的演员，多数不会旧规矩，北平的老角，虽然不懂旧规矩的原理，但都会；上海不但不懂，而且有许多人不会，我在上海看过几次戏，可以说是没有一出不出规矩的。您天天跟这般人谈论，安有不退化之理！第二您一般旧朋友，虽然都极爱护您，且也喜欢旧戏，可是对于旧戏可以说是不懂，不但他们不懂，连您也不能算懂，这话并非鄙视您，比方若只按技术说，您比我强万倍；若按真懂戏说，您比我可就差得很多。再者我这话也不是瞧不起人，您的朋友也都是我的朋友。再过十年八年，或三十年二十年，您就可以知道我不是胡说吹牛了。就戏剧一方面说，以前是有很大的希望，但从此就停止了，为什么呢？倘此次由美国剩几文钱回来，还可办许多事情，其中当然您有工作，此次落了这样一个结果，当然就无事可作了，因为要想出国，自然是非您不可，以后没有再出去的希望，则您当然也就没什么工作了。以后只有教教戏，把技术传授传授，但此事可以说是较为微末的事情。在我这一方面说，在民国初年到此，二十多年的工夫，我自己自然有点工作，如到处问人搜集材料，研究国剧的原理等等，但都是初步的工作，也可说是预备工作，正式工作尚未动手。总之一切的工作，大部分都是用在了您身上，固然给您编排新戏，其中也有一部分，目标是往国外宣传，但大部分总是为您叫座。此后就可以把我全部的精神来研究国剧了。照以上这些情形来说，我二人的工作，岂不都是另一个时代了么？"以上乃民国二十一二年间我二人所谈的话，二三年之久，谈的话当然很多，此不过大略述说几句而已。

照以上所说，岂不是都是我帮了他的忙，于我没什么好处么？这却大大的不然，我帮他的忙固然很多，他帮我的忙也不少，兹随便说三两种：

第一我在认识他以前，固然认识其他戏界人员很多，但有一部分人因他们不愿见生人，所以还未认识，例如兰芳就是最重要的一人，自前清宣统元二年，到民国十几年，他差不多是一个生人不肯见，我认识他二三年的工夫，才往他家去，这也是一个原因。自从认识他之后，他的亲戚等等就跟着都认识了，在听戏排戏时，必在后台，同各种大小角色，以至杂务人员，也就都认识了，这从中得的益处也很多。尤其是后几年他自己成班时，班中及后台的事情，我在暗中代他主持的不少，这更是我长经验的地方。

　　第二我所编的戏，好坏姑不必谈，但若非他演，恐怕不容易这样红，就是能够红，也不会这样快，有几出戏，已经风行全国，这当然是他的力量极大。我常对人说，戏之好坏，编的时候，自然也很重要，但大部分的关系，还在演者。国剧不同话剧，话剧是以写实的方式，表现剧词的意义。国剧则是以歌唱舞蹈的方式，形容剧词的意义。这里头要分两种技术：一是能够把剧词的意义都表现出来，二是歌唱还要好听，舞蹈还要好看，这两种的原理都要作到，戏才能算演得好，才能算是好角。有的人确能把戏义表现出来，但歌舞不够好听好看；有的人歌舞确很优美，但剧义则未能表现出来。这里附带着解释一两句，比方词句是表达心情的，可是很悲愁的词句，他唱的是悠扬喜悦的腔，这就叫作唱的好听，而不能表达意义，因为他唱的腔调整个与词义背道而驰，是失去歌唱意义之原理，故绝对不能表现出剧词之意义来。舞也是这个意思，稍懂国剧之人，都能看得出来。所以从前常有人说，比方我们编成一个剧本，交与十个戏班，使他们随意排演，则演出来，各班都有不同，也可以都好，但绝对不会一样。这是话剧万没有的事情，话剧总是宗着剧词来念及表演，最多可以把剧词稍微更改更改，倘改的太多，便与原意有损。国剧则可以彼此完全不同，所谓不同者，同是原词一字不改，此角可以唱正二簧，彼角可以唱反二簧；同是反二簧，此角可以唱这几个腔，彼角可以唱那几个腔。同是形容一种词句，此角可以用这种身段，彼角就可以用那一种身段。所以同是一个剧本，演出来可以完全改了样子。我所编的戏，他都演得很好，这可说是剧本的出名是由他演出来的，至少于剧本出名帮助很大。

第三我自光绪末年看到西洋的跳舞，便以为它极优美。后一考查，才知道人家极为重视，不但民间人人要会，连教育界也以为这是专门功课，于民风社会是影响极大的一种教育。回国后便想搜罗中国的舞，在书本里头，倒是可以找到许多的学说，但是其舞的姿势，却看不到。在许多古画中，也可以看到不少，但都是画像，站在那儿不动，由此也不知道他的舞法。彼时我研究国剧尚浅，不知戏中的动作就是由古舞变来，后来才知道国剧所有的动作，就都是古代的舞蹈，不过因为歌唱的腔调各有不同，演戏的台场大小各异，于是各种舞的姿势，都有了变化就是了。自我知道国剧的动作即是古舞以后，便以为研究古舞，是有路可寻的了。固然戏剧中的舞与古舞已有了变化，但其他舞不容易找寻，只好先由戏剧入手。再进一步研究，始知只有南北曲有歌则必有舞（南北曲现在俗名都叫作昆腔），皮簧梆子，整部的规矩，如出入场及一切的动作，虽然都与南曲无异，但歌唱时形容词句意义之舞，则几几乎是完全失掉了，梆子班中还有一二成存在，皮簧中可以说是一点也没有了。于是我便设法在皮簧中也安插上了几种（此层前边已谈过，兹不再赘），教兰芳演之，居然又受欢迎。这种地方，或好或坏，全靠演者，我常对友人说，所有的身段，都是我安的，我教的他，但他上台演唱，每个座卖两元钱，买者还抢不到手，倘我上台去演，则两个铜板一张票，也没有人来看。这种地方，固然是我帮了他，实实在在也可以说是他帮了我。亡友罗瘿公因为我给艳秋排《红拂传》等戏，特别送了我一首诗，题目是《俳歌调齐如山》，里面跟我开玩笑的句子，自然很多，但如："结想常为古美人，赋容恨不工颦笑，额下鬤鬤颇有髭，难为天女与麻姑，恰借梅郎好颜色，尽将舞态上氍毹，梅郎妙舞人争羡，苦心指授无人见"等等的这些话，也系实情。我与梅排戏二十年之久，外人知者甚少，从前我也没有对人说过，惟罗瘿公偶到梅宅，就见我教他舞，后来瘿公又约我给砚秋排戏，所以诗中有这些话，然由此更可证明，倘无梅郎好颜色，则舞态便上不了氍毹了。瘿公把此诗写了一帧横额，裱好送我，被黄某拿去，后因黄某盗用蒋伯理存中国银行之款，用此款买的字画很多，经众友人评议，便把这些字画，归为蒋伯理所有，于是这一帧，也就归了蒋家了。现不知存于何处，将来总有发现的一天。

第四就以往美国去这件事情来说，一切事情都是我筹备的，而且我的意思，最重要的还是发扬国剧，但也是非梅兰芳不可。第一彼时所有的好角，谁也没有这种思想，这种眼光，他们谁也不能完全听我的主意。第二当然也有人想去，但除好名外，还有挣钱的性质，万没有一个人肯赔钱出去。当我筹备的时候，梅竟垫了四五万块钱，并未在外宣布，而且结果也没有得回来，这在其他角色是没有的，就是到目下，也还都是这种思想。第三此事筹备妥当后，将要出国，而一文钱的旅费也没有，靠十几位友人，每人出款五千元才能成行，这些友人当然都是极热诚的了，但若只说是发扬国剧，则大家不会有这样熟心，自然也有一两位是帮国剧的。若单说我想发扬国剧，而特别对我帮忙的人也少得很。结果还是因为梅兰芳出国演戏，而肯帮忙的人占大大的多数，这足见国剧能出国，我的目的能达到，乃是梅的帮助。第四往美国去演戏，我最初的目的，当然就是梅兰芳，但暗中也斟酌过几人，不过都有别的关系，不能成实事就是了，最要紧的是他彼时因为我们各种作风或宣传而已享大名。我曾问过几个美国人，倘梅到美国去演戏，是否能受欢迎，或可能受人反对？几个人都说绝对不会受人反对，一则因为梅之面貌技术，都臻上乘，二则享大名的人，美国人不反对，因为一个人既享大名，则当然是有大多数的同情他，倘对大多数同情的人，自己反对，那就是反对大多数的人，梅君已经有六万万人同情（他们意思是中国四万五千万，日本及美国人，又有一万万有余），美国人怎会再反对呢？由这种议论一衡量，则出国成功，还是他的力量较大。第五他的名气，固然我帮助的力量不小，但我的名乃是由他带起来。他的名气到什么地方，我的名也就被彼处的人知道了。几十年来，知道梅的人，往往就提到我，由这种地方看，岂非他帮助了我呢？

第七章　创立国剧学会

自从由美国回来之后，因为有旧日编出来未演的戏，何时愿演，何时可排，不必再另编新戏，而且梅已不常演，每星期不过演三天，也无需再排新戏。所以我对兰芳说："以往二十年的时期，我全副的精神气力，大部分都帮了您的忙，以后我可要自己工作了。"他说他也可以帮助，问我由什么地方作起呢？我说："本想由美国弄回几个钱来，做点事情，如今被他们搅了个稀溜花拉，不但未赚，而且还赔了许多。但虽然如此，我仍然要努力，不能大办，我们可以小办，绝对不能不办。"我的意思先创立一个国剧学会，他很赞成，于是我就找了几个朋友帮助，如魏道明先生的太太郑毓秀博士，就是大帮我忙之人，她一次就给我送好几千元，此外还有几位。有此一来，当然就办了起来，在南大街虎坊桥路北，租了一所很大房子，成立一个国剧学会。工作约分下列五项。

一 研究国剧的原理

　　这门工作，可以说是就我一个人，其余几位朋友，虽然每月出几个钱，但多是公余之暇，到此闲坐谈谈，他们视为是俱乐部的性质，对于国剧之工作，并不大感兴趣，所以只有我一人苦干。我把二十多年所问的老角话的记录，拿出来一条一条的再加以研究。不过从前的老角，不在的很多了，例如谭鑫培、刘景然、王鸿寿、田际云、李连仲、王长林、李寿峰、李顺亭、陈德霖、朱文英、方秉忠等等，有的常谈，有的偶然谈谈，此时是都去世了。幸而如钱金福、尚和玉，胜庆玉、曹心泉、冯蕙林、程继仙、汪子良、孙怡云、萧长华、慈瑞泉、徐兰沅、韩佩亭等等诸位还在，于是常常约他们到会，把我归纳好的记录，每条加以研究，及判断其是否妥当，判断毫无疑义者，便算规定，共有问题，则暂且阙疑，再找证据，如是者作了二三年的工夫，大致都算有了眉目。说也可笑，这群戏界老辈，虽然都是我请来的，但谈论起来都还感兴趣，可是绝对没有一个文人加入工作。一次为研究一两个问题，翻这一本记录，查那一本记录，累的一头大汗。在座者有曹心泉、萧长华、尚和玉、程继先、梅兰芳诸位。萧长华说："您不是吃这行饭，可是老研究，戏界人是靠这行吃饭的，可是老没有人研究。"尚和玉说："我们戏界人要都像齐先生这样研究法，现在的戏就不是这个样子了。"曹心泉说："如今年轻的角，不必说他们自己不研究，你给他说说，他都不爱听。日前某人去《三堂会审》蓝袍，把发落二字，一个念成平声，一个念成去声，听着真扎耳朵，我对他说了说，不但他不爱听，连旁边的人，也以为多余，你替他研究，他都不爱听，你还想让他自己研究么？"和玉说："我不是薄饰同行，您问他们唱武生的，哪一个真正会耍一个云手？"萧长华又说："如今是什么都看的轻，只若有一条好嗓子就够了，学的固然不那么学，教的也不那么教。"程继先说："畹华不是完全得力于齐先生么？"兰芳也说："可不是么，我这十几年，一切的事情，就都是靠齐先生。"末了萧长华又取笑说："齐先生您研究了这个，往哪儿吃饭去呀？"我也笑了，我说："我研究这个，不是为吃饭，而是吃了饭来研究。"萧长华又说："好在您有大和恒，用不着在戏界找饭吃。"此语说完，满屋大乐，盖余家有一米面铺，信用极著，生意极好，有许多人尚不知为余家之产业，萧则永买大和恒之面，且天天在门口过，知之甚详，故有此语。曹心泉叹了一口气说："要不是齐先生给我们写写，把祖师爷这点心传传留下去，恐怕就要失传。"尚和玉说："您写的那本《中国剧之组织》可真不赖！"我说："那还不是你们大家对我说的么，否则我一句也写不出来。"如此谈谈笑笑，接续不断的工作了好几年，不但正式工作时如此，偶尔闲谈，或留他们吃顿便饭以及在饭馆吃饭等等，无时不是谈此，不但得到了他们大家的许多知识，而且也是快乐而有趣的事情。一次，萧长华说："到齐二爷这儿来，得预备预备，不知道他问甚么，一问一直脖子，也怪不好意思的。"叶春善说："那也没什么，不知道就是不知道，我们的老师就没有这样教，我们怎么能够知道呢？不过万不能强不知以为知就得了。"老丑行郭春山说："可是由他这一问，你虽当时答不上来，回家细想一想，倒许可以知道喽。"王瑶卿说："可不是么，就是那么回事，齐先生常到我家去，什么也问，往往问至半夜，寻根究底，使我无词以对。可是反复寻思，也能骤有所得，这真可以说是善于启发真理，而于我们戏界大有益处的事情。"彼时大家谈的这类的话，尚多得很，不必尽述了。至于我自己的工作，容在后边再详细谈之。

二　搜罗国剧的材料

这项工作，最初以为不过是一种泛泛的工作，只是随处留心或求人找找就是。及至入手一作，才知道是极重要、且是于研究戏剧有密切关系的一种工作，并且须分门别类的去搜求，大致分类如下：

> 一到戏界各种公共场所去搜求；二到各梨园世家家中去搜求；三是到清宫中去搜求；四是在市面及街上小摊各处留神。

（一）所谓公共场所者，很有几处：头一个是精忠庙。此庙建筑在前门外东珠市口南，大市西头，地名即随之名曰精忠庙街。自乾隆年间，梨园行内办公所即设在里头，凡在北京成立戏班，或改戏班，都得报知精忠庙会所，由会所注册，加保结呈递内政府堂郎中，批准后方能成立。不但此也，凡戏园子与戏园子有争执、戏园子与戏班有争执、戏班与戏班有争执、戏班与各角有争执，各角互有争执等等，除民刑诉讼外，凡关于本行的争执，都归此公会判断处理。凡政府及各衙门，有命令或传知戏界的事情，都经由此公会办理。如此则会中当然存着不少关于戏剧的公事。在光绪年间，我在会中，曾看到过各戏班的人名册子，这便是关于戏剧极重要的文献。没想到我又去问时，什么都没有了，只有没用的旧帐，至人名册则只找到了一本，他便送给我了，然翼宿星君庙又名喜神殿，则尚未毁，其中翼宿星君及十二音神等牌位，亦尚都很齐整，壁画的十二音神图，也都尚完整，我都把它照下来，在国剧学会中保存，此外尚有许多零星材料，不必细讲。

二是阜城门外大道旁，有一极大坟茔，树木蓊郁，此为专葬太监之地。东南角另一小所，即皮条李连英之坟，也颇有建筑。再往南约一里余，另有一坟，乃皇帝特赐葬升平署太监者，凡在升平署当差之太监，皆葬于此，因升平署为专管宫中演戏之衙门，故这些人都与戏剧有直接的关系。我约了位朋友及舍侄熠及小儿煐，雇了一辆汽车，带了野餐，到彼考查，费了七八个钟头的工夫，把所有有关戏剧的碑文，都抄录下来，其中最关重要的是皇帝饬建之碑。这个地方知道的人极少，可惜我现在把地名也给忘了，在我去考查时，已经不十分齐全了。

三是从前各大戏班之义园。义园又名义地，即现在公墓之性质，但组织法则大不相同。中国现在的公墓，即是营业性。从前的义园，都是有一个公共团体出资买地，供本团体中之人葬埋，绝对一点费用也没有，不过外人不能来葬。例如：各省同乡在北京都有这种组织，各大戏班之整班由南方来者，如三庆、春台等班，都各有其班之义地，凡本班之人，都可葬埋。永定门外，南苑北大红门外迤西，有一处义地；广渠门内，天坛东北也有一处，但我忘了某处属于某班了。此外在宣武门外，窑台之东，珠市地方（原名猪市），有一梨园界公共义地，凡戏界人都可葬埋，如杨小楼就葬在此处。以上几处，我都去过许多次，把其中有关考证及文献的碑文墓志，都抄录下来，这里面有许多有价值的文字。

（二）是梨园世家家中，我以为这些人家中，一定可以见到许多剧本，岂知不然，戏界几百年来学戏，都是口传的，有本子的人很少。据老辈人云，从前学昆腔，用本子的很多，但也都是单本，没有完全的整本。但有两种人家可以存有剧本：一是从前成过戏班之家，其次就是笛师（吹笛子之人），成戏班为竞争生意的关系，需要常排新戏，得多方物色剧本，借了来他必要照抄一份，所以他可以存有许多本子。所谓笛师，都是学昆腔的，他自己必有剧词工尺谱，而且笛师都带教戏，更是非有剧词不可。也有例外，也有人虽未成过班，而亦非笛师者，可是存剧本颇多，例如刘景然、萧长华诸人所存的本子都不少。我去的人家很多，我本想试试是否可买，但绝没有卖的，有的我可以照抄，并且说得明白，绝对一点报酬也不要。按戏界的规矩，若某班借他人的本子重排，则排成出演之后，送还本子时，须附送四色礼，但多寡不定，少则茶叶点心，多则衣服料。如谭鑫培、田桂凤他们重排《战宛城》，就借的上海夏家的本子，演完送了六十两银子，在彼时六十两的数字，就不算小了。还有一层，倘借的是本班人的本子，则演戏时，必须把本子的原主派为戏中一角，此定例也。戏界既有这种旧规，我当然也应该有点报酬才是，但他们都不要，这也实在可感，于是照抄了几百种，且都是较长之本。此外有许多人送了我一千多种单本，戏中各角之词都有者为总本，只有一人之词者为单本，此戏界一定之名称也，不但都是单本，而且有许多破烂不堪，有的只剩几篇者。这些本子，光按词句说，是没有什么价值，可是按本物说，则其中有极贵重的物品，例如程长庚、徐小香、胡喜禄等等这些人，当年自己亲手改过的本子，在戏界可以说是有历史纪念的价值。再者由大家所送的本子里头，我检出了几十种注身段之本子，这乃是极可宝贵的东西。按印版书中注有身段者，只有《审音鉴古录》一种，但它所注，只是唱某句或说某句时，本人应站立在何处、作何身段而已，不够完备。这种本子，则把该角的手眼身法步都注的很详，看情形都是名角所注，故极有价值，且尤足证明国剧无一处不是歌舞。我得到这种本子，如获异宝，我把它用金镶玉的办法，装成了三十几本，共为两套，并题签曰《详注身段剧本》。从前外界没有这种本子的发现，所以也没有这个名词，经我写出后，有很多人也很注意，并且利用上这个名词了。尤其是琉璃厂的旧书铺，遇到这种本子不但乐于收买，且索价特别高了。以上是关于剧本的，此外尚有许多零星纸本、纸片、物件等等，也有许多很有价值，兹随便说两三种：一种最有价值的，是行头单子，大约共有三十几份，虽然多是残缺，但由此可以考查出许多变迁的情形来。一种是某角搭班的日记，前后共七八年之久，由这里头可以考查出角色搭班的许多情形来。一是一张包茶叶的纸，上面记载的在颐和园演戏的情形。一种是记盖口的来源。什么是盖口呢？戏界抄单本，本人念完，另有他人念者，则不写其话白，而用一撇（丿）代之，此字即名曰盖口。本角念至此，凡有盖口，便知另有他人念或唱。兹略举一例，以便容易明了：比方《三娘教子》一戏，薛义哥见到母亲说："孩儿参见母亲。"三娘白："我儿回来了？"义哥白："回来啦。"三娘白："为何今日下学甚早？"义哥说："先生不在学中，故尔下学甚早。"等语。若抄义哥的单本则如下：

　　义哥白：孩儿参见母亲丿回来啦丿先生不在学中故尔下学甚早丿等等。

　　它用这种办法大致有两种原因，最要紧的是怕写字太多，倘每人都有一总本，则抄者太费事。第二种原因，是不愿大家都知总本，以便保持秘密。他为什么用这一撇，我也曾研究过，在乾嘉年间，用一三尖（△）者尚不少，足见不是都用一撇。及见到它这一段记载，于是我多知道了许多，足见戏界也有这种人才，诸事肯加以研究。说到他们给的物品，更是有趣，件数很多，不必尽写，其中有些很有价值的，例如有一副旧跷板子（旦角所踩之跷），上面烫着"重庆某号制"字样，这足见踩跷是由四川传来（此事余另有记载）。又有几片旧纱帽翅，按那个样子说是明末清初的东西，因为乾隆以后，就不见这种样式了，这也足可以考证戏界装束的变迁。

（三）往清故宫去搜求：我搜求关于国剧的材料，不自创设国剧学会始，在宣统末年，民国初年，就已经起手工作了。彼时宣统尚未出宫，怎能进宫去搜求呢？就说把宣统赶出，设立故宫博物院之后，只可前去看看，也说不到搜求。但是故宫升平署及内务府衙门之中有关戏剧的材料极多，且极重要，又不能不设法搜求，于是我想出来了一种办法，就是找从前在升平署及内务府当差的人员。但我知道，内务府不大好办，因为内务府关于戏剧的事情，众人都不大注意，其中的公事文件，没有人往外拿，也没有这个机会，就是有机会，大家也是偷物件，绝对没有偷公事的。升平署则不然，其中没什么别的物件，只有剧本，且由南府之升平署，搬往景山时，已经偷出来的很多，搬到景山之后，因无人管理，又偷出来的不少。我知道这种情形，所以自民国六七年间，就不断地找在升平署当过差的太监，陆陆续续，得到的剧本也不少，但没有大宗的，因为彼时他们还不敢公然出卖，后来渐有一包一包的卖出来的了。大批的归国立北平图书馆买去，不过他们买的是档案公事册子多，剧本则较少；我买的剧本多，而档案较少。我前后共买到了八百多本，又替南京国立编译馆买了一百多种，此节容在后边详之。惟内府的东西很难得到，事有凑巧，友人赵君者，在南下洼白纸坊造纸厂充当高级职员，他来找我，袖出一卷旧纸，问我要不要这些东西，我一看大喜若狂，原来都是内务府关于戏剧的公事，我问他："从何处得来？"他说："我们纸厂买了内务府一票废纸，听说是因为内务府房屋不够用，故腾了库房三间，我们所买的，都是该库的档案。这些档案运到厂中，即由工人抛入水池中泡着，使共腐烂，再行抄纸。我见工人正往池中抛扔，偶尔看了看，其中有关于戏剧的，就检了几篇送你来看。"我赶紧叫了一部汽车，同他到了厂中，见工人正往池里扔，我就赶紧检拾，但我一人能检多少呢？商请他派几人替我检检，我将来一定另有报酬。结果检得东西不少，但苦按他扔到池子中毁的东西说，则不过百分之一二，然此亦算万幸了。此节亦容后边详之。再者清宫中演戏，固然归升平署首领太监所管，但管戏衣者，另有一太监，此人姓王，宫中及戏界人员，都称他为箱王老爷，所有宫中之戏箱，都归他经理，不但演戏的时候，归他安排；宫中所有戏箱，平时哪一份箱，应该晒晾加樟脑等等，也都是他的事情。他住在后门外，我特别去找他谈过几次。他说宫中共有二十几份箱，最早者为明朝之箱，但已不全，不过剩有一百多件了，康熙年间的箱，还有两份，也不全了。乾隆年代的箱，还有两三份很齐全，但外边不适用，因为它都是照一部戏的应用制来的，如《昭代萧韶》、《劝善金科》等戏，都各有专用的戏箱，其盔头衣服，都与其他的戏不同。他说的些话，于我很有益处，临了送我一大包戏衣行头单子，有几件是全的，有几件都不全，然亦有用，后来在故宫博物院，查验旧存戏箱，所有衣服等件，跟他说的差不了多少，但是又短了很多，当然是后来又有人偷出来卖了。这话说起来也很可气，我早知道有人卖此，因为我听说日本人美国人都买的很多，但是何人经手，什么地方卖，我遍找不到。一次有一个美国人买了几十件，因他不知道各件的名词，问卖主，卖主不知，求人介绍来找我说明此事。因为我正想调查此事，当面便应允替他一看，次日到他家一看，果然都是清宫的东西。我说："有两件我要各照一相片。"他似为难，我说："你要为难，便可作罢。"言外是我也就不替他看了。经友人（即介绍人）问他，他的意思，大概是怕泄漏出来他这票东西便不能出境。我说："按国家说，我应该告密，但个人私德及友人情面的关系，我绝对不会泄漏他的秘密。再说我要想告密，没有相片，我也一样可以告密，审查古物出境的这个机构，为首的就是我的朋友张溥泉。不过你们这些东西，若出使馆设法运出，则该机构一点办法也没有。"该美国人听了我这套话，很客气地请我随便照了几张，我便把各件的名词告诉他，并给他解释用处，他自然很高兴。我求他给我介绍此物的卖主，适该卖主亦在院中，我对他说："以后再有这些东西，务必给我两件。"他说："好，再买到一定给你送去。"可是以后永远也没有送过，他们同行人都说，这种货都不敢卖给本国人，恐怕将来出事，因此你就是肯花钱，也不容易收到，你说可气不可气。以上乃关于清宫物品的搜罗，到故宫博物院开放之后，就可以随时去参考。故宫博物院中，分三个部分：一是古物馆，专管古物，如字画铜瓷器等等。二是图书馆，专管一切书籍。三是文献馆，专管一切公事档案。升平署的东西，不够图画，不够古物，所有的衣服戏箱及剧本等等，就都归了文献馆，我被约为馆中委员，专管查验各种戏箱及剧本等等。我出组查验过几次，出组这个名词，是故宫博物院专有的，他处不见这个名词，意义是各馆的存物库或处所，平常都封闭的很严，想查时该馆独自不得启封，必须组织一队，亦名一组，其中必须有总务处的人，本馆的人，警察等等，约八九人或十余人，共同到场方能启封，查完之后又用新封条封闭，此新封条由出组之首领签字，首领名曰组长，我们这些委员，虽无报酬，但想查看什么，可于前一天告知总务处，自己便可充当组长。关于历朝的戏箱，我都查验过，由此得到的知识也不少，因为这些东西，平常是看不到的，就是文献馆的人员，也是不容易看到，因为我是委员，而对此又有兴趣，所以多看了几次。按故宫所存的戏箱，经总统府借去了三份，归拢成了两份，最完备的总统府使用，其余一份出卖，经尚小云买得。我也都看过，其中一只有几十件是嘉庆年间旧物，其余都是光绪及宣统年间的东西。宣统年间，经隆裕太后的总管太监所谓小德张者，买过一份也在其中，于此可知宫中的行头，不断地揉杂用之。其中最好的三十几件，我还借来在国剧学会中陈列过三个星期。按宫中的戏箱，箱中的衣服，不一致者不止此一份，我在宫中查看之箱，可以说都是搀和揉杂，没有一致的。闻曾在清宫当差的人说，从前就不一致，这是管箱人的弊病，也可以说是诡计，他故意放乱，他自己明了，换一个人就找不到，借此可以固定他的差使，非用他不可。按这些毛病，不止宫中，外边戏班亦偶有之，例如梅兰芳自己行头很多，可是一出戏应穿的衣服，多不在一起，倘换了管箱的，再找衣服，就得费事。

（四）市面及街上小摊。这些处所，都是搜罗材料极重要的地方。因为在民国十年以前，我所想搜购的东西，正式的书店，尚未注意，就是给他们送上门去，他们也不要。到民国十几年以后，顺治门里头的小书铺及东安市场中的书铺，才收买这些东西，像琉璃厂及隆福寺的大书铺，仍不要，到了民国二十年各大书铺才有收卖的，所以彼时搜罗这些东西，非在各街道小摊上寻找不可。我为此去的地方不少，跑路也跑得很多，可是收获也很丰富，真也令人满意，兹在下边，大略谈几件。崇文门外，天坛以北，有一大街，名曰烧市，街之东头每天早晨有"夜市"，此系很大的市场，且极出名，凡北平买卖旧物的商家，都每天来赶此市，每天夜间三点钟开始，天一亮就散市了。有人说贼盗所偷窃之物，都在此售卖，故亦名曰黑市。按偶尔或有贼脏，但不多见，因为夜间，稽查较白天严得多，更容易犯案也。此处市场，基本卖货的人，大多数是全城打鼓的。打鼓的这个名词，见于纪文达公的《阅微草堂笔记》。打鼓的分两种，一种打硬鼓的，鼓小而声尖，鼓心径不到一寸，这种专买较贵重之物。一种是打软鼓的，鼓稍大而声低，鼓心径约一寸，这种专买粗糙货，每天担担到各胡同中去买，买回来整理好，次早就卖出，换钱回来，次日又到各街巷去买，所以于天亮前，就得交割清楚，倘太晚则耽搁了去买货，所以永是夜市。我知道这些情形，所以我常常清晨三点钟到场，虽然费过许多工夫，但总算幸运的很，我在此市上，得到的东西相当多，如前边所说的精忠庙会首处所存的戏班人名册，都是由此市得来。第一次遇到两本，我便狂喜，过了几天，又遇到三本，共买到十一本，自同治二年始到光绪末年止，差不多可以说是全份，此事容后边详谈之。此外买的其他的东西也不少。后门外大街上也有摆摊的，但北头往西，烟袋斜街摆摊的更多，此处在前清原是很大的一个市场，所以至今还有几家挂货屋子（说见后），北城王府及旗人家中，以至宫中的旧东西，拿出来都在此地出卖，我很跑过些趟，得的东西也很多，宫中所绘的扮相谱一百多帧，就是由此处买到。此谱为乾隆年间奉皇帝命所绘，大致有两种意义：一是怕年久失传；一是各角勾脸法，虽有准谱，然亦偶有出入，恐勾的不一样皇帝见罪，所以画出此谱来，经皇帝过目后，各角都照此勾画，则无人敢挑眼了。不但脸谱，连穿戴等等，都有定型，所以每一出的人员都画上，且在第一页上注明"脸儿穿戴都照此"等字样。画的极工细，石青石绿，描金描银，只按图画说，亦是极有价值之物。此外得的宫中剧本也不少。其中有两次有趣味的事情，一次有一个地摊上，摆着一包，打开一看，是几个寻常的剧本，没什么价值，但包书的这张纸，却很特别，乃是一张内务府贴往戏园的告示，但因错而废，故当时未用，从前北平城内，因皇帝所在，除步军统领（俗称九门提督）及巡城御史外，其他衙门是不许出告示的，其他衙门也有可以出的，如崇文门监督等，但只可在他们门口贴，它处不能贴。清朝末叶，设立学务局，才可以出告示，彼时学务局的人，颇以此自豪，以为衙门虽小，而在北平可以出示。后来民国军阀到北平，便人人可以贴告示了。内务府的告示，也就是只可在演戏的地方贴，它处也没有。再者凡出示，都是由司官写好或印好，呈堂官用印标红，就是用朱笔填日期，有的地方该画圈，有的地方该点点，必要在正文之中，写一朱笔大"遵"字，这篇告示把遵字写错，故未用，变成废纸，但是此物对研究戏剧掌故者，则有极大的用处。又一次也是废纸包着几个剧本，剧本并没有价值，可是这张纸，是一张老的提纲，什么叫作提纲呢？凡有新戏，场子多，恐怕演员弄错，必须先写一提纲，就是共多少场，第一场上某人，第二场上某人，都要写清，戏中人及演员，都要注清，挂在上场门里。所有演员，自己一看，该上了就预备上场，有时有管事人专司此事，所有演员，都归他招呼，此即名曰提纲，此种提纲，外边戏班都有，很容易得，但宫中的则很少见，而且这是一张嘉庆年间的提纲，借此亦可知道彼时许多角色的名字。后来我又得了二十几张，都很名贵。前门外珠市口往南，一直到天桥，路东所有铺子。大多数都是挂货铺，通称挂货屋子。这个名词和这种买卖的性质，现在有许多人都不知道了。有人以为这就是古玩铺，其实它于古玩铺完全两回事。固然都是卖旧货，但精粗好坏不同。比方说在前清光绪年间，嘉庆朝的青花白地瓷器（简称青花）就不能入古玩铺，都归挂货铺，倘古玩铺中陈列上这种瓷器，则大家是要讥笑的，如今则光绪瓷洪宪瓷，都可以陈列了。按瓷器说，古玩铺可收乾隆以前之瓷，挂货铺则光绪瓷以及成桌的吃饭家具等等，他都可收。按绣货说，古玩铺则只可收乾隆以前之缂丝绣货，而挂货铺则丧事之棺罩片及地毯等等，他都可以收。再如乐器，只有古瑟古琴等等可入古玩铺，而挂货铺则一切乐器，如僧道、吹鼓手、大鼓书、各种戏剧杂耍等等所用乐器，他都收买。从前古玩铺门口匾额都写古玩铺，此则写挂货铺，绝对不会写古玩铺，因为倘写古玩铺，则耽误生意，比方有人想买旧地毯、佛前旧五供等等，他一定往挂货铺；你若写古玩铺，他就不会进去的，如今也有许多写古玩铺了。我同这些挂货铺，有几家很熟，我常去同他们闲谈，买的东西也不少。我国剧学会所藏的旧乐器，许多都是由此种铺子买的，他们新得的东西，也永远先尽我看，也有许多有价值的。国剧学会共存乐器约三百余件，有人送的也不少，例如说大鼓书的鼓板就有七八份之多。人家送来，都是美意，自己虽多，也要留下。这种铺子中，很收到几件有大价值的乐器，买到过一个明朝的埙，一件明朝的箜篌，昆弋腔所用的筛，此物又名冬字锣，几十年来，戏中已不用，多数均已毁铸，居然得到一面，后有人送了我四面，形式声音均一样，但中心没有疙瘩，系各善会所用，行话曰"神耳"，与筛总算稍有分别。又有一件明朝旧筝，此物北平很难得，山东尚可常见，按中国筝是竖弹，日本筝虽多，但已变为横弹矣。宣武门内大街西，每到下午，也有许多旧摊。此处旧摊很晚，民国十几年后才渐发达，但因为从前升平署在西城，内务府在内西华门内，各人员出入，都走西华街，居住也都在西城，所以这处摊上，常常见到升平署及内务府的东西。我去过些次，买到的东西也不少。除升平署的剧本及档案外，得到内务府因为演戏上的奏折，其中有一件，是因万寿演戏前曾命南方三处织造官赶制行头一份，到期未赶上，内务府堂官，除上折自己请罪外，并请下上谕罚三处织造自己出钱孝敬整箱一份。此事后来怎样办的，虽不知晓，但这种奏折，则与戏剧掌故有极大的关系，而且有趣。此外则买得老名角画像及照片很多，盖因内务府人员多与戏剧界认识，都存他们的像片很多，且都住在西城，则卖出的旧东西便都归了此处。东安市场，也有许多小书铺、书摊，我也是常去的，在此处买了许多宫中的东西，御膳房的公事档案，很有几种，不在此文范围之内不多赘。买到宫中的乐器很多，因为我认识几个小铺，我求他们代为留神，碰到就请他们给留下，所以得的相当多，虽然没有极贵重之器，但有许多都是很少见的。中国朝廷丹陛大乐，及祭坛祭孔等所用之乐器都是大家常见的，不必多说，兹只把各种番乐所用、不常见的乐器，介绍十几件如下。

杖鼓　上下两面蒙皮，木框，细腰，现在日本尚多，此物在中国始自隋朝。

拍板　用木板六片，长一尺余，后来用四块，最末用三块，尺寸亦越来越短。余藏有五种，最早者用十几片，我只见过画图，未见过真物。

手鼓　以木为框，冒以革，面径九寸余，有长柄，清乐用之。

画角　木质空心，腹广端锐，长五尺余，此亦即觱篥，清朝卤簿乐用之。

蒙古角　又名蒙古号，木质空心，上下二节，清朝行幸乐用之。

节　形如箕，清朝庆隆舞乐用之。

奚琴　刳木为之二弦，以马尾弓子轧之，长约三尺，清朝庆隆舞乐用之。

胡笳　木管长二尺余，清朝为笳吹乐所用，亦名悲篥，吾乡土话曰"别列"。

月琴　八角木槽，柄贯槽中，四弦，首曲似琵琶，此大致即古之阮咸，清朝番部合奏乐用之。

二弦　方槽，底面有孔，木柄长一尺七寸余，陈旸《乐书》中有此器，清朝番部合奏乐用之。

火不思　又名浑不似，都是译音，似琵琶而瘦，直柄曲首，四弦，《元史》中有此器，清朝番部合奏乐用之。

轧筝　似筝而小，以木杆轧之，通长二尺余，此物似始于唐朝，清朝番部合奏乐用之。

达卜　形如鼓，一面蒙皮，径一尺余，以手击之，清朝瓦尔喀舞乐用之。

那噶喇　如鼓，上大下小，铁腔，冒以革，用时总是两个，面径六寸余，底径二寸余，清朝瓦尔喀舞乐用之。

哈尔扎克　状似胡琴，以椰为槽，通长一尺八寸余，制法很特别，瓦尔喀舞乐用之。

塞他尔　状似二弦，木槽连柄，共长三尺四寸余，槽茹形蒙以革，柄方，柄身有线箍二十三道，似琵琶之品，瓦尔喀舞乐用之。此器在新疆回部乐中还常见。

喇巴卜　木槽通柄，丝弦五根，钢弦二根，形式很特别，瓦尔喀舞乐用之。

苏尔奈　亦名琐喇，形似金口角，而头上喇巴较小，口安芦哨。按此琐喇二字，即平常所呼之唢呐，而平常所呼唢呐者，原名"聂兜姜"。此器亦瓦尔喀舞乐用之。

国剧学会收藏乐器，共有数百件，大部分载入余出版之《国剧陈列馆目录》一书中，此不过止举十几件而已，至于都是于何处买得者，也都记不清了。以上所写的十几件，在

《大清会典图》、《律吕正义后编》两书中都有画的图，但实物不容易见到耳。琉璃厂为古玩书画荟萃之处，尤其旧画铺更多，这是人人知道的。但彼时这些东西，大古玩铺旧书铺，都还不收，在年节厂甸当然可以看到不少，至平常日期，则只有小法帖铺，小旧书铺，小裱画铺等等，都带卖这些东西。我由这些铺中，买到了元朝的脸谱一百多帧、明朝二十几帧、清初的几十帧，这都是于研究国剧极有用，而且极为宝贵的东西。此外得到年画很多，北几省过年，小儿等都要买几张画贴在墙上，外祖母或姨母等等，亦往往送外孙外甥十张二十张，这种画即名曰年画，是家家有的，不过次年一换新的，把旧的就都扔了。所以也不容易得，可是这种画，于研究国剧有相当的用处，因为这种画，除画吉祥故事及取乐的故事外，大多数都是画小说及戏剧。若专为研究戏剧，则收买时，对于画小说者，便不可以买，因为他画的虽然也都是穿戏中的衣服，但画的确系小说，则于研究戏剧，不但无益，而且有害。比方说对于衣服冠巾，你研究半天，其实他不是戏里头的事情，那你就白研究了，或者走入歧路，所以说有害。但是有许多人，分辨不出它是戏剧是小说来。其实很容易分别，比方画《三国演义》的故事，若画的有山水景，人员骑着马或乘着船，如此则虽然都穿着戏中的衣服，那也是画的小说，必须中间画上桌一椅两，人持马鞭者，方才算是真正画的戏剧。我收到这种旧年画一百多张，且有康熙年间的几张，明朝的两张，真可宝贵。再有旧纱灯的画片，此种较为名贵，在前清，北平收藏旧纱灯画片的已大有人在，我也得到几张，都是画的戏剧。

以上乃是搜罗材料的工作，也下过很大的功夫，费过许多的心思，因为不如此，那研究戏剧就有许多找不出根据来，自这些材料中，就得到的原理很多，若专靠在戏台上研究，那是绝对不能彻底的。

三　出版月刊画报

要想办一种关于国剧的出版物，真是极难的一件事情。上海虽然有几种这样性质的出版物，但不过是捧捧角，骂骂角，好的写几段戏评，最高尚者，写篇名角的小传，至于按学术来研究的，则可以说是没有，本来也是很不容易的。不像办话剧杂志或电影杂志，有若干学说可以供人研究，而且凡学电影话剧者，多是读书人，都是由课本上学来的，脑子中自然就有学理，再加有西洋各国都有的这种书籍、杂志、期刊、日报等等，都可以拉来运用。国剧则不然，自有戏剧以来，已有七八百年的历史，但没有一人，作为一种学术来研究它，当然也就没有人写书了，偶有一两种，则都是关于南北曲，与现在风行的皮簧格格不入，而且都只是研究歌唱，还谈不到全体的戏剧，尤其舞台的演法，更没有人谈过。在这个时期中，要想写一篇关于国剧理论的文字，真是没法子落笔。要想找一种旧学说来，作为发议论的凭借，或是想找一篇现成的文字来，作为自己议论的证据或反证，都是无处可寻的，由此就可知道，作这件事情之难了，但是我们成立的是国剧学会，既非戏班，又非票房，国剧两字之下，加上一个学字，则一切工作，当然要对的起这个学字，无论作哪一种事情，也不该离开这个学字。于是大家商量规定，无论办好办不好，必要由这条路走，先试着步办办再说，乃先创刊了一种《戏剧丛刊》，又创了一种《国剧画报》。

《戏剧丛刊》。原来规定的是季刊，每年出四期，可是永远没有按期出过，这有两种原因，一是写这种文章的人太少，很难得写成一篇。二是定的办法太讲究，必须用连史纸，且用线装，因此用钱较多，经费更难筹划，所以只出了四期，以后就没有再出。以上这话，是民国二十六年七七事变以前的情形，自有国剧学会，及此刊刊文之后，注意此事者日多。日本投降之后，有许多朋友，想恢复此丛刊，因款项难筹未果，目下在台湾能写这种文章的人，就比彼时多多了。

《园剧画报》。《戏剧丛刊》只有文字，而无图画，且都是关于理论的文字，不管文字好不好，议论的对不对，但大家总是不容易感兴趣的，所以又办了一种画报，虽然是画报，但仍不能离开学字的意义，图画之外，当然也有许多文字，这种文字的选择，是不但不登捧角骂角的文字，连观剧记、戏评等等的文字，倘没什么意义，也不采录，所登的文章都要有研究性的，间乎有游戏小品也与文学有关，因有此则稍较轻松耳。图画亦相当认真，正面之图分三种：一是清宫及各省的戏台，不要以为几张戏台的相片算不了什么，只怕不用心，倘用心一研究，可以找出许多的道理来，由此可以知道戏台进化的迹象。二是可以知道各省的建筑情形。三是由此可以知道戏班的组织，少数的戏台不算，普通的戏台都是怎样的构造，如后台的宽窄，便可估计该处戏班的人数。四是由建筑的形式，亦可看出该处天气来，比方山西省的戏台，都是一面看，台两边都有墙，据本地人说，此实因为平常风大的关系。因为这种种的情形，戏台的建筑与研究国剧也有很大的关系，所以对于各省的戏台照片，也多方求人代为搜罗，我们共收到各省的戏台照片有几百种，本拟择其特别有关系而重要者，常常在本刊上发表，以供阅者研究。至清宫中的戏台，与外间又有很大的分别。宫中的戏台，约分四种，最大者为三层，清朝末年，只还有三处，一宫中宁寿宫，二颐和园，三热河行宫。此种台为三层，上层名曰福台，中层名曰禄台，下层名曰寿台，最下层在台下之地窖子，名曰鬼台，前面无门，只由台中间之四方洞口上场。所以宫中都说福台出神仙，禄台出人员，寿台出鬼怪。西后庆寿，说为什么寿在下边，后来便改寿禄福，最上层为寿台了，这种台是专预备大庆贺所用，如太后皇帝万寿，奏凯献俘，或大婚礼等等，赏文武大臣或外番观剧，都在此处。其他为一层戏台，与外边戏台没什么分别，平常庆祝，如生日满月等等用之，皇帝可以自己看，被约者，不过宫中妃嫔，及近支王爵眷属而已。最小者只在殿内建一台，都系木质高不过二尺，长宽不过丈余，专为皇帝偶尔听相声或看杂耍所用，亦偶演简单的戏，且八角鼓档子中，有其自排之小戏也。此三种外，有现搭之台，这种台的构造，当然都是早就预备齐楚，以便临时应用，遇有皇帝与文臣们赋诗取乐，或宴会，便临时搭此台，当然也很讲究，乾隆以后，这种台大概没用过。以上这些戏台的照片，在画报上发表的不少。

　　与戏剧有关系的风景。比方潼关、雁门关、龙门、五台山等等，都是戏中常有的，可是多数人都没看见过，报上登出这种照片来，大家因为爱好戏剧，就爱看图画，因为看这种图画，亦可藉以知道些国内山川的形势，这于社会也是有益处的。

关于戏界人员的纪念物。如黄缙绰的坟墓等等，也于研究国剧有些用处，且亦饶趣味。以上这两种照片，我们搜罗的也不少，也都是托朋友代觅，或朋友赠送者，其中有许多有价值的东西。

各种老名伶的像片，都是各角家中赠送，我们得到的约有一百多帧，都很名贵。民国后新名伶的像片，大多数都是本人赠送，也有二三百张，择姿势高妙者登录，此种后来得的尤多，因为民同二十四年，国剧学会迁入内城绒线胡同，大家送的更多。

清宫中之旧行头，共中有明朝、康熙、乾隆三个时期的，与如今样子都有不同，是可借以研究行头之变迁的，所以我们检其中之重要的，照相登报，以便参考。

清宫演戏所用之切末，此可以看出宫中演戏的情形来。

此外种种图画尚多，不必尽述，可惜出了一百多期，就停办了。原订的是每星期出一次，倒是没有脱过期，后来是因为其他的关系才停刊，固然钱财是最大的关系，但也有别的原因，若按我国剧学会存储的像片材料，办个几年也用不完。

四　办国剧传习所

为什么要办一个国剧传习所呢？这话说来很长。

几百年来，北平戏界出的人才很多，尤其自同治以后，到光绪末叶，更是发达，生旦净丑，哪一行都有几十位好角，所成的戏班，虽然有时新成，有时报散，但常常存在者，总有三四十班，例如：

三庆　万顺和　春台　广和成　阜成　双和

双奎　双顺和　嵩祝成　源顺和　永胜奎　荣福

永庆和　瑞胜和　永成　小鸿奎　同春　小荣椿

春和　春福　吉利　金奎　崇庆

小丹桂　隆顺和　椿台　洪福胜　洪奎　宏兴奎

小福胜　小吉利　小天仙　小荣奎　承庆　瑞庆和

小长庆　小嵩祝　福寿　春和　春庆　太平和

同庆　玉成　久和　福庆　鸿庆奎　源胜和

小双庆和　小长春　承平　小庆寿和　鸣盛和

以上都是皮簧班，民国以后的还不在内，这些班的花名册，我都有，此外尚多，不过大致写写就是了。如喜连成就未写在里头，因为大多数人都知道，就不必写了。再者以上班名之冠以小字者，大致都是科班，因为都是小孩，所以曰小。

万顺奎　奎庆　重庆　喜庆　镒盛　双奎

久和　普庆　集庆华　嵩庆　全庆和　全顺和

义顺和　祥泰　高陆　庆和成　久和春　同庆

永庆和　荣春和　金台　同春和　全庆和　小和春

瑞和成　喜春奎　永和成　永盛奎　双顺奎　德胜奎

胜春奎

以上都是昆弋腔班，由同治二年只写到光绪十年以前，此后昆戈就衰微，然还常有，不过不能像梆子皮簧两种天天演唱了，算起来真正没落，可以说在光绪二十年之后。以上这些班的花名册，我都有存于国剧学会中，且都已装潢成册。

小福胜　双顺利　万春和　全胜和　吉利　瑞胜和

全顺和　信胜和　双顺和　春庆和　庆顺和　同庆和

宝胜和　宝顺和　小长胜和　同顺和　义顺和

小瑞庆和　玉成　富庆和　德胜和

以上都是梆子腔班，从前即名曰秦腔班，这些班大致都是由同治十年以后起，至光绪末年止，这些班的花名册，也都存在国剧学会中。此期以前梆子班尚少，到民国后，就渐渐地消灭了。

以上所写各种戏班，不过随便举出几十个，其实在那五六十年中，还多得很，我单有纂的一部书，名曰《戏班题名目》，兹不多赘。为什么有这些戏班呢？因为同治初年洪秀全战事终了，一直到光绪二十六年，这四十年中，是全国承平无事，大家娱乐的心情自然很盛，社会需要戏剧来娱乐，自然就有人在这方面下功夫投资本，立票房以求名，成戏班以谋利，所以产生的人才特别多，才能成这些班。成立戏班，是造就成人才以后的事情，至于所以能够造就人才的组织，约分四种：

一是戏班带收徒弟。二是设立小科班。三是设立票房。四是私寓。兹在下边，分着大略谈谈。

大戏班带收徒弟。在光绪中叶以前，大戏班所有人员，都住在一处，以便每日排戏方便，此名曰公寓，俗名大下处，如从前三庆等班都是如此。这种班都带招收徒弟，招来的小孩，宜于学哪一行的，就派班中哪一行的老角带着教，班中的角色，除每日演戏外，还有带教徒弟的义务，班主（老板）派就得教，所以出来的人才很多，而且技术都地道。

设立小科班。这种是小学性质，招收五六十或七八十个小儿，另请各门老角教之，小孩年龄，总是七岁以上，十一岁以下，合同总是七年为满，一切费用，均归科班担任。入学二年以上，便可登台演戏，三年便可以成为好角，有叫座的力量，成科班之人，便可借以谋利，以后三年，乃是给科班往回挣钱的时期，每科七八十人，不见得能出来一两个好角，果然出来一两个，则该科班以往所花费用，都可捞回来而且得利，成科班之目的，即是为此。在光绪年间，前后科班总有六七十处。

以上两种之学生，都是自幼练习，行话曰有幼工，技术都较优良，戏界中人常以科班出身自豪，但天才不一定好，所以真正名角，也不容易出来，例如民国以后之富连成科班，前后几十年，共收学生总有两三千人，然有名之角，也不过几个人。

设立票房。这种都是几位爱好戏剧的朋友集资创办，也间有一人出资者，约会知音的朋友，共同歌舞娱乐，也可以经人介绍入会，会中另请戏界人代交。因为清朝时代，旗人们生活优裕，有这种月钱，也有这种精神兴趣，所以彼时票房前后共有百十处，每处多在三四十人，少者亦十余人，出来的人才很多，这种虽然不及科班地道，但容易出人才，因写科班所招收之小童，不一定近于戏剧，是不容易有天才，此则凡入会者，毫无疑义都是爱好戏剧之人，既是爱好，便是性情相近，则容易有这种天才。

　　私寓。私寓又名相公堂子，这是个怎么的来源呢？前边凡是大班都是公寓，同吃同住，以便大家排戏对戏方便。但是起居饮食，人各有不同之点，非将就大家不可，自己当然觉着不方便，凡有钱的好角，都要自己租房居住，于是自己便要招收几个徒弟，以备将来得其资助，这种徒弟待遇较优，衣食住宿都与师傅差不了多少，有许多戏界子弟，都愿入此，所以收徒弟时，较为严格。演戏天才薄弱者不收，面貌不美者不收，身材不合式者不收，他所收的，可以说都是优秀子弟，身材面貌多半是美的，演戏的天才，也相当优越，所以也出来人才很多，不但出来的人才多，且多数都通点文墨，这也是个原因，因为面貌秀美，所以有许多文人愿同他们来往。在平常时候，翰詹科道六部等衙门，不敢逛相公堂子，与他们常来往的，多是经丞书办，或内务府人员，再就是大员家不自爱的子弟，这些人文墨都不深，于他们没什么益处。唯独到了乡会试的年头，各省来京应考的举子，无拘无束，他们爱干什么就干什么，他们最爱往相公堂子跑，而且文墨也较高，因为想在相公前献殷勤，所以常常给他们讲讲戏词，或改改戏词，或讲戏中的故事，那一出戏的来源等等，由此这些徒弟们自然就得了好处，念词念字，都比科班徒弟讲究一些。在光绪年间，这种私寓，前后总有一百余处，光绪二十六年以前四五年中，就有五六十家之多，韩家潭一带，没有妓馆，可以说都是私寓，所以出来的人才较多，戏界的名角，由这种徒弟出身者，不到一半，也差不了多少。

以上这四种机构，前后总有几百处，每处出一两位好角，那数目就可观了。

这才说到本题，我们要想发达国剧，自然也要照这种路走，相公堂子是不能办的了，本想办一个科班，一则用款较多，且时间太长，一个学会在彼时办着不大合式。票房的性质，是朋友聚会消遣的性质，虽也请人教戏，但仍是同好的娱乐，没有提倡后进的意义。所以斟酌设了一个国剧传习所，所招的学员，都要能演一两出者，且年龄必在十六七岁以上，不用人招呼，且已过倒嗓的年龄，这总算是介乎科班与票房之间的这样一种组织。共招了五六十位学员，除理论由我担任讲演外，也常常请人来说说。关于技术，仍是分行教授。

老生行　归余叔岩、徐兰沅等人担任。叔岩白天起不来，永远赶不上，平常唱工身段，另有人指导，重要大段唱工，有时由徐兰沅代说，因兰沅与谭叫天拉胡琴很久，谭腔他都明了，彼时正是谭腔极盛时代，所以大家无不欢迎。

青衣行　归梅兰芳、孙怡云担任，两位都是永远必到的，有许多腔，由徐兰沅给说说，此外尚有人担任。

武生行　归尚和玉等担任，也是每课必到。

小生行　归程继先担任。

丑行　归萧长华担任。

净行　归胜庆玉担任。

场面　归汪子良担任。

以上不过大致说说，各行都还另有补助，所以出来的人才也不少。如在陕西办夏声剧社的刘仲秋、郭建英二人，都是这里头的学生。

五　编纂《国剧辞典》

此事在表面看着没什么大重要，其实要想研究国剧，或想真懂国剧，甚至要想知道国剧真的价值等等，则国剧中这些专门的名词，是非知道不可的。倘对这些名词不甚明了，则戏中的规矩万不会清楚，知不清它的规矩，则它的好处坏处，是更难知道的，如此则焉能懂戏呢？兹大略谈谈。这种专门语，大致可分为三种：一是术语，二是恒用语，三是谚语。

术语又可分几门，例如虎跳、前仆、小翻、飞脚、镲子、单提、云里翻等等这些名词，大约有二百多种。

都是汉朝的掷倒伎变化而来，后来全国武术采用的也很多，这不但是有关于中国之舞蹈，而且于中国文化关系也很大。不过有些情形很可惜，就是能此者都不知道它的来源，任意更动，越来越变了样子。国剧从前对此并不重视，因为国剧中在乾隆以前对此尚未采用，后来经国剧吸收后，在戏中才渐渐地发展起来。从前这些事情，归掌仪司管辖，所以皇帝要看各种杂耍，则永远归掌仪司承办。

这也有它的来源，因为这些艺术，自汉朝起，都名曰伎，如：掷倒伎、长跻伎、舞狮伎、山车伎等等，都列入鱼龙漫衍，名曰百戏。自汉朝经唐宋明清，都归掌仪司，一直到清朝末年，尚是如此（杂耍二字，即来源于古之百戏），就是北平民间所成的各种善会，如：狮子、龙灯、高跻、杠箱、中旛、旱船、五虎、少林花砖等等，也必须先在掌仪司挂号，否则不许成立。

国剧则与此完全两回事，它是来源于宋之杂剧，宋之杂剧是由歌舞乐队变来，歌舞乐队是直接承袭的唐朝的梨园子弟，它既来源于歌舞，便以歌舞为本质，只能在规定的处所奏技，欲在某处舞，必须先把该处布置妥当，不像各种杂耍，大街广场，随处可以耍一气也。

一扯两扯、漫头、腰封、刺肚、幺二三、搭兜、过等等，也有百余种之多。

此是来源于内外家的武术，已有千百年之历史，不但应该知道，而且也应该研究，前边所说虎跳、前仆等是一人独练的技术，此则是两人以上合练的动作。

巴打、多维、撕边、搓锤、摔锤、亮锤、提锤、一箭等等，也有几十种。

以上乃是打鼓的术语，这种鼓名曰单皮鼓，亦曰嘣子鼓，亦曰小鼓，乃由唐之羯鼓变来。这些术语，大致有许多是唐朝传下来的，例如唐朝名宰相宋璟，他便善于打羯鼓，他有两句打羯鼓的诗，曰"头如青山峰，手如白雨点"。这种情形，与现有打鼓，还没什么分别。

抽头、夺头、长锤、冲头、纽丝、起鼓、回操、长丝头、急急风、九锤半等等，也有几十种。

这都是敲锣鼓的术语，亦曰锣鼓牌子。这大致是来源于汉之铙歌，以至清朝的导迎乐仍用之。有许多人嫌锣鼓声太响，可是唐诗中有"醉和金甲舞，雷鼓动山川"等等的这些句子，足见当年声音之雄壮，比现在戏中之锣鼓又宏大百倍，盖因当初为山野或广场所奏，所以不嫌其如此也。此事余另有文详之。

抖袖、摔袖、俏步、搓步、丁步、踏步、跨腿、踢腿、下腰、山膀、卧云、鹞子翻身、云手、望门等等，约有几百种。

这都是动作的术语，来源于古舞，倘不知名词的意义，便不能辨别艺术的好坏。

气口、停声落音、换气、偷气、堂音、沙音、荒腔、倒字、扛调、走板、不搭调、等等，至少也有百余种。

以上乃古代歌唱传留下来，不会这个是不会唱好，而不懂这个便不懂人家唱的好坏。

恒用语者，可以说是一段或一般动作的总名词，亦可分几种。

起霸、走边、背供、挖门、站门、圆场、窝下、暗上等等，也有百余种。

此系恒用语，虽也似术语，而稍有分别。

大边、小边、内场椅、外场椅、里八字、外八字、内场棹、外场棹等等，也有几十种。

此乃完全恒用语，于技术无干，不过业此者若不明了这些，则国剧的原理，可以完全错误，路数就讲不通了。

社会中无论哪一国都有谚语，各界又有各界的谚语，戏界当然也有它的专门谚语了，它这种谚语，不但有情理，而且有许多于普通社会也很有益处，兹大略举几种如下：

千斤话白四两唱。　唱容易得好，白则不易，且白为剧的本质，故须特别用功。

三分唱念七分作。　因为作即是舞，舞为国剧的基本艺术，所以重要。

宁输后台不输前台。　意思是倘不熟，则应问后台之人，万不可耻于问人，而被观众挑眼。

戴上过桥摘不下来。　过桥文话曰过梁额，乃去宫女者所戴，好角不会去宫女，学旦角者，应用功向上，一戴上过桥，就永落为宫女了。

男怕龙套女怕过桥。　意思同上条一样。

只许艺高不许胆大。　平常有"艺高人胆大"一语，此又进一步。

有艺养同人。　自己有本领，总要携带大家，这种道德很高。

当场一字难。　义系所有词句都要熟，临时现想，一个字都不容易。

当场不让父。　此语看字面，仿佛不大好，意思是他角无论多好，我也想法与他比赛，不能输给他，就是当仁不让的意思，这正箴对现在配角之病。

不怕力巴跳，就怕行家笑。　跳者，不高兴而暴躁也。

荒腔走板不搭调。　此为唱曲之大忌。

千学不及一见。　学是一部分，看是全体，因为看时，动作、衣服、锣鼓、配角等等都可以看到，容易整个的明了。

一清二混三不见。　　意是一切要学有根底，若随便对付就出台，第一次或尚可，二次就模糊，三次就忘完了。

技要稳狠准。　　此是技精还要认真之意。

艺不离手曲不离口。经师不到舞艺不高。功夫不到舞艺不高。以上几句，外界亦有之。

以上通通不过是略举些例子，但由此亦可知这些术语关系之重要，所以我们想编一部戏曲大辞典。但是没有一本书籍可以利用凭藉，只好请了许多戏界人员帮助思想。预计这种术语，最少也有十万八万种，可惜我们只写了不到两千种，就停顿了，我们纂此，也用卡片的办法，共写了不到二千卡片，现在尚存于我国剧学会中，大致数目如下：

一画词类二十五页　　　二画词类五十三页

三画者一百九十六页　　四画者七十九页

五画者一百二十页　　　六画者六十二页

七画者九十二页　　　　八画者一百三十二页

九画者一百三十页　　　十画者一百一十七页

十一画者一百四十七页　十二画者一百三十七页

十三画者九十八页　　　十四画者八十三页

十五画者七十六页　　　十六画者三十八页

十七画者四十四页　　　十八画者六十五页

十九画者三十页　　　　二十画者十页

只写了以上这些，因为国剧学会停顿，随着也就停顿了。

以上五种工作，都是因国剧学会停顿，而不能完工，至于学会为什么停顿，以至以后我的工作如何，下章接谈之。

第八章　从事著作

　　前章谈的是国剧学会的工作，此章要说我个人工作了。前边所说的工作，骤然停止，当然是因为国剧学会的停办。国剧学会，怎样成立，怎样停办，也有说说的必要。在虎坊桥设立国剧学会之前，我自己早就作这种工作，后来感觉到此事一个人作不容易成功，想约朋友帮助，大家认为这是小道，且不感兴趣，固然也有不少的朋友，对此极感兴趣者，但都是学学唱工，没有人肯研究这里头的道理。而且孔子说过"何以聚人曰财"，要想聚会一般人研究一种学问，没有钱更是办不到的，但我个人难以招致这种的朋友，因此想到，有钱的人，虽不见得爱好戏剧，但喜欢捧角的人确不少，彼时人缘最好之名角，要数梅兰芳、余叔岩二人，于是我约他们二位出名组织。因为他们二位出名，果然很有几位朋友，热心帮助，居然在虎坊桥就开办了。许多老角，如尚和玉、程继先、萧长华诸君，也极肯帮助，于是也作了前章所谈的不少的工作。其奈余叔岩因鸦片烟瘾太大，午后三时以前，几几乎是不能起床，会中的工作，他永远赶不上，所以他到会中只不过来过几次。兰芳倒是天天到的，不过因他种关系，他要搬上海居住，这样一来，出款的朋友都扫了兴，于是只好停办了，以上乃是国剧学会，在虎坊桥成立及停办一段简单的经过。

国剧学会停办之后，兰芳将往上海之前，他曾来吾家长谈，他说，他走后我们一切要做的事情，他都不能帮助了，意思是很可惜，而且我们两个人，合作了整二十年，从此分开，剩我一人，未免太孤独，怕一切工作都要停顿了，言罢很露出难过的神气来。我对他说："这倒不必，若按个人说，多年天天聚首的朋友，一旦分离，当然有些惆怅。若按工作说，我倒不为我可惜，然实在为您可惜。您到上海以后，来往的人，当然多是有钱的或银行家，我敢断言，没有一个人，可以帮您研究艺术，则您的艺术不会再有进化。不过这话又说回来，没有人帮助您研究艺术尚好，倘来帮助，则是于您有损无益。我今日郑重其事的告诉您一句话，倘有人怂恿您改良国剧，那您可得慎重，因为大家不懂戏，所以这几年来，凡改良的戏，都是毁坏旧戏，因为他们都不懂国剧的原理，永远用话剧的眼光，来改旧戏，那不但不是改良，而且不是改，只是毁而已矣。有两句要紧的话，您要记住，万不可用话剧的眼光衡量国剧，凡话剧中好的地方，在国剧中都要不的，国剧中好的地方，在话剧中都要不的。以后关于你的事情，望你自己注意为要，以上是你一方面的事情。再说到我这边，按表面来看，仿佛你走后，我一定很失帮助，其实是整翻个过。这话你乍听，当然有点奇怪，其实我一说，你就明白了。我这二十多年所做的事情，如编戏、排戏、出国演戏等等，大部分都是为你，我自己的工作，只有随时地请教请教大家，仿佛新闻记者采访新闻，我问来的材料，大部分还没有整理，你离开北平后，我便有时间做我自己的工作，而且可以专心自己的工作，所以我说，你走后于我的工作毫无伤损。"

自兹以后，我便整理我所作的材料来，前边说过，我从前问过老角回来，便都写在本子上，写了共有二百多本，整理起来也相当费事，这可以叫作我的整理材料时期，既整理便要写，也可以算我的写作时期，朋友说，这是我著作时期，著作两字，实不敢当。然若整理出来不写出来，则等于不整理，只好得写。不过开笔之前，每每想到前人曾说"著书忌早，处事忌巧"这些话，真是不愿写，又因往美国演戏之前，因为宣传的关系，写了一本《中国剧之组织》，可是后来，真不知道错处有多少，因此就更不愿写。因又常想先君饱读诗书，于经史尤有研究心得，临违十三经尚能背诵。我常请先君把一生读书所得写出来，以教后辈，先君虽有意，但恒云"著书不可太早"，于是一生没什么多少著作，这于舍下是一件极可惜的事情。我这点知识，故不敢比先君于万一，但我请教来的这些材料，又交谁去整理呢？按以往的情形说，俟知识更有进步再写不迟，但这层是没什么希望了。因为从前老角多，知识也较多，请教他们，他们说的话虽然不见得都对，但有许多对的成分在里面，就是不能说一定是正确，但也有相当的道理。民国以后青年角色，对于这些地方，简直是一句也说不上来了，这话并非讥讽青年。光绪末年，到民国二十几年，我问的老少角，总有几千人，平均着说，总是年纪越老，知道的越较多一点。比方：

田桂凤　冯蕙林　李寿山　李寿峰　罗福山　田际云
董凤岩　茹莱卿　孙佐臣　钱金福　张淇林　陆金桂
陈德霖　陈啸云　萧长华　王瑶卿　孙佩亭　崔松林
杨桂云　余玉琴　韩佩亭　等等

以上这些位，大致有几人比我小一两岁，多数都比我大几岁，所谈的话，就比后来的角色，知道的多得多。又如：

朱文英　谢宝云　张紫仙　姜双喜　罗寿山　汪子良
乔蕙兰　王桂官　王长林　高四保　汪金林　迟韵卿

以上这些位，大致都比我年长十几岁，我们谈的话，就又比前边诸位，合理的地方较多，不过尚不及后边诸位。如：

曹心泉　方秉忠　田宝林　侯俊山　郭宝臣　王福寿
袁子明　范福泰　王鸿寿　李顺亭　谭鑫培　时小福
刘景然　周春奎　何桂山　胜庆玉　等等

以上这些位，大约都比我年长十几岁，到三二十岁以上，他们所谈的话，合乎道理的，就又多了许多。固然也不一定完全在年岁，有的老人一句也说不上来，而青年人倒知道的不少。例如王瑶卿、萧长华二人，年龄都比我小，可是说的上来的则不算少，我得的他们的益处就很多。可是像杨小楼、俞振庭、余叔岩、谭小培、杨小朵等等诸名伶，知道的确不多，杨俞诸君，不大愿多谈，叔岩则最爱谈，但对的地方不多，间乎有对的地方，都是钱金福、王长林诸人跟他说的。像贯大元、梅兰芳、侯喜瑞、郝寿臣诸人，知道的就更少了，其中惟郝寿臣最爱谈，但可以说是无一是处。最有意思一次在天乐园后台谈天，他大谈从前三庆班规矩如何如何，适陆杏林在旁边，不愿听了，说："我们三庆并不是那个样子啊。"说的大家大乐，因为陆杏林比他大二十几岁，且实在是三庆班之徒弟也。我这话也非讥笑寿臣，这也很难怪他，他本票友出身，不真明了戏中的规矩，如金秀山、龚云甫、刘鸿升诸人都是如此，我所见到票友出身，而能知道很多者，只有卢胜奎、黄润甫二人。而我在光绪庚子年，就认识他且很好，彼时他才十一岁。

　　我说以上这些话者，意思是人的秉性不同，戏界这样的人正多，我请教人的时候，对于这类的人说话，就得特别注意及分析。再晚的名角尚小云、荀慧生，他们又差了，最晚程艳秋、马连良、谭富英，他们就又晚多了。以上这些话，并非讥讽青年，因为民国以后，军阀捣乱，人心不安，这些娱乐的事业，都有勉强挣扎的情形，虽然有几个科班，精神都不振奋，教法远不如前，比如富连成科班，多数观众都很恭维，然他的教法，盛世元三科，已不及喜连富三科了，一个科班尚且如此，何况后来才立的科班呢。所以民国以后，虽然尚有许多好角，但都是民国以前承平时代造就出来的。再者演戏的人员，固然应该知道这些情形，但就是不知道，于他的技术也不致有致命伤。理论与技术虽然分不开，但理论终归是理论，技术又专靠工夫，只若教习能把技术基本工夫教的瓷实，则不迨讲理论也可将就，所谓知其然，不知其所以然者是也。科班中的徒弟，对于理论虽不明了，技术尚能不错，这可以说是教的瓷实。而票友于理论研究的更少，基本技术亦不及科班，而能成为名角，几十年来，这种名角很多，我认识的也不少，这件事情，以往谈者不多，兹大致谈谈如下：

　　张二奎　唱老生，与程长庚齐名，号子英，系前清工部都水司经丞，腔调为老派。

　　张子久　唱老生，系张二奎的车夫，学张二奎极有名。

　　灯笼程　学程长庚，系作牛角灯出身。以上几人，我不认识。

　　卢胜奎　系一跟人，腔调特创一格，文字亦不错，三庆班整本《三国演义》即其所编，谭叫天之《失空斩》，完全学他。

　　汪笑侬　名德克津，字舜人，旗人，拔贡知县，学汪桂芬，请汪听之，汪曾一笑，故即自名曰汪笑侬，嗓音稍窄，然腔调则有独到之处，板槽尤瓷实。

　　许荫棠　学张二奎，声极洪亮，一次在庆乐园演戏，门口都卖了座。系齐化门外粮店掌柜。

　　张雨庭　学谭鑫培，比后来学谭者都好，光绪末叶曾挑班，姜妙香与之配戏。系眼镜铺之掌柜。

　　王仙舟　学王九龄，不知其出身。

　　常子和　唱青衣，与陈德霖同时。

　　郭秀华　唱青衣，与德霖同时，搭永胜奎班。

庆　四　旗人唱花脸。

穆凤山　唱花脸，学傻奎。

金秀山　学何桂山，唱花脸。

郎德山　唱花脸，与秀山同时。

黄润甫　内务府旗人，唱花脸。

望　儿　忘其名，唱花旦，饭馆跑堂出身。

梅竹轩　唱老旦。

全　子　忘其姓，唱老旦极出名，通呼为老旦全子。

德珺如　唱小生，道光时宰相穆彰阿之孙。

　　上边诸人，因大家已多不知，均随便举出几位，此外尚多。至孙菊仙、刘景然、麻穆子、龚云甫、刘鸿升、陈子芳、德建堂、韦久峰、恒乐亭、傅小山、郭仲衡、王文荃、金仲仁、王又宸等等更是大家都知道的了。以上这些位，我差不多都很熟，我也都同他们讲过，请教过他们，但他们所谈的，可就远不及内行人，然也能唱成名角，不过因为他们在戏班中唱的太久了，天天与内行人在一起，耳濡目染，不断谈谈论论的，所以才能有这种成功，若偶尔登登台，便不会有此成就了。

　　现在才说到大题，科班也罢，票友也罢，无论他们名气有多大，或技术有多好，倘不知其原理，没有理论，则与我是毫无益处的，因为无处可以再请教了。固然彼时尚有些老角，但一则我都请教过，二则也一天比一天少，只好先把以往请教来的先整理出来，再有所得，再行补入。兹在下边，把我写各书的原因及内容，大略谈谈：

《中国剧之组织》共分八章

一唱白，二动作，三衣服，四盔帽，五胡须，六脸谱，七切末，八音乐。

此是我写的最早的一部书，因为往美国去演戏，用它宣传，所以赶快写成，经日本人波多野乾一翻成日本文，本想翻成英文，因赶不上，只翻了一部分。此虽也是根据采访来的笔记编成，但彼时请教的人，尚不及后来多，且因笔记太多，亦未能尽行查阅，所以里边有些错处，以后因另写别的，所以也就未再改动它。在此以前，我还写过《说戏》及《观剧建言》两本，但《说戏》太错，《观剧建言》理论又不够，所以以此为第一部。因为此书之前，没有人写过国剧理论的书，所以出版之后，颇受社会奖许，第一次印了五千部，早已售罄。但因错误太多，故未再版，几次想着修正后再版，又想与其下功夫改此，不及另换一种写法，再写一部，似较差强。

《京剧之变迁》

所谓京剧之变迁者，意思是戏剧在北京的变迁，与平常大家所谓平剧之意义不同，现在大家所说的平剧，从前却呼为京戏，后北京改为北平，也就跟着呼为平剧了。这些文字，最初并未想写成一书，只不过在民国十几年前后，应友人之约，书以刊登日报者也。后余主讲女子文理学院时，当事者即以之付印，仓促出版，毫未校雠。而出版月余，即行售罄，友人屡劝再版，余以其文字琐屑无关重要，遂未果。后又有人办杂志，又嘱写这类文字，盖国人多乐闻述旧事也，因写的日益增多，遂把它稍加排列。有关于戏班的、剧本的、戏园的、角色的。某戏为何人所编，何人所排，某段唱工是何人所创，某角有何种长处等等，都各归其类，性质稍分，然有若干则，都是连类混合记之，不易分析，故亦未能详列子目，书中亦未分章节。总之其中文字虽嫌琐碎，然都可以算是百余年来之掌故，且都是我目睹，间有听长辈说者，亦系实话实说，不但不假，且毫无渲染之处，都是信而有徵之谈。友人说此书中，无一粉饰语，无一模棱语，则确系实事。

《戏剧角色名词考》共分八章

我写此书的原因，是因为大多数人，对于这种名词的性质，都不十分明了，而且这些名词的用法，亦屡有变更，也实在不十分明了。王君静安曾有这种著作，但太简单，而且有相混之处，例如邦老等名词，乃等于现在戏中之员外之家院等等这类的名词，不能算是角色名词。前边所说的名词之性质，屡有变更者何也。例如生末二字，前人曾云元朝无生，明朝无末，明朝非无末之一角，但性质与元朝不同了。末在元朝为正角，恒写为正末，为全班第一之主要角色，所有应该歌唱之男子，都归末扮。明朝非无末，但都为配角，年岁则往往小于生，比方一家兄弟两人，如兄为正角，则兄为生扮，弟为末扮，清朝以后，则为配角中年岁之较长者。生，元朝确无此名词，但明清两朝，亦不甚一样，生在明朝亦写正生，纯系小生，清朝则为老生。

外。此名词元明清等朝都有之，都是额外的性质，并没有老幼之分，只是额外之生就是了。所以又有外净、外旦等名词，亦即额外之净或旦耳。如今大家以为白胡须者才是外，与古人原义不合了。

旦。旦亦名正旦，元明清三朝都有之，但性质不同。元朝凡女子之正角必须唱者，无论老幼好坏，都归旦扮。明朝亦曰正旦，凡青年女子，都归他扮，所为又名闺门旦。清朝亦写正旦，但多是中年女子，俗名青衣。

贴，乃帮贴之义，是辅助旦角的，元明两朝，性质相同，清朝昆曲中尚是如此。例如《桃花扇》中，李香君就用旦，李贞丽就用贴。到了皮簧中，则观众便以为是花旦了。

各种角色，大致都有变迁，不必尽述。我为此事，倒很下过一番功夫，共搜罗的名词，有百余种之多，引证的书籍，也有七八百种。有很特别而甚少见的，如外旦、小末、小末尼、副旦、小净等等已经是少见的了。而《三笑姻缘》中之周文彬，则用"花生"扮演。《包龙图智赚合同文字》杂剧中，张氏用"二旦"扮演。《陈抟高卧》杂剧中，美女用"色旦"扮演。《冤家债主》杂剧中，乞僧之妻，用"大旦"扮演。最特别的是《永乐大典》中，《张协状元》剧，胜花小姐用"后"扮演，后亦作後。上边这花生、二旦、色旦、大旦、后等等的名词，理会的人就更少了。

《国剧身段谱》共四章

第一章　论戏剧来源于古之歌舞。

第二章　论戏剧与唐朝之舞有密切关系。

第三章　论戏剧之身段中分袖之舞谱，手之舞谱，腿之舞谱，腰之舞谱。

第四章　论戏剧之身段中分胡须之舞谱，翎子之舞谱。

我为什么写这本书呢？因为歌舞二字，若干年来，在文人的口中笔下，是时时可以听到看到的。比方说到演戏，便离不开载歌载舞这类句子，说到地方，则总是歌台舞榭这类字眼。又如《救风尘》杂剧中，则说到"舞榭歌楼"，《桃花扇》传奇中，则说到"舞袖歌裙。吃饭庄屯"，《红楼梦》中，则说到"衰草枯杨，曾为歌舞场"等等的这类句子，也可以说是随处有之。就是平常也是如此，如戏园子，有名歌舞台的，大舞台的，更是不一而足。总之凡言到演戏，固然离不开歌字，但也离不开舞字，可以说是歌舞二字是永远连着用的。但，很奇怪的是，全国的人，说的也这样说，写的也这样写，赶到真正看戏的时候，可就变了。对于动作的批评，在恭维一方面说，总是动作逼真，惟妙惟肖，装什么人，就像什么人等等的这些话。讥讽的一方面，便是装谁不像谁等等的这些话。这种的评论，无论是褒是贬，总之都是隔靴搔痒，他把歌舞二字给忘掉了。他说装谁就像谁或不像谁，这便是完全不懂国剧的话，因为他们这种批评，是以写实的眼光来下断语，请问，七十多岁的老角去诸葛亮，十几岁的小童也去诸葛亮，胖的高的也去诸葛亮，瘦的矮的也去诸葛亮，那么哪一种人真像呢？可是果能喝的好作的好，则都能得观众的欢迎，什么叫作唱得好作得好呢？其实都是歌舞的好（此层我在《国剧概论》中曾详言之，文艺创造社出版，兹不多赘）。以上所谈，乃是国人观剧普通的情形。若夫有些新知识的人，议论就又差多了，更是以写实的眼光来批评国剧。他们说：一个马鞭就算是马，两面车旗就算是车，简陋的可笑。他们不知道上马下马，上车下车，都有舞的姿势，更有趟马、跑车，成片段的舞式，他们又嫌没有布景，旧剧上楼下楼，都有舞的姿态，倘真有楼，那还用得着舞吗？国剧中登山有登山的舞式，涉河有涉河的舞式，倘演员演得好，必能大受欢迎，倘真有山河，这些舞式，当然也就都用不着了。按戏剧固然不是非舞不可，但国剧以歌舞为原则为本体，倘废了舞，那国剧也就跟着消灭了。

他们不知国剧，无论何处何时，都不许写实，有一点声音，就得有歌的意味。有一点动作，就得有舞的意味。比方此书中，所列袖子的舞法，就有七十二种之多，然尚未尽举，其它更无论矣。古云长袖善舞，即在此处。

《上下场》共三章

第一章 总论 第二章 论上场 第三章 论下场

国剧来源于古代之舞，余已屡屡言之。戏中一切的动作，都与唐朝之梨园歌舞队有直接的关系，不过唐宋之歌舞乐队，每场只是有一种歌舞，歌舞完了此队即下去，另换一队上场，排场上较为简单。自宋真宗朝创出杂剧一种舞后，组织法是注重扮演实事。既是扮演实事，则情节当然就复杂，一场之内，情节一定有变化，则每人出场入场之情形，性质不会一样，于是就有了规定，且有了精密的组织。上下场时，用何种方式，配以何种音乐（此为节舞之乐），须按照本人之身份及情节而分析之，什么是剧中人的身份呢？如工商、官员、文人、武士、皇帝、娼妓、盗贼等等，各种人上场都有不同，此节在书中，已详细论之，此处不必多赘。总之所有上下场，都是舞式，音乐形式，都有特别规定，与写实剧之随便走出走入者，万不能相提并论也。余故特写此书，以证国剧无论何处，都不许离开舞式。文艺创造社所印余所著之《国剧概论》一书将此书附入，可参看。

《脸谱》共十章　亦名《脸谱说明》

第一章　总　论　第二章　论颜色　第三章　论奸脸

第四章　论勾法　第五章　论　眉　第六章　论眼窝

第七章　论　嘴　第八章　论脑门　第九章　论鼻窝

第十章　附　言

讲究写实剧的人，对于国剧有许多地方，都不满意，对于勾脸一层更甚。按戏剧中固然不能说，非勾花脸不可，但万不许勾花脸这句话也不能说，为什么呢？在写实的戏剧中，自然是不应该写的，因为它处处是写实，而勾花脸则绝对非写实，以写实的戏，加入不写实的花脸，当然是毫无道理之可言，且亦格格不入。国剧虽也是扮演实事，本质是歌舞，处处以歌舞为重，避免写实。所有歌舞的事业，都是游艺的性质，一种游艺的组织，添入点这类的事情，并不算很奇怪。西洋从前也有面具的用法，就说目下的各种化装跳舞，也与此意义极近，也没有听见人说过它不合道理。国剧最初之勾花脸，是仿效的面具，相传始自北齐兰陵王破阵乐，兰陵王上阵，永戴面具，后人效其情形，创了一种乐舞，遂永戴面具，后狄襄武（青）上阵亦戴面具，乐舞中亦仿其情形制为舞，以上两事，大致是面具的来源。后来扮演神仙鬼怪，亦用此法。按神怪用此，可以算是一种很好的发明，因此可以随意写之也。最初是用面具，把各种形式，绘于面具之上，舞时用口衔之，因欲恒用而容易保存，遂把各种颜色绘好之后又涂一层油，则光亮而不易退色，然因有一层油，则各种颜色当然越显鲜明，于是就红的真红，黑的真黑了。最初是画在面具上，至今小儿玩品，此种面具种类尚多，即名鬼脸儿。后来因为舞者须带歌唱，则口中不能衔此，于是又设法把它画在脸上，又因为面具上曾用油，画在脸上也就仍旧还是用油，一直到了现在。再者从前挂胡须，挂于面具上，后来也就把他挂于耳朵上，此脸谱胡须之所由来也。

近来看戏之人，常常讥讽，说真人哪有那样红的脸绿的脸呢？这话自然不错，不过仍是用看写实戏的眼光来批评旧戏，而且这种论调，思想也可算是很幼稚，为什么说他是幼稚呢？因为脸没那样红那样绿，是小孩都知道，不必等候学者文人才觉察也。须知这与作假者不同，作假二字也毫无贬义，作假者期其像真也，比方剧中人脸黑，则用黑色在脸上揉一揉，剧中人有须，则在口上粘上点假胡子，用以像真，所以曰作假。国剧脸谱，则是用以表现剧中人之心情，根本就没打算像真，所以用不着作假。他的表现性情的画法，大致不出古之器刻、雕文、彩饰、花样、蝠形、蝶翅、燕翼、兽面、云光、火焰、吉金、云雷、饕餮，各文无不搜罗，采而用之，真有禹鼎铸奸之遗义。美国人论国剧花脸，纯像古雕刻，可谓知音。至各种脸之情形，在本书中已详之，兹不多赘。不过有几句话，是应该郑重声明的，就是我这篇议论，是述说脸谱的来历及大致的情形，并非说国剧非有脸谱不可。脸谱之要的或要不的，应该保存与否，当然有斟酌的余地，但绝对不可用写实的眼光来衡量，倘用写实的眼光来衡量，则国剧当另行设法组织，而非数百年来号称国粹的国剧了。

《国剧脸谱图解》共七十二图　并附表七

表一　颜色谱　表二　奸脸谱　表三　勾法谱　表四眉谱　表五　眼窝谱　表六　嘴谱　表七　脑门谱

我写成《脸谱说明》一书之后，述说的虽然相当详细，但关于绘画的事情，没有图画是不容易明了的，因又求几位名净角把脸谱画出来，以便对照，容易明了，若每个花脸都画上，则画不胜画，且也无谓，于是设法把它归纳起来。脸谱大的分别，不过是颜色、勾法以及眼窝等等，每一种有一个图表示，也就够了。且有一个脸谱能表现好几种者，如姜维的脸谱，便可表示红色，三块瓦脸，太极图脑门，等等是也。绘成之后，把各种名词，又求法国友人，翻成法文，因出版太紧，未翻英文。这种印刷相当难，大致须十一次套板，才能印成。因为我研究脸谱，近几十年来有人仿效画之，且有人画许多，自以为是全份，其实离全份还远，就是全份，也无法借以研究，可以算是无意识的举动，我也求人画过几百种，不过好玩，后来未再接画，因其不合科学也。

《戏班》共六章

第一章　财东　第二章　人员　第三章　规矩

第四章　信仰　第五章　款项　第六章　对外

中国戏班之成立，都有详细的规定，且都合道理。比方光说北平，想成一班，必须由负责人把该班所有人员及能演之戏，都详细各开一单，写一呈文。呈文的意思不过是一切照章程办理，连同人名及戏单，交精忠庙本界公会首领，首领看过不错，把人名戏单照录存案，再加一张保结，呈递内务府衙门批准，该班才算成立。成班之后，一切都按旧日章程规矩办理。章程定的相当详细但是不成文法，全戏界人谁也没见过这份章程，几百年来就没人写出来过，可是大多数人都知道，这话在目下大家听着当然有点新奇，可是在彼时，有许多社会团体，都是如此。这里随带说一两件实事，也可以说是笑话，北平所有工商各行都有行会，有些小行会，也是没有写在纸上的章程，可是哪一行都有它的行规，而且是人人知道的，每年开会，总要唱一天戏以敬祖师。开戏之前先开会，会长登台问大家，我们会员来齐了没有？大家说来齐了，会长说凡犯行规的人都是混账王八旦，随说开戏开戏。他开会演说，只此一句话，惩罚的条件，只此一种，就是骂一句混账王八旦，就够了，就没人敢犯行规。现在各行都有公会，会行都有详章，倘罚约只此一条，大致谁也不怕。从前北平磨面工人的公会，称呼磨工公会，办理得非常之好，为北平各种公会之冠，凡有工作之磨工，每人每月捐大个钱两枚。倘失业或一时没有工作即住在里面，不花分文，章程极好，但也是不成文法，据云他们的惩罚条件，是操他祖宗一句话，这个条件，现在的奸商更不怕了。这个公会在北城鼓楼东大街路北，我去过两次，但没问过他们惩罚的条件。不止此也，就是全国的农政，村与村，邻与邻等等，各种争执交涉，不晓得有多少种，但也都是不成文法，也行了几十年，何必一定笑戏界呢？

我是因为要研究戏界的详细情形，所以把它记录出来。但写这本书，也相当费事，问过许多人，请他们各人写自己记得的，都写来之后，有许多犯重的，再把它归纳起来，当然难免还有遗漏，但也差不多了多少了。惟惩罚条件，尚付阙如，因为也不过是罚多少股香，在祖师爷位前焚烧而已，间有重罚者，那须大家公议，例如名丑刘赶三曾被罚，油漆祖师庙前一对旗杆，这是很特别的罚法了。

有人说书中所写的条件，有的太失之于迷信。这话得两说着，往坏处说就是迷信，往好里说就是信仰，世界有许多社会，是靠着信仰维持它的团体秩序。若说它迷信，则世界上宗教无不迷信。比方说乡间农民因天旱祈雨求福，有许多人讥笑他们迷信，可是教会中作弥撒祈雨、祈福、祈祷和平等等，也是常有的事，靠龙王固然不敢说求的下雨来，靠耶稣就求的下来么？何所谓迷信呢？再者，迷信虽然早就有之，但盛行则不到百年，这是西洋教会中人讥讽我们的话，也可以说是侮辱中国人。他们说中国人迷信，最重要的是拜偶像，我个人是不拜偶像的，但西洋人又何尝不拜偶像呢？他教堂中左一位圣人，右一位圣人，有铜的，石的，石膏的，那都是什么意思呢？这几句话，真可以算是题外之文，不必多说了。

《行头盔头》共分两卷

上卷行头　共录一百七十来种

下卷盔头　共录一百三十来种

按演戏的人，所穿的衣服，所戴的冠巾，都预先有详细的规定，这在现在世界中，不能不算是一种奇闻。在表面上看，自然可以说是奇怪，倘细按之则一点儿不奇，不但中国如此，各国都是如此。这句话诸君听着必以为更奇，我所以说不奇者，自然有其理由。夫国剧之行头，舞衣也，乃为舞蹈所用，与写实戏衣服，自然不能相提并论。写实戏的衣服，自然要分朝代，要分寒暑。什么时候的事迹，就必须穿什么时候的衣服，但跳舞则不然，固然有时也用有关时代的衣服，但绝对不会严格的照该时代日常衣服来造，因为各朝的各种舞蹈，在当年也不是穿彼时的日常衣服也。东西各国的舞蹈情形，大致也不外乎此，比方现在西洋之大腿戏，那是什么朝代的衣服呢？有许多人讥讽国剧不照时代穿衣服，而对西洋跳舞之衣服不加可否，这是思想没统系的议论。国剧由古代歌舞变来，虽然表演实事，但仍以歌舞为重。据理想的推测，在宋朝的时候，应该完全是舞衣，因为彼时杂剧亦只是一种歌舞队也。后来因为扮演实事的成分愈多，则衣服也就跟着有了趋时的改变，虽然改变，但仍未脱去舞衣的原则，它有特别的规定，就是不分朝代，不分寒暑，只按人格，人的品行性情如何，则衣服便应怎样穿法，此事本书中已详论之，兹不赘。按行头虽有规定，三四百年以来，变化也大得很，随时都有变更，比方在清初以前，就绝对没有武人短打的衣服，七八十年以前，尚没现在花旦穿的裤袄。五十年前还没有《探母》之旗装，有之，但须该角自己制备，箱中不预备。

那么这本书中，各种衣服的数目，是按什么标准规定的呢？是由几十个全份行头单子斟酌而成，此节书中已详言之，兹不赘。按道理说，现在写这本书，当然就应该照现在通行的情形来写，所以此书把彼时通行的衣服，差不多的都列入。但后来创制的所谓改良蟒、改良靠等等则未列，因为它太外行，理论不用讲，就只谈样式，也不合道理，各种衣服，都有它的原理，比方只说蟒袍下边之水，俗名海水江涯，上边绣的是龙，四爪的曰蟒。父老相传，这有两种意义，一说是国家富有四海，故衣服四围都是水，以象海；一说是皇帝象龙，群臣象水，水所以供奉龙也。但因情形不同，故龙与水都有分别，龙分正龙、侧龙、团龙、行龙等等，水分立水、卧水等等。例如全国官员都穿立水蟒袍，而管河道的官员，则都穿卧水，如此种种，分别尚多，不必尽述。而现在之演员以及制行头之商号，对于此事，一毫不知，随便就出主意，出的好，自然未尝不可用，但他们所创的行头，处处都露出外行的情形来，所以此书不便列入。这里附带说句笑谈，某老角曾说，他们所制的改良靠，恐怕只有孙悟空的徒弟，穿着还算合适，孙悟空就不肯穿了。

《国剧简要图案》共分七个部分

一、行头图及释名　二、盔头图及释名

三、髯口图及释名　四、脸谱图及释名

五、切末图及释名　六、兵器图及释名

七、乐器图及释名

此书很简单，而相当概括，如脸谱一项，把元明两朝的脸谱，也各画了几种，以备参考。每一个名字，都翻成洋文。这不过是为外宾看中国剧，最初步的一种介绍，没什么深义。因书中只有名字，没有意义，乃是与《中国剧之组织》一书相辅而行，要想明了各物之意义，还须看《中国剧之组织》或它书。《中国剧之组织》一书中，也都有此图，不过彼只墨印，此则五色，较易明了耳。

《梅兰芳游美记》共分四卷　三十二章

第一卷　出国以前的筹备，共十五章。

第二卷　到美国后的布置，共七章。

第三卷　各界的提倡欢迎（上）共五章。

第四卷　各界的提倡欢迎（下）共五章。

此段事迹，在前边已详谈之，兹不多赘。

《梅兰芳艺术一斑》共分四章

第一章是关于国剧发声与动作的；

第二章是关于其个人之发声与动作的；

第三章是关于全身之姿态的；

第四章是专论手指之姿势的。

末两章都附图，此本专为到苏联演剧介绍所用，没什么大的价值，然第四章手指之姿势，亦为前人所未道过，乃问了多少位老辈旦角，才写出来，亦为国剧极贵重之材料也。西洋跳舞，手指之姿势，也很讲究，但它没有这样的细腻。

《国剧浅释》共分十二章

一剧场 二变迁 三切末 四行头 五古装 六冠巾
七脸谱 八胡须 九乐器 十钟 十一兵器 十二舞谱

所以出版此书者，系因郑毓秀博士怂惠我把往美国演剧时所绘之各种图幅出版行世，以供研究国剧者之参考，她并捐助了几千块现大洋作印刷费，至可感也。本拟五彩精印，而费用太大，又因该款一部分，移作会中他用，在付印时，又因经手人处处取巧，以致诸事未能如愿，不但墨印不易醒目，且只剧场及舞谱算是印的全图，其余只印了一小小部分。通盘观察，可以说是不能成书，又何价值之有？然关于舞谱一部分，当初安身段、命名词、求人翻译、照像、绘图种种工作，不知费了多少工夫，出了多少身汗，当时所写的原稿，一字不存，除原图的条幅之外，只有此书印入，差可保存，亦云幸矣。

《故都市乐图考》共录四十种

北平作了几百年的都城，所以极富艺术性。我常说，比方黄包车这件东西，由日本到了上海，几十年的工夫，还是原样的黄包车，并未改样，可是到了北平，不过十几年，它的脚镫、障泥板、扶手、车把等等大为改样，有镂铜的、珐琅的，种种花样，力求美观。不止一件事情如此，所有的事情，都是如此。例如各种小贩之叫卖声，北平俗名吆喝，都有他的音节，等于歌唱，且各行有各行的声调，几几乎是一致的。有许多种因恐自己嗓音不够高亮，则用各种乐器替代，由这一来，把古来的乐器，保存了不少。

中国几千年来，乐器之多，大致有几千种，如今尚存在应用者，实在是不多了。有清时代，应用者尚有几十种，然不过祭天祭庙之古乐及婚丧事吹鼓手所用之乐而已。民国以来，婚丧等事，输入西洋之乐，所谓音乐队者是也，则吹鼓手之乐，又将归淘汰，是数千年之乐器，到此将完全废而不用矣，可为浩叹！幸而社会中尚有这些小贩能保存之，此可谓万分不幸中之小幸了，可不重视么？以意度之，当初不过只用铃铛梆子之类，故唐朝已有商铎之名，而北平小贩，则采用乐器，种类甚多，盖亦不过取共悠扬动听耳。而古代乐器，乃能藉此保留，能常入吾人之眼廉耳鼓者，则此类小贩实有大功也，故特绘此图，以彰其美。又因外国人往往问及此事，故绘图时，除绘本乐器外，又把该乐器之小贩，人器车担等物，全份画上，藉以容易明了。

以上十几种，都早已出版，此外尚有几种琐碎的小册，就不值一谈了。所出版之书，除已销者外，都存于北平，我一本未带出来，幸而所出版的书在台湾都可借到，常有友人或不相识之人来信云，他有此书，如欲看时，他可送来，或云他友人有此书，如用时，他可代转借，似此隆情高谊，真是可感之至，否则我忘了各书中都是说的什么了，书此志谢。

《皮簧音韵》共十四章　十三道辙

第一章总论；其余每章一辙。

我写此书，约在民国十一二年，本想出版，因收字太多，有许多字，皮簧戏可以说是用不着，决意减去若干。尚未入手，适老笛师曹心泉写了一本皮簧韵（忘其名）曾登《戏剧月刊》，写得很好。按我听到唱戏没念过错字的，内行只有李寿峰，外行只溥西园，其次就是曹心泉，能写此书的戏界恐怕就他一人，仍然难免有错。比方说，他把不是尖音的字，他都叫作团音，后来张伯驹也出版一部《乱弹音韵辑要》也是这个毛病，是因为他们不知道尖团二字的来历，中国从前绝对没有尖团字这个名词，不过分唇牙齿舌喉等音而已。中国戏歌唱最讲究者，要数昆腔，然昆腔老辈口中，从前也没有说过这个名词，到现在大多数还是如此，所说者仍只齿音舌音等而已。在前清乾隆年间，因翻译满洲文才有这种规定，出了一本书名曰《元音正考》只列尖团，毫无注解，不尖不团者一概不录，所以只薄薄一本，共总不过几百字，余有此书之初印本，颇讲究，然不但未能风行，且知者极少。到乾隆晚年，出南方到北京的戏界人很多，南方音与北方音，当然有些不同的地方，尤其北京团音太多，大家无所适从，便奉此书为准则，于是尖团二字才普遍于戏界人之口中。如今把所有非尖字者，都列入团字，岂非笑谈？试问巴妈啊唇音喉音等等的字怎么能够念成团音呢？不过这话又说回来，给皮簧戏作音韵书，就算多此一举，连鄙人也在内，皮簧念字，向来没有统系，因为它最初不过是地方小戏，戏剧也极少，念字只不过是本地音。此语有证据，目下汉南二簧，还是如此。后来发达起来，翻编别的戏很多，翻的梆腔的戏，就有许多原句子，念梆子应念的音，其实此即北曲之音，所谓《中原音韵》；翻的昆腔戏，便存留着许多南曲之音，所谓《洪武正韵》，而又夹杂了几种北平土音。百十年来老名角对于念字最注意的，要数程长庚，常常给徒弟讲解。曾有一段小故事：吾乡一带，念尖团字分的最清，北平卖元宵的都是吾乡人，吆喝元宵，宵字永远念尖音。一次程长庚听见，说此人念字认真，宵字咬的很准，我们得奖励奖励他，于是把他所有的元宵都买了。他不但尖团注意，一切都是如此，由此可证程长庚对此事之注意。不过有一层不可不知，他虽然讲的认真，但完全讲的是昆腔的念法，唱昆腔时用之，所差无几，唱皮簧时，则有许多不适用了。比方说他讲四声最认真，其实皮簧没有入声字，就是平仄，有时也很模糊，例如程长庚唱《文昭关》是最出名的，但一出门第二句"逃出龙潭虎穴中"之"虎"字，永远唱成"狐"字，因此字行腔提高，不能不如此也。后来讲此者很多，近来也很有，也都是如此，讲只管那样讲，自己一张嘴就不一定是他讲的那个了。这种毛病最大的要数余叔岩，他听了外行文人的话，他就讲，可是他唱上不是那么回事，此非讥讽叔岩，他的唱片俱在，可细按也。以上这些话，不是讥笑程长庚，也不是讥笑余叔岩，更不是讥笑任何人，是皮簧没那么讲究。比方张伯驹所出《乱弹音韵辑要》一书，伯驹曾与余叔岩斟酌再四，他大致分两部分：一是四声，一是尖团，兹在下边大致谈几句。

四声　四声在中国音韵学中是最讲求认真的了，从前科举时代，诗赋中平仄错一个字，是绝对不能中进士举人秀才的，可见其严。昆曲中，不但平仄不能错，连上去入三声，有时也不能错，该用上的必须用上，此非指唱工，只谈用字。皮簧则不然，兹只把极熟的戏举一两处，例如：《打渔杀家》中之"丢却"、"解渴"。《打鼓骂曹》中，曹唱"廊下立"。以上却、渴、立三字，都以仄声作平声用，《二进宫》中"你的心事某猜着"之"着"字，且出了韵，此种地方多得很。

音韵　昆曲人臣、中东、庚青都分。北方庚青与中东合。皮簧人臣与庚青合。梆子人臣、中东、庚青，都可合押。《三堂会审》中"王金龙"、"不知情"、"采花心"是中东、庚青、人臣，都搞在一起，已出了皮簧的规矩，此种地方也很多。

尖团　从前不说尖团，前边已经说过，而各处的念法本各有不同，不能统一，例如：北平团音多，上海尖音多，天津则尖音倒置。吾乡说话分的最清，不能说没错，但很少，如先生二字，先为尖生为团，北京都念团，上海都念尖，天津则念县僧，吾乡则念的准。各处念法既不同，那么以什么地方为标准呢？说是中州韵，但河南各处也不统一，照规矩说，尖团这个名词，既始自《元音正考》，便当以《元音正考》为准绳。不过此书太简单，若戏界人拿它为参考的小册子尚可，因为它还不够一部书，而且此书现在也不易得，吾们只好靠字书，自以《康熙字典》为最普通，但《康熙字典》中所注之字，也时有出入。这里谈一小故事作为举例，杨小楼初演《楚汉争》，楚字念为团音，后来演我编的《霸王别姬》，楚念尖音，演完后在后台，我问他楚字音，他说："我改过来了，不错罢？"我说："错是不能说是错，不过此字还应念团音。"他问："为什么说不错，又说该念团音呢？"我说："清朝以来，我们念字，都应遵《康熙字典》，字典中常常有一个字注两三种念法者，则应该照第一个念法念。比方楚字，他第一注的是'创举切'或'创阻切'，创字遍查原书，无尖音一念，则楚当然应念团音，可是下边又注'粗上声'，粗为尖音，则楚当然也可以念尖音，所以说也不错。不过你这一改，一定是听的南方朋友们说的。"他说："对啦。"我说："这种情形叔岩最多。"又一次姜妙香去《醉酒》的裴力士，念"水晶帘卷近秋河"一句，平常秋字念团音，他念的尖音，他念时我在台下，他还看了我一眼，仿佛得意。到后台他说："秋字念的不错吗？"我说："这一定是南方朋友跟你说的。"他说："是的。"我说："错是不错，可是错了。"他问我："为什么？"我说："中州韵的念法应该念尖音，京白则应该念团音，因为裴力士念的是京白，所以该念团音，因为北京此字念团音，你不念团音，便不合京白的规矩。"

《戏台楹联辑》共四卷　九百余联

我托朋友各省各处搜罗戏台的楹联费事很多，当初的意思，是想着由里边找些有关国剧的材料，但是很难找到，可是由此可以看出，戏剧与社会关系极大，撰对联的人，因为时局的情形、自己的身世等等有分别，所以落笔也就大大的不同，大致有借以感慨时局的，有借以感叹自己身世的，有借以自况的，有借以自解的，有借以讽世的，有借以劝世的，有借以鼓舞勉励人心的，种类至多，难以尽举，至于恭维戏剧本体的，那就更多了，由此更可知，戏剧于社会关系之重要。兹举几联如下：

大千秋色在眉头，看遍翠暗珠香，重游瞻部。

五万春花如梦里，记得丁歌甲舞，曾睡昆仑。

此感叹时局者也，乃从前北平大栅栏庆乐园之楹联，相传为吴梅村所撰，或云梅村不配说此。

功名富贵尽空花，玉带乌纱，回头了千秋事业。

离合悲欢皆幻梦，佳人才子，转眼消百岁光阴。

此为蒲留仙先生所撰，借以自慰者也。

都想要拜相封侯却也不难这里有现成榜样。

最好是忠臣孝子看来容易问他作几许工夫？

此为甘肃省城湘军会馆戏台联，乃左文襄公宗棠所撰，借以自况者也。如此种种，难以尽述。

《戏馆子》 共几章

第一章为定名，其余记不清了。

中国演戏之场所，向无一定的名词，比方要想把西洋Seattle 这个名词，译成中国文，就不知应用哪一个字。文字中有歌台、歌楼、歌馆、舞台、舞榭、舞场等等。社会中的称呼，有戏园、戏馆、戏院、舞台、剧场等等，这些名词之中，要以戏馆二字，较为合式。按现在演戏的地方，有演戏的台，看戏的楼，副业的屋室，甚至小花园等等都有，不是一个台字，一个楼字，一个院字，一个园字，一个场字所能包括的过来，而馆字则极相近，如会馆、旅馆等等，所有楼台园场等等，都可以包括在内，所以鄙意以为用此字较为合式。而且这些年来，所有戏界人员，永远都是说馆子，如问有戏没戏，则说馆子里有事没事，进戏园子，都说上馆子，进第一舞台或开明戏院，也都说上馆子。平常与衙门中的公事，多是用园子，而本界人说话，则多用馆子，总之馆子二字，是一个普通称呼。

北平所有戏馆，在民国以前，几百年的工夫，没有一处叫作戏园的，都是名曰茶园。因当初只是饮茶，随带着听听唱而已，此与现在菜馆的票友清唱，同一性质，来客花的茶资，而不是戏价，所以北平这些年来，虽然是花钱听戏，但没有戏价这个名词，都说是茶钱。因为中国戏馆子的情形，与西洋戏院完全是两回事，所以它的组织法也就完全不同，总而言之就简单多了。此书所述，大部分是其组织法，附带着谈谈戏台的变迁。

国剧向为平民式，平常演戏，总是赛神或庆贺，观剧人谁也不会花钱，故乡间席棚、庙前之戏台，都是公开，任人观听，爱来就来，爱走就走，没有丝毫限制。大城市中之戏馆，如北京等处，虽花茶钱，然观众仍可随便出入，在光绪末年以前，尚不卖票，只说是卖座，因它永远不预备票也，可以预先订座，但除三面楼外（从前各戏馆之三面楼，都分给各饭馆包销，不许自卖），所有散座，都是订好，他便粘一小黄纸条，上写某宅或某先生，订座几位便足，他也不给票，也不收订钱，可是他声明，倘订座者开戏不到，他便另卖，戏演至倒第二出时，他才来收钱，倘观客于此时先走，那就算是白听。但自道光咸丰以后，戏馆中演戏，每天总是八出到十出，每出约演半个钟头，戏是越靠后越好，所以也没有人先走。请看它诸事这样的自由，则戏馆子之建筑设备，当然不像西洋剧院了，然它所以如此简略者，盖不必也，非不能也。此事余在报中已屡言之，书中也说的很详，兹不多赘。

《戏中之建筑物》

书留北平，共几章记不清了，这个书名字，乍看总有许多位不能明了，大家一定说，戏中怎么会有了建筑物呢？不错，戏中是没有建筑物的，但因为没有，倒要谈谈。现在研究或想改良国剧的人，无论内行外行，都想用布景，尤其戏界人排新戏，更以用布景为能，且以用布景来号召，其实这是把国剧整个的给毁坏了，他们不知道中国戏是怎么回事，随便就想把西洋的东西来加入，这是极可笑也是极可伤心的一件事情。要知道中国的旧戏，没有一出戏可以加入布景的，比方说，北平恒演的戏，有两出是必得有布景的：一是《御碑亭》之亭子，一是《碰碑》之碑，倘不预备，则演戏的人便不高兴，他以为于这出戏便要减色。其实哪一个演员也不管这个亭和这个碑，简单着说，就是没用。比方《御碑亭》虽然有个亭字，但孟月华所作的身段，永远与亭无干，她入亭时上台阶迈门槛，出亭时迈门槛下台阶，所作的姿势，都是戏中理想中的亭子，与立着的那个木质布顶的亭子，一点关系也没有。《碰碑》虽然有一个碑立在台脸，可是哪一个杨继业也没有碰过这个碑，倘真碰着，则不但碑一定倒下，而且碰的身段，也不会好看。总之是这两出戏，都是永远有布景，可是永远没用上过，且与本戏，永远是格格不入，不能合在一起的，但是因为大家未能留心体察这种情形，所以永远想用布景。近来有人想照《武家坡》《大登殿》两出戏的电影，来问我可否用布景，我说："旧戏可以说是万不能用布景，就以这两出戏来论，《武家坡》一戏是三个地方：第一个地方是柳林，二是窑外，三是窑内。柳林用布景固无不可，但演员手持马鞭，与此太不呼应，且二人进场，立刻又上，未免赶不及。就说赶得上，此场前半段是宝钏在窑内，平贵在窑外，倘有布景，则观客不应该看得见宝钏，倘观众能看见宝钏，则平贵便可以看见，且可以进去，不必后来才能进窑了，这出戏就得大变样子，用现有的情节词句，是不能演的了。《登殿》一场永是一处，似乎可用布景，但彼时之金殿，虽然不必说有多大，可是金殿万不能跟地平着，必须有台有廊等等，则平贵坐的地方，与王允坐的地方，其距离不能太近，因为两者中间又有马达、江海及宝钏、代战，则他们的距离至少也有十余丈，否则不像金銮殿，请问此景怎样布法。"

国剧因为随场都是流动的，不能有布景，可是虽没有有形的山河房屋等等，而无形的山河房屋等等却时时用得着。且不可少，这就是本书所述的建筑物了。戏中对此，都有很详密的安排，好用以明了这种流动场子的戏。倘没有那种安排，则中国旧有的戏，便都不能演它。这种安排，最初也是很费苦心的，它的安排法，有规矩，有理论，有条不紊，这是大家不甚注意的。比方河总是台之偏大边（戏界管下场门一边叫大边，上场门一边叫小边），但河岸则不一定，普通岸都在偏小边，如《打渔杀家》萧恩等之上下船，《回荆州》刘备与夫人等之上船，至于河，则上船后行船时便满台都是河了；再说楼，楼梯永远在大边，绣楼、彩楼都在中间，但上了楼之后，则全台都是楼了，倘楼上楼下都有人，则另有安排法，如青面虎搭救十一郎，则楼在大边台脸，如此种种，在本书中已详论之，兹不多赘。

《戏中棹椅摆设法》 不分章

观剧人对于这一件事情，都不注意，以为这有什么可研究的呀？其实它于戏剧关系极为重要，倘这件事情没有规定，则国剧便可说是不能演。兹随便举出一出戏来谈谈，比方《捉放曹》吕伯奢一上来是他家中，"庄外走走"坐下是庄外村头，陈、曹上来见吕后，又回吕氏屋中，吕氏去后，二人同到宰猪之所，杀完人后，逃走先到马棚牵马，半路遇吕氏，害吕氏后逃走又住店，这种戏若用布景，可以说是没法子演，这就看棹椅的摆法。第一吕伯奢坐的外中场椅，简言之曰外场椅，二是吕伯奢在庄外坐的倒椅，三是吕、曹、陈坐八字椅，四是店中直棹椅。观众多以为国剧中摆棹椅，就等于写实，无可研究，所以都不留意。而戏界老辈则极认真，尤其检场人，更须学习。它一切摆设法，都去写实远得很，例如老夫妇二位，一边坐一位，儿子坐左下边，女儿坐右下边，乍看仿佛写实，其实谁家那样坐过，虽值行大礼之时，也不会那样规规矩矩，何况平常随便坐落呢？总之它是按照中国的礼教，参以艺术的方式，斟酌而成。比方《岳家庄》一戏，岳母正座，岳夫人在右下边，金瓶（孙女）立在母亲下边偏后，岳云则立在左边，其实孙儿孙女就不可坐么，但不合戏中的规矩，因为这种椅子，像雁翅摆下去，无论摆多少，也算平行，没有辈行的分别，而且像《岳家庄》这种场子非常美观而活动。戏中摆桌椅之法，都有规定，名词也至多。例如：内场椅、外场椅、里八字、外八字、倒椅等等，倒椅者不正当之座位也，如《长坂坡》刘备带百姓出场，所有人员，均须倒椅，因野外无正式座也，《捉放曹》吕伯奢之庄外座，亦应如此，余详原书中，兹不多赘。

《剧词谚语录》共四章

第一章　谚语之来于杂剧传奇者。

等二章　来于皮簧梆子者。

等三章　出于各书，但因戏中恒用，而成谚语者。

第四章　虽出自各书，因戏中所用与原书不同，而谚语则亦照戏中说者。

这本书虽分为四章，但字数不多，只薄薄的一本，原因是我搜集了一部谚语录，因为太多，我把其中的农事谚语及戏中谚语，又分了出来。又因许多人说，西方莎士比亚所编戏中的句子，有许多风行各国社会，变成谚语了，其实中国又何尝不如此呢？例如第四章中各条虽出自各书，但经戏中一用，大家都照戏中的语句说起来了，如郭子仪家人丁兴旺，史书中都说是八子七婿，而戏中则说七子八婿，而全国社会中，都如此说法了，你要说八子七婿，大家便说你错了。这种情形，似乎比莎氏之句子，力量更大。我本想多搜罗些句，因日本占了北平，我被逮捕，藏了些日，一则无暇及此，二则对外一点不能接触，关于戏剧的书籍，又都在国剧学会中，无书参考，遂未接作。

《歌场趣谈》 共四章

第一章　关于角色的　第二章　关于票友的

第三章　关于戏馆的　第四章　关于观众的

此书所载，虽都是笑谈，但都是实事，有许多听得老辈说的，但我亲眼见的也不少，而且有的可以作后辈的箴铭，不止可作笑话看者。例如戏界规矩不许当场阴人，倘别人有错，自己必须代他遮掩，不许露声色，因自己一露，台下便知道了，否则台下或可不理会也。谭鑫培一次演《张飞闯帐》，他去诸葛亮，张飞念："为何不叫咱老张知道？"花脸念开口音好听，念成"知大"，有许多净角这样念法，老生作为不理会也就过去了，而老谭则接说："叫你知道，也要前去，不叫你知道，也要前去。"也把"道"都念成"大"，于是台下大笑，知道是净角念错了。这固然是趣谈，但净之念错，谭之不道德，则是后辈应以为戒的。其余书中详之。

第八章　从事著作

《剧学獭祭编》

共几章记不清了。

此书都是抄录的古书及笔记中关于戏剧、音乐、歌舞，以及各种杂艺所谓为百戏之文字、逸事、考据等等而成，本拟用这些材料，编成剧学教科书，因事忙而未果，只好暂抄录成册保存，容俟将来再行工作，然偶尔翻开看看，亦极有趣致。

因为中国戏剧的构造非常复杂，要想真明了国剧的原理，则这些文学都是应该看的。此书搜罗的范围很广，除音乐、歌舞与戏剧有直接关系者外，其余杂艺也与戏剧多有关系，故亦在搜罗之列，例如：

优孟优旃等故事，文人向以为它就是戏剧的根原，其实他的嫡传，完全是相声，与戏无干，然小花脸的戏，亦恒采用效法之。

大鼓书似与戏剧无干，然若干部分确系戏剧之前身，例如金章宗时之西厢，则完全是大鼓书，风行之北西厢酬简一折，仍是大鼓书性质，照原文戏剧不能演，故南西厢改用红娘唱。

提线戏似无干，但老辈云戏剧来源于提线戏，例如角色出场，念完引子，转身入座时，如系内场椅（椅在棹后），则须先往右转，到棹后时，再往左转，如系外场椅（椅在棹前），则须先往左转，后往右转，若都往右转或左右转，则该提线便绕成绳了，武生出场的台步，也像提线人之步。

只举三种，不必尽述。

以上这八种书，都尚未出版，大多数都是民国二十五年以前所写，间有少许为后来所添者，因都是关于戏剧的，故尽列于此。此后因国剧学会又从新开办，又有新的发现及新的所得，于是我的工作，也就跟着改换了许多，下章详之。

第八章 从事著作

第九章　征购、整理

在民国二十一年之后，二十五年之前，是我一个人在屋中埋头工作时代，二十五年初，又换了环境。其时山东省主席韩复榘，与余系姻亲，经我与友人介绍，由美国佛托公司买了一批长途汽车，共一百五十辆，我一文回扣或佣钱没要，他很感激，便想帮我的忙，说务必把国剧学会再恢复回来，把他绒线胡同一所大房子借与我用，并给了四千元的开办费，每月四百元的经常费，有了这笔款，当然就可以恢复工作了。用开办费买了些书架及陈列物的长案，经常费虽不多，但请了两位帮忙，每月不过用几十元钱，其余就用以陆续购买物品，于是便忙碌起来。所有工作，大致可分两部门。一是征购物品，二是整理物品。不过此次之工作与前者不同，前者会在虎坊桥，而戏界人都是住在那一带，来往较易，所以作的都是与戏界人员合作的事情，又因彼时会中带点俱乐部性质（此层前章已说过），故许多朋友乐意来谈，则工作也较为活泼。此处离南城较远，戏界人前来，颇觉绕道，故不易共同工作，则只好自己来作，又因地点较背，朋友来者甚少，尤须自己努力。

征购的工作

这种工作，最初以为没什么难，果然有钱，便可买到，没想到实在不那么容易。比方乐器这一种，前边已经说过，买的已经不少，然只是北平戏剧及各种小唱用的，至婚丧事及各种杂耍所用尚不齐，而各省戏剧及小唱所用的尚没有，必须往各省与朋友去信求其代买，像乐器这类物品，各处都有现成的，还算容易买得；剧本一物，就难买多了，类似各省的本地戏、大戏或各种小调的本子，便很难得，尤其我们最欢迎的，是从前木版刻印的本子，这种比石印排印的，就又难得多了，可是这种另有价值，一它是旧有的，有些老词老调，都应保存，可是目下没有刻木版的了，所以另有它的价值。二是它地方性大的多，石印排印的则有由它处去的，不一定是本地的，且校对较差的多，远不及旧日之木版者。这些本子，虽然比乐器更较难买，但比照相片，又容易多了。我们本想搜罗几种相片：

一是各省的戏台，一是关于戏剧事迹的风景，三是各省名角，四是已往演剧人的纪念建筑物。

这可就难多了，这几种之中，现在名伶之照片或较易得，其余三项，则非有自己爱好照相的朋友代照不可，然何处有戏台，有纪念建筑物，他又未必知道，就是知道也不见得有工夫去。比方有美国友人来告诉我，山西南境万泉县后土庙有一座很大的戏台，建筑很好，且是元朝所建，他照了一张相片送我，但太小看不清，并且还告诉我，他因须赶紧回美国，倘我再照到清楚的相片，务必给他寄一张去。我听到这一件事情，心情当然非常的紧张，想得这张照片。一则因为它是元朝的建筑，二则构造也很特别，但是极难，万泉是一小县，没有照相馆，彼处又没有朋友，间接可以觅到熟人，但都不会照相，因想到彼时的山西省主席徐次辰先生是余好友，给他写了一封信，求他给想法子，过了几个月没有回信，又给他去了一信，仍无回音，末了又去一信，说明对此戏台之重视并于戏剧关系之重要，因费了许多事没找到能照相之人，我兄为山西省主席，是应该可以办到的，倘办不到，则为弟终身之憾，兄再到北平，也就不必再认识这位朋友了。这话自然有些玩笑，可也是真的。过了两个月，把相片由朋友带来，且照的都是十二寸，非常清楚，友人说照这两张相，可费了大事，特别与该县知事下的扎子，又因该县适有一件大的举动，或祭祀，或运动，我记不清了，由他县去的照相师才得照成，否则虽有扎饬，也不容易办到。此处为什么写这些琐碎事情呢？因此可以证明搜罗这些物品之不易，不但自己费事，连许多朋友都得跟着为难。这些事情，是已经不容易了，可是还有比这个更难的，就是有名的整本戏，这种戏虽经各种戏班演过多少年、多少次，但永远没有过印本。这种本子内容的好坏暂不必论，但它于国剧历史掌故很有关系，这种剧本，各省有各省特别的情形，都是研究国剧学的人所应知道的。比方陕西盛传的所谓十大本者：如《春秋配》《火焰驹》等戏都在其内，乃渭南县李秋崖所编，李为乾隆年间举人，当时名士，见《渭南县志》。他所编之戏，词藻都好，结构亦佳，所以山陕一带，人人心目中有此十大本三字之名词，他原是为灯影戏编的，梆子腔差不多的都演了出来，皮簧也演了几种，川剧、滇腔，也有演的，足见他的剧本之风行，但是永远没有印出来。《春秋配》一戏，因为演者太多，偶有印版，但亦不完整。如今我们想找到这些本子，就可以说是极难，因为非请老角口述，使人笔录不可，而这样长的大本戏，又万非一两位角色所能完全记忆，所以我写了十几封信给陕西的朋友，都没有法子找到。因武军长勉之与吾为好友，且系姻亲，他正驻扎陕西，不得已给他写了封信，他便派人找到几位老角，供以膳宿，给以报酬，使他们口述，命书记照录，才录成了几种，请看这有多难，他不但费事，而且还代为赔钱，且还须有相当的力量，才能做到。后来由西安易俗社同人，遍求其他别的老剧班，又抄到了两种，才得凑齐。还有一种事情，看似稍易，却是更难，就是各省戏班之脸谱。我为这件事情，也写出过许多的信，因为若想考查脸谱的原理及最初的情形，当然应该搜罗宋元两朝的脸谱，但甚难得，只好到各种戏班里头去求，因为由这些不同戏班的脸谱变化的经过中，可以找出许多痕迹来（此事容后边另详谈之），所以要多搜罗，然而也很难，非戏班中人不能画，每班中能画此者也不多，还得找朋友中认识他们的人，才能办到，各省较大的戏班，还容易觅得这

第九章　征购、整理

· 217 ·

种人，小一些的班子，就很难找到了。以上不过随便举几种，其余所有工作，都是如此。

整理的工作

这种工作，当然都是自己办理，不用求人，表面上似比征求购买容易，其实另有难处：一则自己学问不够，二则这种工作，从前没有人作过，无法借镜，没有前例可援，所以也很难。比方我收得清故宫的文件就很多，都是于戏剧有关系的，但是这些文件，不但从前没有看见过，且有许多就没有听见说过，可是既收到手，就应该公开，使大家明了，这当然得分类归纳，以便大家知道它的用处统系。不只是关系戏剧一方面，这于清朝宫内的政体，也很有重要的关系。因为清朝宫内的各种情形，不但平常人不知道，就是汉人的大臣，也不清楚，知道的只有几个亲贵及内务府人员而已。而这两项人员与社会又没什么交往，所以宫中的情形，社会中难得听说几句，而这些公事文字，关于宫里行政的情形者很多，则整理出来，大家看看，不只于研究戏剧者有益也。但是这项工作相当难，前边已经说过，一堆从前没有见过的东西，骤然就要分类归纳，那你非详详细细的多看几次不可，这种工作等于幼年时读书。以上只说的宫中公事文字，还有剧本，也应该整理，因为它的用途性质，都与外边截然两事。清宫的戏，性质向来分许多种，都名曰承应戏，承应戏者，专备给皇帝所看之戏也，因为用的时候不同，性质也有分别，最重要者，分下边几种：

一曰月令承应。一年中的节日，都有特编的戏，如五月节有《屈子竞渡》，八月节有《天香庆节》。总之由元旦起到年终除夕止，每一个节日都有特编之戏。这种本子，共有一百多种。

一曰九九大庆。凡皇帝、皇太后、皇贵妃等等生日的庆祝，都各有特编的戏，都名曰九九大庆。不过这里头有许多地方，可以通融用之，如皇帝生日所演之戏，皇太后生日亦可以演，因为其中的词句，都是关于万寿的，皇帝、皇太后，都名曰万寿，所以可以互用，不过明着颂扬皇帝的地方到用于皇太后万寿时，改用皇太后三字就是了。皇后、皇贵妃也可以互用，皇后生日，剧中明着恭维的地方，就写皇后二字，皇贵妃的生日，就写皇贵妃的字样，其余各妃嫔，也是如此，不过妃嫔又各有徽号，如瑾妃、瑜妃等字眼，则某人生日，即写她的徽号就是了。这种剧本有时不改原本，如专为皇后千秋所唱之戏，则其中当然写的都是皇后二字，倘皇贵妃千秋，用此剧本时，只在皇后二字上粘一小黄纸签，改书皇贵妃字样便妥。

一曰法宫雅奏。各种喜庆事情用之，最大者为凯旋献俘，余如丰登击壤、万国来朝、四海升平、万卉争芳、景星庆祝、万国嵩呼、九华品菊、丰绥谷宝、万花献瑞等等，种类至多，约有二百几十种。

此外又有所谓四大本者，如《昭代箫韶》、《鼎峙春秋》、《升平宝筏》、《劝善金科》、《阐道除邪》等等，又有"开团场"等等名目，不必尽举。

国中收藏这种剧本者，约有三处：一是故宫博物院，二是国立北平图书馆，三是我国剧学会。国剧学会收藏的这种本子，大约有二百几十种。故宫博物院，收藏的数量虽多，但种类或比我少，这也有原因，这种本子，都归升平署所管，升平署原设于南府，南府者为吴三桂之旧府，通称吴驸马府，在南长街南头路西。从前因升平署设于此，宫中即称为南府。道光皇帝说，以一管演戏之所，而名曰府，名实不符，特旨改为升平署。升平署所管者，有两个部分，一是此处，一是景山里边。本署人因有时须分别言之，故仍呼此处为南府，公事文字，则通称升平署了，所有剧本及公事等等，都存此处。民国之后，需要此房，升平署搬到景山，这些东西，当然也运到景山。当这搬运的时候，所有文件就被盗卖了许多，也有大批成总的，也有零星的。国立北平图书馆及我国剧学会所买，大约都是这次流落出来的。搬到景山之后，又陆续出来了许多，彼时故宫还归溥仪居住，而这项文件等等永远没有再入故宫，俟民国接收故宫时，宫中这种文件存的当然很少，他所接收的只是故宫内所存的文件，而存于升平署内的，都被署中人私分自了，所以他一件也没有接收到。所有私运出来的东西，当然不敢卖，尤不敢明卖，而我与他们有直接或间接认识的，常常托他们代觅，所以收得这些零碎本子很多。国立北平图书馆，虽然收的颇多，但是一次成总买得的，所有升平署的公事册簿，大多数都被收去，但剧本则甚少，像这些公事册簿，我只有六七本，其余可以说全在北平图书馆，实在宝贵，实在应该整理。

这才又说到整理的工作。前边说过整理这项公事出来于社会都有些益处，最应该整理者，为图书馆这一票，其次才是故宫博物院。从前图书馆曾派一王君整理过一次，但他不但未见过，且未听说过，骤然见到，就要整理，事情没那么容易的，所以整理的没什么头绪。故宫博物院对此也未下过功夫，不过他们所存的东西都整齐，较为容易整理。我所存的都是零碎买来的，较难整理，比方其中有一张包茶叶的纸，是一太监用以记录演戏情形之草稿，但颇重要。

我整理这些东西，虽然费了许多心血，但有了意外的一种重要收获，收获是什么呢？就是宫中承应戏的结构，可能是直接来于宋之杂剧，且可能还没有多大的变动。我自光绪年间，看到过两本承应戏，其中有些句子，很有宋朝致语的意味。但彼时看的太少，不敢下断语，此次因得到的承应戏多了，对此问题，也特别注了意，发现了几本，其中都有一段词句，不但含致语的意义，且结构也有些像致语，又发现了一种康熙年间的抄本一部，共十二种，可惜大多数都不十分全，其中有的就完全是致语的形式了。不过没有从前的证据，还是不敢下断语，因此就常思索这件事情，我理想承应戏，万不是始自前清，因为他在满洲时，绝对没有这种举动，也没有这种文化。到北平后才创出来，也不可能。一则刚到北平不多些年，不会有此娱乐的兴致，一定无暇创此。二则是他想创作，也没这样快。我所得的康熙抄本，注明是康熙初年所抄，且用的明朝的纸（此纸我请了几位旧书铺老掌柜看过，都说是明朝纸无疑），康熙初年已有这种抄本，则宫中有承应戏，当然最少也有几十年的工夫，这可以断定明朝就有了。我问旧升平署的人，升平署库中是否有明朝的剧本？他们都不理会，只说很有点老本子，有的已经腐烂，但不知是什么年代的。我问有人拿出这种本子来没有？他们说，谁拿都是拣新的拿，谁肯拿旧的呢？我问这票东西已归何处？他们说下落就不知道了。如此还是无法往前研究，后来商务印书馆出版了一部《孤本元明杂剧》，我得到了一部，原来最末后十几出戏，都是承应戏，不过彼时出版者，校刊者，都不理会这种剧本，未曾标明，所以至今人多不知此即元明两朝的承应戏，它的结构性质与清朝的承应戏，可以说是一点分别也没有。并且有几种的词句中，说明了这是致语。按乐舞队中有致语，始自宋朝。唐朝的梨园歌舞队，尚无此种文字，而宋朝则每次歌舞团上场，都是必须有的，除平常作者外，经大文学家作的也很多。例如欧阳修、司马光、苏轼、王安石、辛弃疾、文与可等诸位的诗词集中，都存有这种致语，足见彼时此风之盛，但大致都是各乐舞队在皇帝面前歌舞时方用之，平常人家或亦有之，词句就两样多了。但宋朝民间所演之戏，除南戏外，没有存留着的，故不知其详。元朝民间所演杂剧，存留者虽多，如百种曲等等也没有这种致语，有之其体裁已经大变（此事余另有文详之，兹不赘）。而此次所出版之《孤本元明杂剧》中之承应戏，也有这种致语，按元朝自己没有这种文字，这当然是宋朝遗留下来的。而元明的承应戏，又与清朝一样，则清朝之承应戏，乃是直接宋朝传下来的，殆无疑义，而且剧本的结构，还没什么变动。照理想来论，民间所演的戏，每年不晓得演多少次，且演的地方不同，就容易变化，所以现在民间的戏，与元朝大两样了。承应戏是专为给皇帝看的，每年不一定演一两次，当然就没什么变化了，所以至今几几乎还是原样，这真可以说是找到了国剧的来源，这是多好的发现、多大的收获。按此事余另有文详之，以上不过随便说几句。

再谈谈整理乐器的工作，按此事似乎容易，没想到也很难，说起来也真是笑谈。最初想按用法分组整理，例如：皮簧用的乐器为一组，昆腔、弋腔、梆子、川剧、滇腔、秦腔以至滩簧、大鼓、八角鼓、各种小调，婚嫁、出殡、和尚、道士、喇嘛等等所用者，都各分组，每组都备全份，以供参考。但是这种办法，不易实行，因为买这许多乐器，到各省求人去买已经不易，且犯重的很多，如一个唢呐，许多地方都用它，别的乐器如此者亦很多，则买这些东西，也算无谓。找了几种办法都不适用，只好仍照旧日之金石丝竹匏土革木八音来分类，并于每件乐器上标签，注明某某戏及某某小调等等用之。这种办法，看着不难，其实也不易，因为都是一个鼓，一个锣，大小稍有不同，性质便不一样，分析时也须特别注意，其余一切乐器，都是如此。

以上所谈升平署文件及乐器等，不过只举两三种，其余不赘。

前边所说的征购与整理两项工作，经我一人独自努力，忙了二年，方把大部分整理出来，其余未能整理的还不少。兹将所有已经归纳分了类的，介绍几种如下。

清宫剧本

清宫中内务府、升平署两处关于戏剧的文件，已详列余所著之《国剧学会陈列馆目录》一书中，兹不必再赘，只稍微把宫中剧本说一说。

安殿本　皇帝观剧时，御案上必须摆放所演之剧本，此即名曰安殿本。安殿者安于殿上之义，这种剧本写的极工整，黄皮，为宫中最规矩之本子。

王府进呈本　此为各王府雇人抄好进呈本，都是五色笔所抄，极工致。

御笔改订本　皇帝以为不合意，往往亲自动笔改动。余藏有几种，比方咸丰名弈詝，有一本经同治把与詝同音的字，都改了，尤其是戏中最爱用"且住"二字，自此以后，宫中演戏都说"且慢"，没有说"且住"的了。外边尚随便。

临时改词安殿本　前边说过，皇帝与皇太后合用之剧本，届时只把皇上二字改为皇太后三字便妥，其实不只如此，剧中词句也有大段改的，也只是用黄纸条虚盖上而已。

宴戏承应摺　此是于节日专备吃饭时用的，中国所谓作乐佑食即此，此种戏极短，不过一二百字，然也须扮演，于皇帝吃饭时唱之。

各朝安殿本　乾隆以后至光绪朝，各皇帝之安殿本，少有不同。

宫中本子分类很多，已详《国剧学会陈列馆目录》中，兹不多赘。

剧本

剧本可分为两种：一是抄本，一是各省的印本。

抄的剧本　这种不算十分多，北平的较多，也不过千八百种。其余山西、山东、陕西、四川、云南等省，有的十几种，几十种不等。北平特别多者，固然是因为国剧学会设在北平，而北平戏班又多，容易找人抄录。但另有一种原因，现在大家是不容易知道的。北平有一处专靠抄剧本卖发财，他住在西直门内，名号就叫作"百本张"，自乾隆年间即有之，生意异常之好。彼时抄剧本卖者，总有十几家，但生意都不及他好。因为他抄的戏词准，所有的戏，他都有底稿，倘有新角有新改的本子，或有新编的戏，他必设法觅到一本，虽花钱亦不惜。间有一出戏中一段唱工写好几段词句，他注明某人唱某段，新学之人爱学哪一段，随意选择学之。如此用心，生意焉有不好之理？自乾隆到光绪末年，生意永远是好的，民国以后就不见了。这种剧本，在本国人之中知道的人很少，可以说到不了百分之一。但在世界上却有相当的价值，在光绪二十年前，每出戏短者不过有眼的大个钱两枚，戏长者照加；光绪庚子后，长到了五枚，后来合铜元二枚，又涨到铜元五枚，银元一角。日本人曾花每本银元两元收之，价遂腾起，中国无买者矣。最后美国人每本出银元十元买之。东西各国如此注意，而本国人则漠然视之。幸而国立北平图书馆、孔德学校、燕京大学及几个私人都有存者，我国剧学会也存有二百多本，否则此种剧本，在中国将绝迹了。

以上说的是抄本，再说到印本，前边说过，这种都是到各省求朋友代买。以四川、广东两省收得的最多，各共有八百多种，且都是木刻本，广东虽多，但多数是石印或铅印本。我们最初本想不收石印铅印之本，奈友人已代为买来，也只好存之。后来才感觉，这种木刻本，在交通方便开化早的省份，是很少见的了，例如广州、上海等处，百余年前就有了石印铅印，谁还买木刻的本子呢？早归了淘汰，目下再找，是不容易的，所以我们收到北平木刻小唱本就不多，倒是开化较晚的省份还较容易找到。

我们收买这些剧本，不只为的收藏，也要供诸实用。因为戏界人本子永远秘密，不肯借与人，以致有许多好戏，早已失传，这是很可惜的事情，所以我们所有的本子，谁想照抄都可，绝对不要报酬，虽抄出去出卖，我们也不管，因为他卖也是流传也。

堂会戏单

我们收藏的堂会戏单，有六百几十张。什么叫作堂会戏呢？就是人家有生日满月，庆贺演戏，此即名曰堂会戏。或云这种戏单，没什么用处，也没什么价值。其实不然，它不但难得，且于政局社会，有极大的关系。

先说它的难得。在前清汉官中，虽中堂尚书演这种堂会戏者极少，几几乎可以说是没有，间乎有尚书侍郎的父母做寿，演戏也不常见，一年中或不见得有一次。旗门中演者较多，如王府及内务府堂官家，皆常演之。这也有原因，清朝鉴于明朝藩镇之跋扈，对于亲贵极为注意，第一不许出京，第二不许与汉官往来，只许娱乐，不但可以演戏，一切娱乐的事情，都可任意为之，就是亲贵自己粉墨登场，或去花旦，皇上知道了也假装不知道。但若同有作为的汉官一来往，则必受申饬，重则有处分，所以他们都常常演戏。内务府堂官家中所以常演戏者，因为北平戏界，都归内务府所管，堂官要想演戏，各角都得好好伺候，而且堂官中都是有钱的人，所以常演。汉官中偶尔演戏，只有团拜。各省同乡京官，每年总有一次聚会，请该省官最高之人为首席，大家聚餐并演戏庆祝，此即名曰堂会戏。再各科同年之在北平任职者，每年也要团拜一次，该科同年公请该科之大总裁、大主考、房师等等（乡试的主考官名曰大主考，会试的主考官名曰大总裁）聚餐观剧，此亦名曰堂会戏。这两种都在春季举行，大约总是正月二十日开印之后，到二月二日为止，再晚就没有了。以上这所有的堂会戏，绝对没有印戏单的，只有用整张红纸，把戏目人名横列于纸上，粘于墙壁，俾大家观看便足。到民国后演堂会戏的渐多，但到民国十七年政府南迁后，便没有演堂会戏的了，是堂会戏的戏单，只有这个时期中有之，所以说它难得。

再说说它与政局社会的关系。前边说过，在前清虽中堂尚书家中，都不能随便演戏，固然没有禁止演戏的法律，但果然自己生日演一次戏，则大家一定要说闲话的，第二天就可以传遍九城，所以没有人敢这样轻举妄动，而且彼时大家也没有这种思想。到民国就不然了，几几乎是每一个做官的，每一个银行的人员，都要演回堂会戏。这个风气是谁开的呢？大家一定想不到，乃是大名鼎鼎、最讲民主的梁卓如先生。他因与梅兰芳的朋友中一人极熟，一次他老太爷（或老太太，记不清了）的生日，说起话来，大家说，应该庆祝庆祝，演回戏罢。又因彼时为兰芳初红之期，而风头确极健，因此事遂办成，兰芳唱了三出，那一次连宴席费带演戏，共花了四百多元，虽袁世凯都说了一句"好阔"。四百多元，在目下看着不算什么大数，但在民国初年，这个数字也就相当可观了。在前清光绪晚年，一次堂会戏，最多到不了百金，在光绪中叶，则不到五十金。这里有从前的两段笔记，可以写出来作为一种参考。据《东华录》云，顺治初，有某御史建言风俗之侈云："一席之费，至于一金；一戏之费，至于六金。"又《无欺录》云："我生之初，亲朋至，酒一壶，为钱一；腐一簋，为钱一；鸡卵一簋，为钱二，便可款留。今非丰富佳肴不敢留客，非二三百钱不能办具，耗费益多，而物价益贵，财力益困，而情谊益衰，此二说也，在当时已极口呼奢，岂知今日则羡为羲皇上人。今日一筵之费至十金，一戏之费至百金"云云。以上这段记载，乃光绪末叶人所说的话，民国后则有了大的变动。自梁先生起开头以后，堂会戏日见其多，最初还只是总长次长的阶级，后则司长、各银行经理，渐至科长科员、银行小头等等，也来紧紧追随。真正商家还不敢公然演戏，最初不过各商会会长等演之，后来铺中掌柜也有演的了。但大家还认为他是不安分之徒，最后学界也有效法的了。总之彼时家中有一个老父或老母，则必要出出风头。平心而论，所有演戏的情形也不一样，有的实在是自己想借着父母出风头的，有的则因同类之人有此举动，自己也有父母，遇到生日倘无一些举动，未免相形见绌，自己以为不够劲。再者彼时各机关，有一种人，专怂恿同事演堂会戏，哪一位的老太爷的生日被他知道了，他一定前去怂恿，并告知同人，大家一说，闹的本人面子抹不过去，也只好演一次。其实这种人，人缘也不好，大家对他都不满意，他也没有什么便宜，不过大家送礼时，大致归他承办，他应出的一份，他暗含不出而已。

这种堂会戏的戏价，在民国三四年间，每次不过二百元，后慢慢增到一两千元，到民国五六年，最大的堂会到了五六千元，到民国十六七年，到过七千元。其中戏份最大的，当推谭鑫培，最多者每出戏到过七百元。一次我正在谭宅同他谈天，陈德霖给他去送戏份，共四百元。老谭说："德霖哪，别管人家要这许多呀，人家害怕就不敢请教了（请教即找或约的意思）。"俟事完，我与德霖一同出来，德霖说："他只知道四百，他全家人还要三百，共七百，他不知就是了。"按得的这种堂会钱最多要数梅兰芳。因谭鑫培、杨小楼他们要的钱多，小楼须带配角，故亦须多，小的堂会不敢约他们，且谭于民国六年即去世，总算赶上个堂会的起头，尚小云荀慧生他们较晚，只赶上一个尾巴，余叔岩在民国十年以前，知者尚少，故前半截亦未得参加，程砚秋、马连良、高庆奎他们就更晚了。程为荣蝶仙之徒弟，后拜梅为师，年最幼。马为民国六年出科，且红的很晚。高比梅大几岁，但最初只是硬里子，后升成主角就很晚了。梅兰芳则自始至终，赶上了一个全份，彼时他乃最红的一个，而且索价不高，又因老太太、太太、小姐们，大多数都不喜欢谭杨，而无不欢迎梅者，故几乎是每一堂会必有他，所以他得钱也最多。我常同他说："这帮官员都是一群贪官污吏，且有奸商，都不顾国家，只管胡搅。"兰芳加了一句说："只管高乐。"我说："他们这种举动，不但不够高，而且不够乐，而且他们自己也不见得是为得乐，只是盲目争强斗胜，出风头而已。你是唱戏的，他们找你唱戏，当然要他们的钱，他们也都不是好来的钱，挣他们几个，也问心无愧，不过有一层要知道，倘这种钱能够常挣，那国家也就要完了。"好在民国十七年，政府往南一迁，这种堂会戏，真是斩草除根了。

以上所说，乃是这些戏单的来源。这种戏单上，多半注明某年月日，某宅堂会，而且贪污的轻重，也差不多看得出来，大致堂会大好角多的戏单，总是大贪污家们演的戏。如此说来，当时很有几人研究过制出这些戏单来须款很多，他们估计，所有戏单连演戏、酒席及大家送礼等等，约共需一亿元往上，这于政局社会，岂不大有关系呢？

我把这些戏单，粘在簿上，陈列于国剧学会中。

有许多人乐意阅看，看到他亲友演戏之单，而未注明者，往往有人添注，代为写上，以为单上有名，乃是荣幸之事。我本想把这些戏单纂成一书，所有演戏之家及情形，都注于单后。我想到那个时候，这本书与宋朝的党人碑，就成了反比例了。党人碑最初都怕列名其上，后来则人人想碑上有名。此书则现在都想列名其上，将来恐怕以有名为那个了。

各种脸谱

国剧之有脸谱，由来已久，类似兰陵王破阵舞中，当然已有脸谱，我所知道的山西北境有一庙乃宋朝建筑，中有画壁，有正在演戏之台，所演之戏，亦有脸谱。余国剧学会所收藏之脸谱中，有元朝的脸谱一百多种，初断为是明朝所绘，后有考古家云，按其纸料及画法，可断为确系元朝所绘。但脸谱在元朝戏中，似不重要，因为元杂剧，无论何种人，凡是戏中正角，都归末扮，如《昊天搭》之孟良，《李逵负荆》之李逵，都用末扮，元朝末净两角界限很清，既归末扮，则当年不会勾脸，是元朝虽已有脸谱，然勾脸者都是配角，是可断定彼时勾脸尚不重要。再焦循《剧说》载："陈玉阳《文姬入塞》一折，《南山逸史》亦作《中郎杂剧》，曹瞒不用粉面，以外扮之，亦取其片善之意云云。"由此亦可证明，外角是不勾脸的，按外原名外末，是辅助末的角色，既然外不勾脸，则末一定更不勾了。明朝脸谱似乎很发达了，但剧本中提及者亦不多，我所发现的，不过一二种，如《昙花记》传奇中第十四出，注明净扮卢杞于蓝脸上云云，在许多的传奇中尚未发现。不过有一层，剧本中不提及，也不见得它是不发达，有清几十年，无论昆戈、梆子、皮簧剧本，其中注明脸谱的也少得很。乾隆年间，宫中演戏，才画成脸谱，但它所画者不只勾脸，每出戏中所有角色，它都画上，每出都注明脸儿穿戴均照此云云。此盖恐扮错，皇上降罪也，因之外边演戏对此也相当注意了。其余详见余所著《脸谱》一书中，兹不多赘。兹只把我们得到的脸谱，介绍在后边，这些脸谱都是求人所画，毫未花钱，写此亦含感谢诸位之意。

求十余人共画了一堂脸谱，共四百几十种，此事说已见前。

韩二刁先生，忘其大名，专在宫中管理画脸者，画了六十几种，他少爷韩金福，也画了六十几种；

胜庆玉为嘉庆年间成亲王府中戏班中之徒弟，画了四十几种；

钱金福自己不能在纸上画，由他指示着，画了五十几种；

沈三元画了七十几种，三元之父为沈小庆，即编排八大拿之人；

尚和玉画了四十几种,尚自己亦不能在纸上画,也是指示人所画;

福小田虽系票友出身,但对脸谱很有研究,画了一百多种;

侯喜瑞画了五十几种;

山东梆子脸谱三十种;

山西梆子脸谱三十种;

陕西梆子脸谱二十种;

甘肃秦腔脸谱二十种;

云南滇腔脸谱十六种;

四川川剧脸谱五十种;

绍兴滴笃腔脸谱八种;

横歧调脸谱十种。

各种提纲

国剧处处都有特别的规定,所以一切事情都有提纲,提纲者把该事预先详列一表,以防遗忘差错也。如新排一戏,则所有场子先列一表,第一场某人上,第二场某人上等等,该场谁先谁后,都详列表上,此种名曰场子提纲,这种提纲,归后台管事经理。按这种提纲,西洋戏中亦有之。

场面提纲,如第一场某人上,应用怎样上法,或唱上、或念上、或牌子上等等,按国剧出场入场的分析约有百余种,一本戏的出入场法也可以多至几十种,所以也预先规定妥当、以便临时有错或犯重,这种提纲归打鼓人写记。

检场人也必须有提纲,场子提纲中虽注明某人上,场面提纲中虽注明怎样上法，但上来是坐是立，桌子椅子都应怎样摆法，则须检场人管理，而且在一场之中，或须变化几次更须记清，否则临时出错，全场乱矣，这种提纲归检场人写记。

把子提纲，从前武戏，哪一出有哪一出的打法，不会犯重，所以必须也有提纲，这种提纲，归武行头写记。每班无论武行有多少人，永远有一个头目，班中对武行有事，只找头目人说话便妥。近来各戏的把子，如连环等等，差不多是各戏一致，所谓千篇一律，也就用不着提纲了，所以现在知此者亦不多。

龙套提纲，许多人以为龙套无足轻重，固然他是配角又不张嘴说话，是没什么重要，但是有一层，只要有龙套的戏，则龙套总是在头里走，倘他走错，则后头所有人员，都得跟着错喽，无论何人，谁也不能说你龙套错了，我应该另一种走法，果尔那就更笑话了，所以龙套也须有提纲。且因为龙套的走法不只出场入场，虽出场有二龙出水、站门、斜一字等等的名目，但在场上变化的时候也很多，也须详细记忆。再者从前场上虽有详细规定，但有时因时间关系，必往往有伸缩，有时须预先告知龙套，有时亦可不告，如某戏将帅领兵下场，须走圆场，则场面便须吹五马江水牌子，倘想缩短，则吹短曲，龙套一听，便知不走圆场了，如此种种，情形颇多，这种提纲归龙套头写记。

以上这几种是必要的，所以每新排一戏，所有角色都得共同排演，但打鼓的、检场的、龙套头、武行头都得到场，否则不能排。

此外尚有行头提纲，每场应穿何种行头，也都列清。不过这种提纲，只在清宫中见过，外边尚未发现，这或者是清宫特别的情形。因为，宫中之长戏，所谓四大本者，都是照该戏所应用特别开单所制，比方一分箱中，就有蟒袍三百多件，如此则每场应穿何种衣服，则必须得先开一单，否则实难记忆了，但平常戏也有行头提纲，则或者是由这种长戏习惯下来的。

我们国剧学会藏有这些提纲颇多，于研究国剧也是很有用的。

各地戏台

关于戏台的情形，前边已经谈过，不必再赘。我们所收藏的各省戏台照片，共二百几十张，大致载于《国剧学会陈列馆目录》一书中，各省都有，只短广西、贵州两省。最有意义的是全国戏台，由宋朝到现在，于演戏时，都是任人随便观看，毫无限制，这是与西洋大不同的地方。近数十年来，大城大埠中始有演戏卖钱之舞台，然都是仿效西洋。清朝末年以前，北京虽也花钱观剧，但戏园则无售票之设备，其余说见前。

全国乐器

共收到三百几十件，有极贵重的，也有很平常的，整理的情形，前边已谈过兹不赘。不过我们收买乐器的宗旨，可以说两句。友人郑颖孙收藏的乐器，种类虽不多，但都很精，我们没那么些钱，只好连次的买，但须真正实用过的，虽坏亦收。上海某音乐社，照着《大清会典图》中所画的乐器，凡能作的，他作了一个全份，但不能用，说它是标本，而又似真乐器，说它是真乐器，而音域等等又毫无规定，实在外行。

此外尚有名伶照相片，名伶纪念品等等，不必多说了。

我把这些文件物品，大部分整理就绪后，便创设了一个陈列馆，把他们都陈列起来，规模相当大，因为绒线胡同之房大宽阔，陈列室便占了二十几间，大小文件物器，共十万余件，有的一大罗算一件，有的一张长宽几寸之纸，也算一件。当时最帮我忙者，为朱桂辛、刘半农、马幼渔、刘天华、郑颖孙、袁守和、司徒雷登、傅泾波、梁思成，家兄竺山等等。尤其合作的是营造学社，我得到一种关于建筑的相片或物品，必送他们一份，他们得到关于戏剧的，也必给我们一份。陈列好，每星期开放三天，来参观的人倒是很多，外国人来的也不少。

我因为整理这些东西，随带着又写了几本书，现在附带着在后边介绍几句。

《戏班题名录》

这部书的来源，前边已经说过，最初得到了精忠庙会所的几本名册，约共四百多班，以为是全了，后来由白纸坊炼纸中，又得到内务府的许多公事，其中亦有一大批戏班的甘结及人名单，把它整理出来，与精忠庙之人名簿，对了一对，原来不同的尚很多，于是把两种合而为一，除重的不算外，共有八百多班（详数记不清了）。当得到精忠庙名册时，第一本头一班为四喜，而无三庆，可是在该簿前边空着四五页，当然是给三庆班留的地方。同治以前，南方大乱，朝廷自然无心这些事情，所以以前的梨园公会，是否早有组织，或组织如何，均不易考，后来之公所实始自同治二年，而第一任会首，即是程长庚（官名椿），成班者奉命令须报官，大家都争先来报，而程长庚之三庆班，人名单尚未开出，故暂留空白，以待补登，此一定之情形也。明知如此，但三庆班花名册无处寻，恒以为憾，后得内务府公事中有此单，颇以为快。此书经顾颉刚先生看过，拟由北平研究院出版，已说妥，七七事变起矣，遂未果。

《承应戏的研究》

此书不过薄薄一本，约共三万余字，专考承应戏的结构及其来源。按清宫中的承应戏，除张德天他们所编六七种长本剧外，其余所有承应戏，都是杂剧的体裁，故宫博物院出版了几十种，但都是月令承应，其他如九九大庆、法宫雅奏等等，尚未付印，故此书也征引了几种，有的全剧都抄上，以便证明它的来源，总之是元明清三朝的承应戏，结构没什么变化，宋朝的承应戏，虽未见过，但由其中的致语推之，似乎宋朝也是如此。总之国剧虽来自歌舞，但变成后来戏剧之形式，则始自宋真宗时之杂剧，当时即是承应戏，专为皇帝所看，后来传到民间，就变了样，到元朝变得更厉害。杂剧之在民间，固然变化很大，在宫中所演者，虽经元明清三朝，而没什么变动，此层已于该书中详论之，前边也说了许多，兹不必再赘了。

《故都百戏图考》

我写这本书的动机，是因为我偶尔买到了几张画片，画的有舞狮子、高跷、花砖、中幡、采桑舞几种。细审之不是年画，不是纱灯片，不知原来是何等用处，而绘画则颇工。常持以请教人，迄无知者。因思或系掌仪司所绘。因为这种画，不只这几张，像有统系的画，应该很多。他画的这些游艺，乃是汉唐所谓百戏里头的几个部分，而汉唐所谓鱼龙百戏，经唐宋元明清几朝，都归掌仪司管辖，则这些图是由他画出来的，实是在情理中，便持以问掌仪司衙门之人，亦无知者，后有一老吏云，他说他仿佛记得看见过这种图，但说不清了。无论是否由掌仪司所绘与否，可是引起我的兴趣来了。于是便立志把汉唐以来所谓百戏都是什么要详细地考查一番。这种工作，当然要先到掌仪司，好在哪一个衙门中，也短不了熟人，于是去他们那里查了几次，只得到了三几十种，只有该会会首的人名，不但无图，且无耍法，因又把幼时所见到的，想起来就记上，开了一个单子，连前共总不过五六十种。忽然想到，每次万寿盛典，这些会总要参加，则万寿盛典图上，一定画有许多，乃往故宫博物院，我的面子，倒是可以借看，但彼时有几卷收在箱内太难找，只看了三卷，果然又得了十来种，共六十几种。后来经友人帮助，自己又多方寻觅，共凑了七八十种。因此忽然想到西后万寿时，有许多种舞会，如采莲舞、采茶舞等等共约三四十种，当然也可以加入在这里边，如此则已超过百种了。虽然有百余种之多，但不过只有题目，共中情形，还得有文字的纪录，其中我见过的固很多，但也有些种未见过，要详述说这件事情，便不容易。乃多方搜寻片料，每种勉强写了一篇文字，当时一面写文字，一面求人画，难题又来了，他见过的他能画，未见过的，便不敢画。画工系一位孟先生，虽然是画工，但为人甚好，画工亦毕肖，且也特别帮我忙，我给他出主意之外，他自己也到各处去请教，问了来才画，我也常得闲去参观，并加以指点，经过几次改正，才算定稿，画了八十几种，不幸他卧病月余去世，以致未能完工，余颇伤感，因为再想找这样一个人，是不容易的，于是此事遂完全停顿。我便把这八十几页图陈列在国剧学会陈列馆中，见者皆以为难得，其时顾君颉刚，正在北平研究院工作，见之以为应用五色版印出，以广流传。我当然同意，已说妥并装箱，刚要寄沪，七七事变起矣，顾君南逃，研究院所有工作均已停顿，我问了几次，无人知晓，我以为一定遗失了，幸经友人多方帮助，居然又找回来，亦云幸哉。

《小说勾陈》

舍下收藏小说很多，约有四百多种，其中有许多不容易见到的，有的见于丁日昌禁书目的，有的不见的，有的从未见过著录的，且有许多孤本，久想把难见之若干种，用简单短文介绍于世，但因为其猥亵的较多。后与朱桂辛、刘半农、马幼渔三位先生说及，他们都说这件工作应该做，提倡人看猥亵小说，自是不可，但为保存旧籍，则实应该，且文人对此亦可明了该时文风之俗尚，及社会人心之好恶。因此我才写了几十种，然想写的仍未写完，已写者曾登民国三十五年的北平《新民报》，计有：

《醒梦骈言》《人间乐》《世无匹》《快士传》《雨肉缘》《浪史奇观》《警寤钟》《鸳鸯媒》《梦花想》《蝴蝶媒》《桃花影》《载花船》《美人书》《玉楼春》《章台柳》《麟儿报》《妖狐艳史》《觅莲记》《巧联珠》《醒名花》《五凤吟》《雨花香》《觉世梧桐影》《剿闯小说》《万斛泉》《双奇梦》《通天乐》《春灯迷史》《玉娇梨》《生花梦》《三妙传》《双飞凤》《浓情秘史》等等。

此书在北平国立图书馆季刊中曾载之，但几种秽亵者未登。

《齐氏百舍斋收存戏曲目录》

共约四百来种。

舍下向来存书颇多，只戏曲便有四百来种，仍只是杂剧传奇，至于其他梆子皮簧等戏还不在内。按全中国存戏曲最多的，当推国立北平图书馆为第一，其次恐怕就是舍下，私人中收藏戏曲者，也很有些家，但他们所藏者，多系精品，及难得之本，常见或价值稍差者，他们都不要。舍下从前所买，都是平常看的，无所谓难得不难得，不过从前虽觉平常，后来变的也很有价值了。我写完这本书目，因自己对于目录学没什么研究，即送到北平图书馆诸位，请他们代为改正，他们说在清朝初年这一段时间的出品，要以舍下所藏最多。他们代为整理之后，并在该季刊中全部登出。可惜当时疏忽，未曾抽印单行本，只好俟将来再出版了。

再先严业师武昌张廉卿先生名裕钊，曾为舍下书一斋额曰"百舍斋"，故即以此名之，以志不忘先泽也。

《齐氏百舍斋收藏小说目录》

共四百余种。

世界中收藏中国小说最多者，当以日本国为第一，英法亦有一部分。大致若想调查一国社会之情形，除小调外，就是小说，中国更是如此。若十三经、念四史，乃是学者文人的书籍，社会中并不管它，大多数的国民，脑子中的掌故合历史，只是小说，连戏剧都是片断故事，他们认为不够历史，可是中国学界向来不注意此事，他们而且极轻视。国人讲收藏小说者，二百年来，固不乏人，但近几十年来此风始盛，收购最早者为故友马隅卿先生，他替孔德学校买的不少，自己留的也很多。后来他全部小说，都卖给北京大学，于是北京大学图书馆收藏的小说，在国内可以说最多的了。舍下收藏小说，早就很多，先君看过的也很多，自己常说，在社会中看到一张世俗小画，听一段小曲，或听一出戏，看一眼听几句之后，便可知道它出自什么小说，因为自己看过的很多，且还都记忆也。光绪十几年间，先君掌易州棠荫书院，有涞水县白蘇村张君，送过一部《红楼梦》，其收场便是贾宝玉与史湘云成为夫妇，但都讨了饭。此书后来被人拿去，已六十年矣，始终未再找到，恒以为可惜。后来又收到百十种，余始勉强写成这本目录，也曾交北平国立图书馆同仁代为修正，今尚存该馆中。

国剧学会相当发达，国剧陈列馆也办成了，我们的工作，正进行的很快，不幸得很，七七事变开始了，当然一切都大不幸了。以后的事情，于下一章详谈之。

第九章 征购、整理

第十章　避难经过、闭户著述

避难经过

七七事变，芦沟桥的炮火一响，我就对朋友说这件事情要扩大，朋友说，北平以东方为缓冲地带，塘沽是有条约的，日本一时不会再有举动，恐怕此事是误会。我说塘沽条约乃受日本人欺骗，日本侵略，绝无止境，此次恐怕我们政府不能容忍了，而宋哲元他们还抱着讲和的希望。过了两天日本军队进了北平，我就把我所有国剧学会的东西安排装箱，把它保藏起来。事还未起手，一日在东交民巷散步，遇到友人余天休君，他坐着汽车，看到我赶紧跳下车来，背人问我："有一件事情你知道不知道？"我问："何事？"他说他才由日本使馆出来，见抗日人员单上有我的名字。我问："我向来于政治无关，何以有我的名字呢？"他说："我也知道你向来不搞政治，但是单子上确有你的名字，你得预备。"我听到这话，自己寻思，总是半信半疑。晚间与家兄竺山讨论此事，家兄云：

"我们虽然不搞政治，但日本欺侮我们，我们心中当然是极愤恨的，我们又爱随便说话，平常谈话中，常常露出这种论调来，有时且至大骂，出这种地方得罪了日本人或汉奸，也是有的事情。我认识人少，得罪人也少，你认识人多，当然得罪的人也多。此事不可疏忽，应该早些预备，倘被他们抓进去，虽然不敢说一定要命，但他收拾的罪过就受不了。"我想这话很有道理，当即说："我们反对日本人侵略我们，这是人情之常，是一个中国人都应该如此，但我们并没有作过抗日的工作，这正是我们应该惭愧的地方。他虽说我们是抗日分子，但他绝对不会有什么凭据，我也不会有什么罪过的，可是倘抓了我去一审问，我可就有罪了，因为我虽没作过抗日的工作，但这不抗日三字，我一定不肯说，安能没有罪呢？"当即想托东方文化会理事长桥川代为一询，又一想，我同他虽极熟，但此时亲身去问，有点不妥。乃托与他相熟之友人代问，旋即得到回话，说他往使馆去查过，确有我名，并云至晚三二日内，必要前来逮捕，嘱我早为躲避要紧。当天我就躲到亲戚家去，家兄舍弟，也都暂且躲避。次日夜间果然来了，而且是五个人，两个巡警，两个便衣，一个刑警，这足见很严重了，叫门时家中只剩妇女，当然受惊不小。叫开门后，在门洞中，问了许多话，问这是齐如山家不是，又问有几人同居等等这些话，问了约十几分钟，才进内检查，检查的倒很严重，查完后走的时候，一个穿便衣的人说："我从前在富连成，我认识齐先生。"家人等一夜当然都未睡好，第二天一早家人来告知此事，家兄亦到，我们听到这些情形，以为很奇怪，叫开门先问话，有一刻钟之久，才进内检查，这明明是有放人越墙逃走之意，暗思何以这样紧的逮捕，又放人逃走呢？过后托人探听，才知道彼时日本虽已进城，但他们的特务、宪兵及警察等，还未行使职权，一切案件，先嘱中国旧警察局办理。承办此案者，为余友人蒲子雅君。蒲为福建人，正在警局任司法处长之识，他派人办此案之时，对五人说明此案，并问："你们知道齐某人么。细瘦高身材，常穿一蓝布大褂，他与前任白朵乡处长认识，所以我见过他。"白为蒲之老师，十余年前，曾任警局司法处长，亦余好友。他说这套，是明明有放走之意，常办案的警察，对此还有不在行的么，一听就明白，所以此案便缓和了许多。以上乃是后来才知，当时仍不敢回家，乃搬到法国医院，在医院住了半个月，才知道前边说的蒲子雅这件事情，以为既是缓和了下来，似乎可以回家了，又一想，中国方面的警局虽然缓和，日本方面是否缓和，尚不得知，仍以暂躲为是。果然过了四五天，又有便衣的警察来了，问人上什么地方去了，家人告以早已离开北平，至于目下在何处，也实在不知。他们说如果在北平可以出来，不会有什么罪过的，麻烦了有半个钟头就走了。有周大文者，亦余熟人，当了日本人广播电台的台长，台中我的熟人很多，其中有代我求桥川之人，他们明知我在北平，辗转找到法国医院，跟我商量，请我出去广播，并言明只广播戏剧，并且特别优待。我问第一二次只播戏剧，以后呢？他们说，他们敢担保，不会广播别的事情。我自己心中说，你们保我，谁保你们呢？但在那个时期，我只可心中这样想，绝对不敢说出口来，又麻烦了会子，一位旗门中的朋友说："最要紧的，不过是让你骂骂中央，还有比这个厉害的么？中央并非不可骂，且离这样远，就是骂了，中央也怎么样不了呢不是？"我说："做一件事情，但问应该做不应该做，不应该管怎么样的了，怎么样不了，我们中央政府，未尝没有该骂的地方，但我要骂，我往四川重庆去骂，我不能在此地骂。"他们听了我这话很动容，我请他们吃了一顿点心，并告诉他们，我再考虑考虑，他们才走了。他们所以能来法国医院者，是因为家兄抹不开面子，才带他们来的，当然预先跟我说好喽的。他们走后，我同家兄说："他们来的四个人之中，有三个满洲人。按满洲人不同蒙回藏三族，那三族都另有宗教，有地盘，地盘还是小事，宗教团结力最大。满人无宗教，现在完全汉化，我们一毫不应该歧视。但他们虽然汉化，有些人心中总有点不舒服，本来把他们皇帝给赶掉，全族全家，失业没有饭吃的人很多，则他们心中不舒服，也是人情之常，如今日本人一抬举宣统，他们精神为之一振，请看这几个人脸上，都有兴奋的神气，所以说了许多得意的话，我很想抢白他们几句，转而一想，此时岂可再得罪人呢？所以才说了那几句话，然这几句，他们已经很不爱听，这个法国医院，怕又住不成了，倘他们再来时，一定就不好应付了，然仍不敢回家。"家兄很以为然，出去替我安排一切，当晚又搬到亲戚家。后王叔鲁到北平，亦系老朋友，他手下我的熟人也不少，又来找，我一概未见，此后便无人再来，过了两个月，仍然搬回家去。此次回家，决定一人不见，因为我向来认识人多，倘若有人见到，则难免有人提起来，无意中便可出乱子，所以至亲本家都不见。东单牌楼裱褙胡同舍下之房，南北短而东西宽，共四个院，最东边一院，为客厅院，客厅为三间北屋，我就住在里边，把门一锁，到晚间无客来之时，方与家人相见。白天偶遇阴雨，客人来的当然少，也偶尔在廊下或院中散散步，可以换换空气，然仍嘱咐家中，倘有人叫门，必须先来告我，然后再开。如是者大门不出，二门不迈，过了八年之久，虽夜间也没有在大门口望过一次，这可以算一种很特别的生活。在这样长久的时期中，当然也很经过些次麻烦或危险，兹在下边，大致谈几件，也算是我一生可纪念的事情。

第一先说国剧陈列馆。我既为逃亡之人，不敢出面，则这陈列馆，当然是非停办不可，乃同家兄商议，把所有物品装在箱中，觅一妥当地方暂且保存。次日带人去装，装了不多，一位傅君提出异议，说这些东西，以不收为是，尚若一收，则怕惹起日本人的注意及干涉。傅君为国剧学会帮忙之人，而且同日本人来往很多，或者他另有所闻，也或者别有用意。无论如何，先装起来再说，没等装完，又有其他中国人及日本人说来要这个房子开一俱乐部，是某一机关的俱乐部，看到这些东西，他们也不让装了，他们说他们用不了这许多房，以一半仍归国剧学会用，仍然把这些物品陈列出来，于本俱乐部也好看，于国剧学会也无损，岂非一举两得？也未答应他。此时大致已经装完，尚未能运走，又有人来说，某机关想借去陈列，并云管代为保存，亦未应允，总之以上这几次交涉，意思虽不善，而态度尚不十分强横，倘他们强横的抢夺，彼时也无法抵抗。最末前边所说的傅君来云，他在电台做事，这项物品，可以存在电台，并可陈列，一定可以保存，两天就派车来运。此时外边的闲话已经很多，朋友都来说，姓傅的没安着好心，尤其沈兼士先生更注意此事，连来了几次，说外边人都如此说法。但彼时就是确知其如此，身后有日本人，也无法抵抗。后他果然运到西长安街旧交通部内广播电台，也陈列了一部分，只有铜的乐器等等，其余均未开，想因地方不够之故耳。沈兼士兄又来云，他果然抢走了。此时北平学界人大多数人都已知道，南边袁守和诸君也得到此消息，大为不平。盖傅君在学界向不利于众口，尤其是北大、孔德、清华、辅仁、燕京等大学及国立北平图书馆这些地方，他想进门都进不去。他运走后，家兄大为难过，且很生气。我对家兄云："不必生气，此事我已想到，这背景确有日本人。年余以前，日本东京帝国大学文学组一班学生毕业后旅行，共五十余人，先到上海，后到北平，参观的地方当然不少，最注意的是图书文物。他们来国剧学会参观的工夫很长，且有一班人又来过一次。他们回到东京，在报上发表了一篇文章，说此次到北平，所看到的东西，自以国立北平图书馆存书为最多，但其中除《四库全书》外，其余我们国中都有，且都看见过。惟独国剧陈列馆所陈列的物品，大多数都是我们没看见过的。以上这段报，我虽未亲眼得见，但告诉我的是很靠得住的人，则此事不至假，如此是他们早就注意到这些东西了。此次他们抢这项东西，是奉机关之命抢抑系他们私人抢了去预备将来卖出发财，则不得而知。但他们想要这项东西，当然是毫无疑义的。不过此事可以放心，无论他搬到什么地方去，将来我们一定还能要的回来。因为此次战事与从前不同，从前友邦也未尝不想帮忙，但因自己不争气，友邦无从帮起，所谓有力使不上。倘自己不要强，专靠别人替出力，那是永远没有希望的。现在要抗战到底，则友邦自然帮助，因为我们果然败了，他们也受不了，所以知其必帮，如此则我们焉有不胜之理，此时只管任其所为，胜利之后，他运到什么地方，都能找的回来。"一次沈兼士兄来谈（此时我已不见人，他来时总是与舍弟寿山谈天），他叹了一口气，说："我从前总是不赞成你们把国剧学会的东西让别人拿去，现在却明白了。"舍弟问何以明白，他说："现在傅某之兄，已进国立北平图书馆了。"问及馆中为什么要他，他们说，背后有日本人，敢不要么？国剧学会当然也是如此。后来屡有朋友来信问及此事，由中央来的信也很多，有的只是不平，有的因为认识日本人，想替挽回此事。我对家兄说："这件事情最好不提，倘再翻腾起来，难保不另生枝节。"对友人热心，一一婉谢才罢。这票东西在西长安街电台存了一年有余，又搬至东城南小街禄米仓左右一所房中，在此处并未打开，存放而已。后来美国出来，日本渐渐不支，家兄向他要过几次，总不肯交还，又托几位友人代为说项，亦未交还。按他们已经抢去几年了，何必此时这样着急呢？实因珍珠港事已起，则美国定有时要轰炸日本，倘他们运到东京，则难免被炸，我们这些东西，倘被炸毁，实在有些冤枉。然要不回来，也是无法的事情。在日本投降之前两个月，又找人去问，他们说可以运回来，大概他们也是看日本快支持不住了，所以才肯交回。于是雇车运到顺治门外自己的栈房中保存，此事才算告一段落，然其中要紧的物品，则已丢了几件，只好将来再说了。

以上乃是第一件麻烦的事情。第二件则是普查户口，我想这件事情，真不容易应付了，听说是家家要查，且须全家站齐，一个个点名验看。在这个期间，跑到谁家去也不成，不用说人家不敢留，就是敢留，也难免连累人家，自己也不肯。自己正在想法子的时候，忽然有一友人来了，一进门就大哭，哭完问他怎么回事？他说："前几天就听说要检查户口，以前他检查就检查，没什么关系，我们也不是搞政治的人，家中更不会有违禁的物品，任凭他检查，没什么可怕的。昨天果然来了，来了两个日本人，两个中国巡警，这两个日本人，不但不够尺寸，且长的不像个人，一进门就嚷都出来，当然就都出来了，他又说站齐喽，我说你们要检查谁就检查好了，何必站齐喽呢？他一句话没说，就给了我一个嘴巴，巡警也喊，快站好喽，家人害怕，都赶紧站齐，且劝我赶紧也站好。他点了一次名，都细看了一看，倒没有搜检身上，各屋中都看了一看，也大致检查了检查，就走了，我们堂堂华胄，黄帝的子孙，就让他们这样侮辱么，这以后还怎么活着呢？"说罢又大哭。家人说：素夷狄行乎夷狄，素患难行乎患难，劝了好久才罢，晚上家人把此事告诉我，我听到这话，又添了许多烦恼，固然可以说是"素夷狄行乎夷狄"，但身体发肤受之父母，倘挨一嘴巴，乃是终身之辱。而且我的事情，还不在站齐不站齐，而是可以出面或不能出面，岂不更多一层难处？于是想届时伏在房顶上，或藏在一木箱中，或装病。房顶地方，已经看好，并在一间破屋中，放上一个大木箱，都预备妥当，等他来时，再随机应变。过了不到两天，有人来送信，说某友人去世了。问他什么病？他说因为日本人检查户口，命其站班，他受刺激太厉害，登时脑充血，就躺在地下，当晚即去世。我听到这话，更是难过，心中说，此公比我有血性，然仍应留有用之身，作将来的事业，故仍以躲避为是。又有人来谈，某人因恨日本人，随手写了小日本三字，即掷于字纸篓中，日本去检查，看见有此三字，便打了某人两个嘴巴，并命他说大日本，他无法，说了三声大日本，才饶了他。家人听此，就想把家中旧纸都烧了，又有人说，都烧了不成，字纸篓中无纸，他说你有了预备，他倒疑惑你，最好还是设法写上一点恭维日本的话，放在字纸篓里，还得让他看着像无意中写的，倘若他看着你是故意写的，也许出麻烦。家人说，反对日本的话，固然是不敢写，恭维日本人的话，也不甘写，只好听其自然罢，然而终归把各字纸篓，详细检查了一次。以后听到的这种事情很多，不必尽述，也无法可想，只好到时候随机应变了。幸而舍下住的裱褙胡同，前后左右都是日本人，二十余年以来，就是如此，谁家是怎么回事，彼此也都知道，而且住的日本人极多，于是他对这一带的住户，注意力较小，检查的比别的地方松的多。他来检查的那一天，家人也没有站齐，我在床上躺了一个钟头，也没有问，含含糊糊就过去了，这总算不幸中的一个大幸，以后虽然仍不断有这种麻烦，但因日期长了，尤其东单牌楼一带，几乎都是日本人，就是检查，也就容易应付了。

还有麻烦的就是租房，舍下之房，在裱褙胡同，是日本人最多的地带。前边已经说过，当然有许多人想占此房，最初是天天有人来看房，该时我正在医院，都经家人应付过去，也是因为我们房虽多，但住的人也太多，无一间空房，所以容易应付。只有两次较难：一次是一女子来租房，面貌相当漂亮，她说她奉某机关命令，来租此房，倘租不成，她回去不但受申饬，恐怕饭碗就得丢了，至少也得租给我一两间，说罢大哭。其实这话一听就是假的，一个机关，倘若要占，至少也要占一整所，岂有只用一二间之理，说了许久，她不应允，看情形光说好话，是无济于事，后来对她说起大道理来，问她你们是什么机关，可以随便就用人家的房，你们政府有这种命令么？倘乎我们这房是空闲着，还可商量，现在我们每一间屋，都有人住着，你让我们搬到什么地方去，你说一两间都可以，请问一个大机关，在此要两间房，有什么用处，你让我们把两间中之人搬到什么地方去？你机关在什么地方，我们可以同你去见你们长官，我们可以央告他，也要跟他讲讲理，我想你们政府，也不能允许这样作法。一套话说的她闭口无言，又说了一会，她才说她回去商量商量，就走了，以后没有再来。

一次又来两个日本人看房，不敢阻拦，只好让他看，亡国之惨，一至于此，各屋都看完后，说某机关须用此房，问租价若干。答以人太多无处可搬，不能出租。他说话之神气，相当客气，笑笑说不租怕是不成的，你们先打算打算，我们明天再来，说罢就走了。大家以为此二人说话虽然相当和气，但来头似乎很凶，很难应付，但也无法可想，只好应付到哪儿算哪儿。按从前与日本人，直接或间接，认的人也不少，当时北平政府的汉奸，也多系熟人。再者我被逮捕及逃亡的这个消息，大家早已知道，有许多通日本文的朋友，及与日本人有关系的朋友，前来舍下安慰，说倘有危险，务必告诉他们，定可挽回，就是现在回来，也敢保无事，就是以后倘有为难的事情，只管告诉他们，必能尽力云云。我们果然去求求他们，或能得到其帮助，斟酌了许久，我说："这些人的好意实在可感，在我遭难的时候，还肯前来安慰，这可以说是雪中送炭。并且我也真知道，有几个人说话，不是假的，果真求他，他必能出力无疑，但私交是私交，现在他们都是汉奸，以堂堂男子去求汉奸，心中有所不甘，不必说我去求北平政府，就是去求他日本使馆的人，也尽有熟人。我最初求桥川，是求他给探询探询，是否果有我的名，并未求他设法帮助，倘若肯求他，我此时想已早平安无事了，最初还不求他们，现在更不必了。"家兄也说："可以不去求他们，因为倘去求人，则房子或者可以保住，但又恐怕把你的事情翻腾起来，更要多事，更要麻烦。"家人都以为然，遂决定不去求人，倘日本人来了再说。次日果然又来，因为昨日各房都已看过，只未到客厅，一进大门，就直到客厅来，我向来由里边锁上门，我一看不好，倘他们看到由里边锁着门，就更要当心有别的事情了，赶紧把门锁开好，自己假装伏在书桌上写字。幸而我早有安排，在日本进城之后，约半个月之久，并无逮捕我的消息，所以我还常到各朋友家去走走，一次到观音寺胡同友人施秉之家中，正谈时事，忽有两日本人进来，说话很不客气，东翻西看，后见到两个日本人的名片，此二日人，都是日本使馆的高级职员，亦都是施君的好友。他们看到这两张名片，脸神登时改为笑容，问认识这两位么？施君答，都是我的好朋友，并给述说了述说认识的经过，此二日人赶紧拉手，又说了些客气话就走了。施君说："哎呀可怕呀，幸而有这两张名片，中了大用了，否则不晓得出什么麻烦呢？"我看到这件事情，心中很有感触，以为这却是一种办法，回家来，把从前所有朋友来往的名片，都找出来，共约有四百多张，其中有日本人三十几张，我把它摆在一玻璃盆内，放在条案一头很容易看到的地方，并且挑拣了几个跟日本人来往最多的中国人，摆在大面上，又把饭岛的名片放在极容易翻到的地方（是否名曰饭岛，记不清了）。饭岛者，为吾从前中央政府之顾问，自然有强迫性了，而他又是此时日本北平居留民会的会长，也与我极熟，此人是一中将，又为日本贵族，日本人之在北平者，第一必须先认识他，所以把他放在容易看到之处，我又伴为与两三日本人写信，一为好友龙居枯山，乃大文学家龙居濑三之子，亦一大文学家。另一人为长泽规矩也，乃一汉学家，对于中国书之版本极有研究，专买中国旧书，北平之古物保存会最注意他，每逢他到北平，总有人跟着他。这些人平常就不断通信，每逢年节，必有贺年片寄来。在日本军到北平之后，龙居来过一信问候，长泽则在前十几天中，来过两信，彼时我固然不能给他们写回信，而且也不愿写，此时不得不利用他们了，也可以说是借重他们，我先写了一个信封，放在旁边，便接着写信，在这个时间，这两个日本人进来了，我立身一招呼，他便看到这个写好了的信封，他脸神为之一变，便问认识此人么，我说是老朋友，便随手把长泽来信给他看。他便说："我同他也是好朋友。"正说之间，那一位果然拣出饭岛的名片来，手拿着来问我："认识此人么？"我说："也是老朋友，我认识他已经十几年了。"有这两段情节，就完全缓和了。一位说他也认识长泽，他来北平，永远住他的旅馆，又谈了一会起身告辞，并说打搅对不起。他们走后，家人初则害怕，后则高兴极了，说怎么这样凑巧，他们就看到这些名片，我说这不是偶然的，都是预先安排布置好了的。

　　我就把在施秉之先生家中遇到之事说了一遍，并且说这一着总算是用上了，效力还是很大，不过幸而是他们不知道我是何人，更不知我是抗日单上的人，倘若知道，则此事怕不能这样容易就会过去。后来才知道，他们都是商人，想占我们的房开旅馆。

当我在法国医院住着的时候，同住者有李君润章，名书华，表弟段子君二人，都是避难，白天都藏在房中，不敢见人，晚间三人谈天，都是想设法逃走，几几乎天天所谈的都是此事。但各人地位情形不同，只好自己想自己的法子，过了二十几天，润章居然走了，都是法国人帮助保护。子君劝我也照他的法子去办，我是不能出面，家兄为此事也跑了几天，说："事情可以办到，但须慎重，听说逃走的人很多，抓回来的也不少，应该暂看看风头，再打主意。"我说："此话极对，而且我不同润章，润章认识人较少，他所认识的，只有政学两界，我则不然，五行八作，我都认识的人很多，常说笑谈，我到戏馆去看戏，观客中，我总认识百分之三十，其余我虽不认识他们，而他们认识我的人也很多。还有到公园散步，举目一看，有百分之七十的茶桌上，都有熟人，当然不会全桌都认识，但总有熟人在里头。倘在火车上，有人一招呼，就许出麻烦，还是看看情形再规定为是。"后来听到，有两个熟人逃走，都被抓回。一位是赵君，他化装工人，穿的工人衣服，脸上抹了些黑烟子等等，没想到在天津车站，一下车就被日本人扣下了。天津车站的检查站，是预备一盆水，其中有一块布，日本人提起这块布来，在你脸上擦，黑颜色自然就掉了，他便扣下问话，赵君在天津被扣了两天，又押回北平，幸亏没有什么大罪过，只若能同他合作，肯帮他忙，也就可以饶了呢。家兄听到这些话来同我述说。我听过之后，便说："照这情形，现在万不可走，别的事不必说，就他用那一块布在我脸上抹一下，我就受不了。"另一位就是管翼贤，他也是佯为工人逃走，也是被人用布一抹，脸上颜色被人抹去，被扣留在天津，幸亏把守门口的是中国人，他花了几百元钱，就放了他，他逃到中央，因为不能如自己之意，又逃回北平，经日本人盘问了几次，他说的都是赞成日本人的话，日本才放了他，他当然得做几件投降日本人的事情，北平有句话说得卖几手，方能得日本人的信用，于是他便干脆做起汉奸来。他到处对人说，中央对不起他，也有人帮他说话，说北方逃去的人，中央应该特别优待，不应该不理。有人对家兄谈，说中央这种情形，令弟也不必往南逃走了。家兄听到这话，很不以为然，来对我谈及。我说："他这话自己以为很是，大家也有赞成的，但是这种思想，是整个的错了。请问他，中央是该他的，或是欠他的呢？自己逃走，是凭自己的思想，即是自己的良心，想做汉奸，就可以不逃，不甘做汉奸，就得逃走。逃走不了，是没法子的事情，不必于逃回去之后，便趾高气扬，以为大家对我都得另眼看待，中央也必须奖励我，给我好的事情，果真这样想法，那就完全错了。总之逃回去是自己应该做的事情，自己做了，这岂非平常事体呢？大家为什么要恭维你呢？在中央一方面说，由北方回去的人，自然应该帮助或安插，但能帮助，自己应该感激，不能帮助，也是平常的事体，自己可不应该抱怨。再说中央处的是什么景况，所谓军书旁午，一日万机的时候，怎么能顾到一两个人呢？若因为中央没有优待，自己就逃回来，这天然是汉奸的思想，就让他当汉奸罢。"不过因为他们都说天津查得很严，其办法很多，不只用布擦脸，我当然就不敢逃走了。

虽然不敢轻易说走，但无时不想走，不过在北平无法可想，想求人，就得把我的名字说出去，倘说出去，就难免又生枝节，若用假名逃走，倘被查出，更是不了。北平既无法可想了，只好另想法子，彼时小儿煐在香港，舍侄焌、熨弟兄都在重庆，用别人的名义，给他们去信，问他们有法可想没有，并嘱其如无法不必写回信。过了一年多的工夫，焌侄来信云，已与德国顾问团及大使馆说妥，国剧学会所有的物品，一切可以交德国使馆，代为运到重庆，我本人亦可由德使馆人员保护南去。接到此信，与家兄斟酌，焌与德国顾问团中人都熟，与团长塞将军尤靠得住。家兄住德国多年，我与德使馆汉文参赞斐色耳君，也是好友，此事办成与否，或不至有意外不幸的事件出来，不管能成功不能成功，总可前去接洽。次日家兄即到德使馆，说明来意。使馆人员，却非常客气，他说他们也已经接到来信，问共有多少件？告诉他们宽高各三尺，长约四尺之箱，共三十余只。他听到此数，已经皱眉，问有多重，答以尚不能详知。但每一个空箱，总有七十余斤，因为都为寸板，且都是榆木制成，所以分量相当重。他此时已有为难之色，他问我们可以去看一看么？答以当然可以，但其中稍有为难的地方，便将此事之经过，详详细细告诉了他。他听完后说："哎呀，这里头还有坏人哪！"他想了一想说："这样吧，我再调查调查，你再计划计划，我们后天再斟酌吧。"家兄回来告知此事，大家斟酌，这票物品，在汉奸手中，已经存了一年有余，探听着并未损坏，亦未偷走（最初偷走几种重要物品，后来未偷），已往算是安定下去，此时再一交涉运走，恐又惹出许多是非来，《易经》上云吉凶晦吝生乎动，还是不去交涉的好。再说以往看到日本人的行为，凡他们抢到东西，大致都未运走，又相传日本人有命令不许运走，窥其意是将来战胜，得了中国，物品存在什么地方，也是他们的。倘战败，虽然把东西运到东京，也得给人家运回来，而且运往东京，则比北平危险的多，所以一切东西都不运走。以上乃是朋友们揣度之辞，但也确极有理，如此则这票东西仍以不动为是。至于我个人，也已经平静了一年多了，或者不至再发生任何危险，亦以不动为是。家兄又到德使馆，使馆人员又非常客气，他先说，这件事情，我们得详细谈谈，问家兄有功夫么，家兄答以有功夫，遂拿定主意，自己先不说，光听他的。他说："府上与敝使馆的关系，与他人不同，自一千九百年，府上就与敝使馆有来往，到现在令弟之名，使馆中人无不知者，府上的少爷、小姐、姑爷在德国留学者，有十几位，都与敝国感情很好，有几位少爷小姐，到我们国防部去过，经部长给大家介绍，都很钦佩，都很融洽，齐焌与吾塞将军，又系好友。照以往的关系说，这件事情，无论如何是应该尽力的。但有三个问题，我们不能不详细斟酌，从长的商量商量再定行止。第一个问题是，不知这票东西，是他官场需要，或是私人抢去，无论哪一种，总是其中有坏人，现在以德国同日本国交的情形来看，我们要这票东西，或者要的出来，但其中既有坏人，则难保他们不另鼓动风波，由此闹的令弟也走不成，或另有事故，都不敢预定。第二个问题，这票东西相当多，运到半途，不敢保不出危险，被日本飞机炸毁，已不敢保，沿途土匪更多，也难保不出意外，再者日本小鬼，诡计多端，他虽然跟我们说的很好，但若非情之所甘，他们便可能另想坏主意。第三个问题是，以目下的战况来看，这票东西，在北平存着，似较重庆为安全。因为日本不时有飞机去炸重庆，而中国倘有一线之路，则必不肯来炸北平，这是很明显的事情。"他说完问家兄："您以为我说的这话有理没有，我决不是推诿，至于令弟个人走，那是没有问题的。"家兄说："您这话极对，我们回去商议了商议，也以为是不动的好，否则又恐生出别的枝节来，就是舍弟个人，也是暂以不动为是，舍侄焕所以来此信者，他实不知此地目下之情形，我们分头各去一回信好了。"他说如此甚好。这票东西先不往回要，我自己暂且也先不走，经此次斟酌之后，才算告一段落，以后就没有人再提。

闭户著述

我搬回家来，又住了一年有余，日本人没有再来麻烦，看情形是冷淡下去了。然拿定主意，仍然是自己把自己锁在屋中，一人不见，每日除了看看书外，是没有别的法子可以解闷的，因思战事不知何年才完，此时正好写点东西，最好是把从前问的戏界老辈的各种话，再接着整理，但所有关于戏剧的书籍或材料，都在国剧学会箱子中，一本也拿不出来，无从整理。转而一想，何不把社会上的零碎事情，写些出来，不但好玩儿，而且这些东西，以前也没有写过。

我自光绪二十六年（一千九百年）做买卖之后，与五行八作各种小作坊、小生意等等，接触很多，有的交往也很融洽，知道他们各种情形很多，且多是书本上不见的，而且都与社会民生有重要的关系，最初留心此事，不过是好奇，也以为好玩儿，所以常同他们各行人闲谈并讨论，并没有顾及民生的大道理，说句不客气的话，彼时还没有那样高尚的思想，不过确认为它是研究社会情形必要的材料，而且有许多也真是中国的国粹。

　　吾国大学问家著书，向来只引证经史，不管社会中实在的情形，夫研究经史的大家，著书当然要引证经史，但也不能忘了社会，因为经史中许多地方，都是与社会有关系的，所以也应该引社会中的习惯来作证据。虽然说，古今社会，情形不同，但一个民族传统下来的习惯，也不会差得太多，以上还说的是研究经史的著述。有许多研究社会中零碎事情的人，写点东西也爱引证书籍，一切事情，不去实地调查，光靠引证书籍，引一句来，便奉为准绳，作为铁证。经史中的意义，当然是有准则的，但文字则有时如此说法，有时就如彼说法，于是这位引了这一句来作证，那位引了那一句去作证，同是一本书上的话，两个人可以抬起杠来，这里不是说书不可引，而对于实情也必须注意，倘乎是研究这门学问的专书，则引了来作证，还相当可靠，偶有笔记中有一段，原来不过随便谈谈，且并非真有考据的意思，可是他引来，也认为就是铁证。比方随便说一件事情，戏界人传说，二簧始自黄陂黄冈，故名二黄，我也对这样说法跟着说了十几年，我也很相信，但是后来因为欧阳予倩在报上发表了一篇文章，说他往黄陂黄冈去调查皮黄的产地，结果一点影儿也没有。由这一句话，我这种信念就动摇了，因为皮黄果然产生自该两县，则该两县必然尚有相当的艺术存在，经过不到二百年，何至就一点儿也没有呢。后来又听到几个大学的学生来问我，说怎么全国风行的皮黄，和我们家乡的土腔一个味儿呢？他们都是陕西省汉南人，由这一句话，提起我的兴趣来，我认为这是一个线头，顺着它找，一定可以有新的发现。于是我每遇到一位汉南人，总要问问他，且是众口一词，都是这样说法。又问到陕西几位老角，他们都说，陕西早就有二簧，后来天津北平的二簧班到西安，大家遂管平津之二簧叫作二簧，或曰京二簧。管本地之二簧叫作土二簧，或曰本地二簧，问他们本地二簧产自何处，有的说不上来，有的说产自汉南，并且把所以发达的情形，说得也很详细。后来有几位友人到汉南去，我托他们调查，果然是野老、农夫、妇人、孺子，一张嘴都是二簧，即皮簧产自汉南，是毫无疑义的了。此事余另有文字详记之，此处所以写这一段话者，意思是凡有实事可以考查的事情，便应顾及事实，不可专靠书本。如今尚有人依仗《扬州画舫录》等书中的几句话，永远说它是产自黄陂黄冈，不过不迷信这种说法的，目下已大有人了。

我因为以上这些情形，写点东西，总不愿引证书籍，固然是我读书太少，但也实在是不愿大段的抄了书来，充数自己的著作。按此处正好引用蒋心余暗讽陈眉公之句曰"懒祭诗书充著作"以证自己宗旨不错，但又想，倘读者不知早有此句，则他看着与我自己所说的话，分不出轻重来，于本书也添不了什么力量；倘他早知有此句，则你不引证，他看到本文，也一定可以联想到这句。是引证与否，没什么大的关系。我写点东西，不愿多引证书，不愿专靠旧书的意思，就在这个地方。话虽如此说法，但仍不能免，这也是这些年历代传下来的一种习惯，一时谁也去不掉，离不开。

不过我有特别一种兴趣，就是好研究社会中的零碎事情，无论在铺中或是大街上，遇到一种不明了的事情，我必要追究追究他，绝对不会放过去。

这里有一件小事情，随带着述说述说。我初次到广州，在大街上看到一个人挑着两个桶，上边写着三个大字曰"肉冰烧"，我看到这三个字，不知是卖什么的，我跟着跑了很远，没见他放下挑子，自己回来，路上想，这三个字怎能到一起呢？后来问了几个朋友，因为我不能说广东话，问的都是能说国语的广东人，他们都是住北平多年，于家乡之事，反倒有些不明了，他们都说不知道，并且说此三字不能到一处，或者我看错了。末后问到一人，他乐了，他说："肉就是油，冰是冰糖，烧是烧酒，这是另一种酒。"我才明白，不但一事如此，可以说事事如此。我自到北平后，就很爱研究街面上的事情，光绪二十六年的之后，与各种小生意接触的更多，对于各种事情，早想记录出来，但没有这些闲空，如今闷在屋中，不能出门，正好借此解闷，于是写了六七种，兹为之大略介绍于下。

《烹饪述要》 共六章 约六七万字

我早想写这么一本书，原因是我与北平许多饭馆子都很熟，有人请客，我往往到饭馆子较早，我总要到厨房，同厨师傅去谈天，随带着看看他们的情形，尤其是东兴楼、泰丰楼、丰泽园、春华楼、恩承居等等这些地方，我同他更熟。又一次看到他们炒菜，很快的就得了，永远不用口尝一尝，我问他们："你们不尝，倘若太咸太淡，怎么办呢？"他们反问我："尝尝？凡吃火候的菜（就是快熟的菜），不必说不能尝，连放各种作料，如酱油、醋、料酒、油、盐等等，用小勺一舀，就得赶紧放入大勺，倘每一种舀出来，都要看一看，斟酌好了，再往勺里放，那所炒的菜，就过了火，老的吃不得了，总之非快不可，能快且能够口味合宜，这就全靠熟练了。比方倘有几个月时间，没有做菜，再乍做时，也难免矜持，且不一定合口味。"

一次又看到他们分工合作的情形，也很有趣味，每一样菜都须两人合作，要想做的可口好吃，必须两人都做的合宜，否则不会好吃。北平的规矩，凡稍大一点的饭馆，案上的，灶上的，都是分开的，案上的人不管灶上，灶上的人不管案上。案者案板也，灶者炉灶也。厨行中又分红案白案，白案者专管做面食，一切饼、面条、包子等等，都归他做，因为面是白色的，故名白案。红案者，专管切肉切菜等等，因为肉是红色的，所以曰红案，这种师傅，本行亦名曰配菜的，因为每一种菜，所有应用固体的材料，都归他支配，如肉类、菜类、黄花木耳、葱蒜等等皆是，某一样应该用多少，怎样的切法，由他备好，交给炒菜的，他预备多少，炒菜的就用多少，倘若替他减一些，那于案上人的面子，是很不好看的，也可以算是跟他过不去，或者因此二人可以吵起架来。炒菜的人名曰灶上的，亦曰掌灶的，一个饭馆之中，不止一个掌灶的，最好者名曰头灶，次者曰二灶，炒菜时，所有流质的作料，就是前边所说的油醋酒酱等等，都归他支配。

又一次看到他们炒的菜不够熟，我问他："这个不太生么？"他说："这是楼上要的菜，天气又热，端到桌上就熟了，倘在楼下吃，再是冬天，就得炒的火候大一点，因为天冷座又近，则半路上不能生变化，所以火须稍大。"因想到一次我在家中请客，有一位极好的厨师给做菜，他做的爆肚，也是不够熟，他说："在东院吃，就够熟了，若在本院吃，则尚须火大一点。"因为舍下是平行四个院，厨房在最西院，客厅在最东院，所以他如此说法。总之好厨子对于吃火候的菜，于这些地方都要注意，足见他们不但有技术的传授，而且都是有心传的。后来我把这些事情，同他们说过，他们说就是如此，又说："说起油爆肚来，乃是一种极容易做的菜，也是极难做的菜，若有两个火三个勺，二人合作，则没个做不好；倘一个火两个勺，还可以对付，若一个勺一个火，那就很不容易做的恰到好处了。"因为肚或肚仁，切好后，先用开水一焯（煮的工夫极短者曰焯），捞出就赶紧倾入沸油，微一炸不许黄，即倾入另一勺汁之勺，如此则无不嫩而香。油炸之时间最要紧，时间少短则不香，稍长则有焦味，不合爆肚之味矣。

以上三种情形，都是西洋烹饪所没有的。第一中国最讲究切法，行话曰刀口，只是一块肉，一根葱，其切法就分几十种，在唐人《酉阳杂俎》中，就有蝉翼切等等的名词，所以后来炒菜的与切菜的，都各成了专门手艺。在西洋没有这种情形，绝不讲多薄的片，多细的丝。总之可以这样说法，西洋的离原始还稍近，厨房担任一部分工作，饭桌上吃饭的人，还得担任一部分，所以肉多是大块，提不到切字，如此一来，厨房的工作就较少了，可是吃饭的人，必须有刀叉，自己吃自己切。中国菜则不然，一切工作都在厨房做好，吃的人只用一双筷子便足，这是中国烹饪比西洋进化的地方。详细情形，详该书中。

第二是在做菜的时候，须要这样的斟酌，可以说是多一秒少一秒都不成。第三是做菜时把送菜的时候都得计算在里边，否则便不能算是恰到好处。按这两种情形可以算是一种，总之时间非详细保持不可。这也有它的原因，中国这些年来，所有的菜品，都分速成、慢成两种，因之做法的名词，也就都有了分别。例如最早发明的腌菜，便有两种，一名老腌，一名暴腌。如腌咸菜、佛手疙瘩等等，可以腌几年；如腌白菜帮、黄瓜丁等等，则过几个钟头，就不好吃了。如冷拌的菜，北平行话，就叫作冷拌，也分两种，不过没有专门的名词，只是说预先拌，临时拌而已，如拌洋粉海蜇等等，早拌一两个钟头，没有关系，如拌黄瓜丝等等，拌好后过几分钟，便不对味儿了。

如熟菜即前边所谈者，名词的分别就很多了。大致煨、炖、烧等等，都是慢熟之菜；炒、爆等等，都是速成之菜，加水之菜亦然，如煮、熬等便为慢成者，川（似应写爨字，此字有平声一念，但字画太多不适用）、暴川等便为速成，也是多几秒钟，口味便差。以上这些速成的菜，西洋可以说都没有，也不讲究，至于中国的蒸菜，用水蒸汽做熟之菜，他更少见。而中国这种发明，已有几千年之久，古字中之"甑"字，"鬲"字，都是蒸菜所用之具。西洋速成之菜，最重要者为拌生菜，也讲随拌随吃，不能稍为耽搁，至吃早点心之煮鸡蛋，讲究煮三分钟或几分钟，但中国炒菜，几几乎以秒计，若用几分钟计时候，便不得谓之速成了。

以上这种种的情形，我看的很久，也看的很多，才写这部书，把做法分成了一百多种，由最初原始的风干，到极复杂的做法，都包括在内，并把中国菜为什么演成到如此切法及菜样之多，都也相当下了一点考据的功夫，仍然不忘我的宗旨，除书本中的考查外，并搜集到大饭馆中之菜单一百余张，在彼时这个数目已不算少，因为彼时许多饭馆还不预备菜单也。其余已详该书中，兹不赘了。再此书第一章，已译成法文，在巴黎登报。

《北京零食》 共两章 约五万字

在光绪年间，因为住在齐化门内，离宰猪的地方很近，彼时北平所有的猪，都在东四牌楼豆腐巷内宰杀，所以我常去看热闹。见他们宰了猪，都不自己卖，各有专行包销，猪鬃、猪血、猪身、猪头、猪油、猪腰以及肚中各物，都各有专行，我随便问了他们一句说："为什么不直接卖给饭馆子呢？"这一句话，问出来了许多的事情。他们说："先生可是不知道，大饭馆子买不了多少肉，他们大量用品是鸡鸭等等，至于猪身上的东西，最多就是用些猪肚中各物，肉是用的很少。"我一想他们这话很有道理，由此就引起我研究调查这件事情的兴趣来了。中国人向来是分阶级的，对于饮食更厉害，平常人像我们北方人一年之中，不见得吃到几次的肉食，而北平最阔的人，可以说是不大吃肉，所吃的总比肉还高，大约总是鸡、鸭、鱼、山珍、海错等等，最平常者，也是猪肚里的东西，这种情形在饭馆中最看的出来。讲究的大饭馆子中，难得卖一次炖猪肉、烧猪蹄等等这一类的菜，连一个要炒肉丝的人都很少，牛羊肉在从前是不能算数的，从前有句谚语，就是牛羊肉上不去台盘，北平羊肉有时还可算一个菜，牛肉则绝对不许，以上说的是大的阔饭馆子。次一等的，因为来吃的人不同，卖肉的菜品就多的多了。由此调查，不但吃的分了阶级，卖的也分了阶级了，大致最好的叫饭馆，次者叫饭铺（北平从前饭馆与饭铺有分别，菜为重要、面食为附属品者为饭馆；面食为重，菜只预备几样者为饭铺。不过有时饭铺也许大于饭馆），最次者叫街头小贩制熟零售。比方只以猪来说，腰子、肝、肚、脊髓等等是上等的肉，蹄、心、脑子等等是中等的，肠子、肺、头等等是下等的，羊差不多也是如此，牛则只有肉，其余肚中的东西，可以算都是下等的。凡下等东西都归街头零卖，由此可以调查出许多关于阶级的情形来。经我有些年调查，不但肉类如此，其余一切一切的零食品，都有这种现象。我写的这本书，共有二百多种，且都是由生作熟，带手艺的，若卖瓜果水菜等现成物及只作原料者还不算，而且连饭馆、点心铺、蒸锅铺等等都有房屋门面者亦不算，只是街头巷里，挑担、推车、挎篮、背筐等等小买卖人便有这许多。关于这所有的东西，我不但都吃过，他们所有的作坊制造所等处，我都去过，且有些家很熟，常同他们谈天，所以他们所有原料的来源及制法，我知道得很清，由此更可明了许多下级社会的情形。全书大部分经北平《世界日报》登过，不知是否全部登完，我就来台湾了，后遇到成舍我君，亦未问及。

《北京三百六十行》 共三卷 约七万字

此书取名三百六十行者，因南宋京城已有此名，故沿用之。其实北平之行道，还多得多，本书已收到七百多行，当然还短不了遗漏，而且还只是带手艺之行，至完全商业商号，还未收人，可见北平行道之多，分工之细。或者有人说，怎么会有这许多行道呢？其实说明了，也就不觉稀奇了。比方以木工一行来说，未研究过者，以为木工就是木工，还有什么分别呢？其实分别极多，虽然都是木工，但这行绝对不会做那一行工作的。比方：

建筑师　梁、柱、门、窗、斗、拱等等，他都在行。

小器作　瓶座、盘架、盒盘、神主、佛龛等等，他都在行。

船工　货船、客船，又有分别。

车工　轿车、大车、推车，又有分别。

轿工　官车、轿、驼轿，都归这行。

鞍工　马鞍、驼鞍等又有分别。

柜箱工　有时兼桌椅，桌椅亦算另一行。

牙子作　各种隔扇、门窗、桌椅等等所用之雕镂牙子，都归这行。小器作制者，比此较细，木工有能兼作者，但不及它好，而且比它费工费钱，所以另是一行。

鞋楦　此万非其他木工所能作，有时兼带旗人女子穿之木底，然从前缠足女子所穿之木底，则又是一行，有时两种合作。

点心模　造点心之模子，看看不难，而另有传授，不但花样好看，而它对于每块用面的分量，极有规定。

箍桶行屉　此行各国都是专行。

笼匠　专作蒸食之屉，有时兼作帽盒。

棺材　此亦系专行，他行不能兼。

此外尚有，不必全举。再谈谈中国之鞋匠，在表面看来，只不过是鞋，其实也分多少行，比方剪裁鞋帮的不会做，会做的不会上，会上的不会做鞋底（上者乃帮底缀在一起），而底又有红底、布底、千层底、山底等等的分别，鞋帮之制法亦各有不同，总之这行不能做那行的事。请看只这两行，又分出二十几行来，其他各种手艺，都是如此。说到绸缎布匹针工的工作，那种类就更多了，若再往详细里一分，岂只七百多行呢？其实这种情形，并非始自现在，《周官考工记》就是如此，不过古今变化太大，各时代有各时代之不同，北平建都六百余年，又有宣德、乾隆等皇帝的提倡，工艺当然特别发达，越发达越得分工，这也是一定的情形。我写的这本书，其中都是前清时代的情形，所以各曰《北京三百六十行》，民国以后改为北平，各种工艺，又有了极大的变化，再写时，与此又大不同了。

《故都琐述》 约六万字

前边说过，我生平对于书本中的情形很疏忽，对于社会中及街头上的情形，则特别注意。这固然是因为自己读书太少，也是因为在那个时代，中国尚无新的科学的时候，大家总是按着几本图书，所谓皓首穷经，一辈子不管别的事情。其实真正研究经学者，也永远不会离开社会，如顾亭林为研究经学，各处去访问，郝兰皋著《尔雅义述》，也多靠到各处实地调查。若讲到研究一国的政治，更是需要察看社会中的情形及政治的真际，才能洞知其真相，若研究其法律及公文等等，那是不能真知道，且是绝对靠不住的。比方以前清来说，光绪年间的法律，还是康熙年间的法律，光绪年间的公文程式，与康熙年间也差不了许多。可是全国的政治，社会的情形，可就差多了。我在北平住二十年的工夫，看到前清腐败及可笑的事情，不记得有多少件，后来就是民国了，民国之后，有许多事情比前清还腐败，但已划了时代，故此书只写前清的事情，兹在这里谈两件。

一是前清每晨上朝，时间总是在夜间两点钟，此即古人说的"一年之计在于春，一日之计在于晨"的意思，这是多么隆重的事情！所以每一门如东华、西华、神武等都有卫兵把守，有人进门，卫兵即喊一声"呵"，有人云这即是宋朝的唱喏，是尊敬进门之人，并表示壮胆之意。可是一次我随先君上朝，行至东华门洞，有人在地上躺着"呵"了一声，很唬了我一下子，细一看，他是在被窝中喊的，先君说，他们必须得喊，但都在睡觉，所以就在枕上喊之，最初我以为这可乐极了，后来与常上朝之人谈及，他们倒都讥笑我，说我没见过世面。

一次是民国选举总统，因为袁世凯贿选，我们去看热闹，本想到会场里头去参观，到了会场一看情形，不敢进去了，场外周围都有机关枪，场门当然封锁，窗外厨房，摆着大堆的馒头，可是听说场内，连口水也不给喝，举出袁来有馒头吃，举不出来，则连水都没有的喝。眼馋口渴，安能不举呢，这岂非笑话呢？民国可笑的事情，当然也多得很。

这些事情本不应该写，因为写出来，被外国人看了，岂不给中国丢人？给中国丢人，就是给自己丢人。那么为什么又写它呢？这个原因也很远，在光绪二十六年（一千九百年），义和团初起，各国使馆当然都很害怕，都与总理衙门去公文，请派兵保护。由步军统领，每使馆派了八九个，多者十几个，都是扛着席去的，到各使馆门口，都是把席铺在地下，躺在席上睡觉或谈天，外国人看了又气又笑，赶紧各往本国去电请兵。我曾问过步军统领衙门的人，为什么派到外国使馆门口的人，不特别齐整齐整？他们说上头有交派，应该特别要好，所以都是现买的新席。我听到这话，一句话也没好再说，但这件丢面子的事情，则永远不能忘掉。此时闷在家中七八年，不敢见人，这是多愁苦的事情，因想到日本所以敢如此欺侮中国者，还不是由前清之腐败及袁氏之胡来所酿成的么？则我受此罪，当然也是受他们腐败的连累，于是悲愤交加，想把这些腐败事情写出来，以便大家知晓，借以自励，然仍用轻松的文笔书写，以免有谩骂的嫌疑，但仍是只写前清的事情，民国的事，仍未肯写。

《谚语录》 约分四十门 共约八万字

许多人都知道，小说、戏剧、大鼓、小曲等等，于社会人心影响极大，这是不错的，但是还有一种东西，比这些种于社会人心关系更大，是什么呢？就是社会中流行的谚语。凡学者一切的观念和评判，都以经书上语句为标准，至于读书甚少或未受过教育之人，大概都是以这些谚语为准绳，凡办理一件事情，往往先引一语，作为办事之标准。谈论一事之后，亦往往引一语，作为做事之评判。比方有两位邻居口角，大家前去劝解，必先说"能恼远亲，不恼近邻"，解和之后，必又说"亲戚远来香，邻居高垒墙"这些话，若文人便说"不放鹅鸭恼比邻"等等的这些句子了。总之它就是国民心理中之格言，国民心理中之经典，国民心理中之法律。有人一提这种语句，大家好像便不能驳辩，且是心服口服。大致是全国不读书或读书较少的人，他们的思想，都不能跳出这种谚语范围的。所以它在社会中的势力，比任何经史格言及小说、戏剧、大鼓、小曲等等都大得多。凡在社会中有声望的人，都记得的很多，久经世故的老人，总可记得千八百句，最少者也有四五百句。比方：

劝人早起，总是说"早起三光，晚起三慌"及"天明不起，睡不多时"等等的这些话。

劝人卫生，总说"顿饭少吃口，活到九十九"，"病从口入，祸从口出"这些话。

劝人勤，总是说"一步赶不上，步步赶不上"，"耕种杂粮多费力，老天哪给懒人吃"，"早起三朝当一工"，"勤俭不愁贫"，"不受苦中苦，难为人上人"等等的这些话。

国民为什么重视这种谚语呢？它的来源很远，在《论语》中就恒见之。如孔子曰："吾闻之也，君子周急不富。"

孔子对定公曰："人之言曰，为君难，为臣不易"等等，便多得很。周秦两汉，差不多是每篇文章都有，兹随便列几种如下：

晏子《春秋内篇》曰："谚曰非宅是卜，惟邻是卜。"

《史记·佞幸列传》："谚曰力稊不如逢年，善仕不如遇合。"

《孟子》："夏谚曰吾王不游，吾何以休？"

《左传·虞宫之奇》云:"谚所谓辅车相依,唇亡齿寒。"

《贾谊·治安策》里谚曰:"欲投鼠而忌器。"

总之这种情形多得很,不必多录。几千年来,这种情形未改,民间乃是如此,我所记录这些句子的原意,并非专为保存它,它固然都是于人有益处的句子,但也不应该永远只说这些句,倘全国国民的思想,永远被这些句子圈囿着,也是不幸的事,应该又有新的出来才好,因为有新句子,国民才能有新的思想也。我所以写出它来,略加注释,使研究社会学者,知晓了国民以往的心理所在,再输入新的,或可以说是对症下药,就容易多了。

《北京土语》共五章 约十五万字

土语者,方言也,中国这些年,对此很重视,《尔雅》已是研究方言之书,以后多得很,《杨子方言》等更较出名就是了。方言关于研究社会学者,乃极重要之事,因为各地有各地的土话,有些话,人人能说,人人能懂,但不知其来历,且有的尚不知其写法,而这些话,有的能翻成他处语言,有的简直不能翻成他处语言的。兹随便举一两句。比方:

广东之"夯不浪"(阴平声),上海之"一塌瓜子",北平之"门儿通"(去声),也有说"归了包堆"的,这是可以翻的,虽不能说完全相同,但也差不多。

北平之"坑坎谋则(阳平声),稽溜晃咎"意思仿佛都是"到处"，但意义则大不同，在北平已不同，更不易翻成他处方言，兕呇尚可翻，加上稽溜二字，便不易翻了。又如上海之嗲（的牙切）字，上海人常说"嗲得咧"乃舍北平酸浪等义，则无法翻为北京话，如此者甚多。

虽然这些话，似乎是不足登大雅之堂，但若想写文字，形容各该地的情形，则非用此写不真切，尤其是形容野老妇女们说话，更非此不可，否则便是普通的话，而不是该地野老妇人的话，所以地方戏、大鼓书、小调等等的文字，都愿用它，你若不能洞彻该地的土话，那就有许多地方，你不能真懂。一次同几个友人在天津听小曲，有两句是"八月十五好时候，哈门鸦儿的阴了天。""哈门鸦的"四字，他们就不能懂，可是吾乡则无人不知，意思好似北京话中之好模好样的，含有"没想到"的意思。又一段小曲曰《小姑贤》，女儿与母亲开玩笑，说我夸母亲两句罢，母亲当然高兴，女儿唱"头发好像干草垛"，母亲说我哪怕像"秌秸妈子呢"，妈码也，全场大乐，我朋友中有的懂一句的，有的两句都不懂的。因此我想把河北省的土话记出来，但太广泛，不易完备，乃改主意，先写了北平的，由一字句起，最多者八个字之句，再多的就没有写，但这些话，虽然说土话，也有许多是古字。比方，油炸鬼，果古音本念鬼。米猫，母古音本念米，如此者甚多，因为不知古音，便变成土话了。写至此，日本已投降，以后的事情，下一章再详述之。

第十章　避难经过、闭户著述

第十一章　日本投降前后

　　写到了前一章日本投降，我在那八年之中，大门不出，二门不迈，等于一位旧式家庭不出阁的大姑娘，在炕头儿上坐了八年。以我这浮躁好动的性格，好交游爱说话的习惯，骤然闷在家里，一步路不能走，一句话不能说，这已经够难过了，再加上天天盼着抗战胜利的心情，刻刻探听北平光复的消息，种种的思想，更使心绪无法安定。总之是惧怕、沉闷、愤怒、希望。惧怕者，倘被逮捕去，则绝对不会好受。沉闷者，不但没人谈话，连消息也难听到。愤怒者，日本之侵略，实欲灭亡中国，而中国竟有人与之合作，这种人固然是丧心病狂，然也是毫无知识，怎能不使人气愤填胸呢？希望者，最初以为一二年的工夫，便可打回去，岂知越望越远，后来才知道了这种情形，是不得不然，但彼时因不知中央详情，则当然是时时刻刻盼望的。有这种种情形，在脑思中搅到一起，怎能会好过呢？照这种情形说真是一天也活不下去，幸而脑子里头有两句书，就是"素夷狄行乎夷狄，素患难行乎患难"这两句，因为这两句书，把紧张的心情，缓和了许多。于是气才沉下去，心才按下去。所以八年的工夫虽长，可也没有觉得有多么难受，也就过去了。长夜漫漫，一朝达旦，身安心静，其快可知，然回忆在日本占据时代，有许多有趣味的小事，也值得述说述说。

当南京陷落时，商人在前门门楼用电灯扎了六个高有一丈余的大字曰"庆祝南京陷落"，彼时我正在交民巷西口法国医院避难，看的最真，其难过就不待言了。有人说这六个字不通，陷落是我们陷落，庆祝是他们庆祝，他们应该庆祝占有，不该庆祝丢失。过了几天，家兄在外边抄了四句歌谣来，乃说相声的人所编，曰："可恨贼盗太无知，抢得物件太便宜，不庆自家抢到手，反庆失主丢东西。"这四句虽然俚鄙，也确有道理，因为若说攻陷，还可作攻的方面说，若只陷落两字，则不能专属之攻方也。

日寇占据北平后，常常开会，尤其是他攻陷一个较大之城池后，必要庆祝一回，必约许多人到场，最初是去的人很少，后来勒令学界商界非到场不可，都是在天安门外，搭上高台，固然也有学界人上台演讲，为他捧场的汉奸，但大多数人则尚有爱国的观念，凡遇喊万岁口号之时，则张口发声者，永远是极少数的人，任凭政界的首领喊破了嗓子，平民总是不响应。日本人对此，也还不敢十分强迫，后来乃召集小孩，中学以下以及小学的学生，每有庆祝，都要轮流到场。这些儿童，不知台上说的什么，命令喊万岁，他们就跟着喊，日本人当然很高兴。后又添上使众人或学生游行，每人持一小国旗，政学商界之人，总有一半手持小旗边走边摇，以示庆祝的，然总有一半不肯摇晃者。至于小学生则都是卷起来，或放在衣袖内，总之无一打开者。这种情形，并非成人之人不爱国，是他们怕日寇不答应，所谓好汉不吃眼前亏，不得不尔。小学生则初生之犊不畏虎，他一切不管，我不高兴我就不干。看起这些情形来，这些人之道德，比着一味想保持禄位的公务员校长等，就高多了。日本人对之也无可如何，因为人数太多，无法强迫也。余常对家兄说，这就足见人心不死。

日寇发一命令，使大家捐献钢铁，汉奸首领特献殷勤，命每人各献一物，无论男女老幼，都要捐献。各学校教员对学生演讲此事，藉以鼓励大家，学生问，每人应捐多少？教员说不拘，只要是钢铁，是一物件便妥。成年之人，当然都是买点钢铁搪塞。大一些的学生则在路间拣拾几个铁钉，也就对付过去了。唯独小学生，他们一切不管，也不知道怕日本人，都是每人捐了两三枚留声机唱片用过的钢针。大家事前并没有约会商量，而思想却是一致，这足见虽儿童亦有强烈的爱国心。这一来可使教员为了难了，因为他们说过，是钢铁，一件物器便可，这钢针不但是物器且是好钢，他们不能不收。但他们不能交给日本人，一个学校共有学生五百名，而只呈献五百个钢针，恐怕不好交代，没有法子只得自己捣腰包，买了些旧铁交上才算完事。又一次命令献铜，各小学生又都献了些订书之铜钉及绘图之按钉，日本人看到这种情形，也就不要这种面子了，用什么就命商会或政治机关代买，不说大家捐献了。这虽说是些小事，但亦可把日本强迫作而又说大家愿作之假面具，整个烘托出来，此事非儿童不敢，成年之人则无此胆量也。

日本人的规矩，对门口站岗之兵，都要鞠躬，东交民巷日本使馆前之站岗者，地位仿佛更高，凡经过此处之人，都得向他脱帽鞠躬，不止此处，他处亦如此，但中国人都不屑行此礼，于是都是绕道而行，绝对不经过这种地方。日本一机关，在交民巷西段，旧华俄银行处，几次派中国人到崇文门内日本观光团取东西，来回时间都太久，一次很误事，日本人问何以去这样久，大家才说都是要绕道走长安街，所以稍迟，问为什么必要走长安街，大家初不肯明说，后因逼迫，才说出不愿在日本使馆前鞠躬，所以才如此。日本人也无法，只好听之，后来这种礼节，就不强迫人执行了。

有大批的无线电收音机运到北平，强迫人买，因崇文门外东南一带多没有收音机，所以先交彼处警察等送到各家兜售，他没想到，那一带有电灯的人家就很少，没有电灯线，则此物无用，所以谁家也不买，并且说便宜话，倘他能给安上电灯，则家家可买。日本人知道这一地带销不出去，方在内城竭力推销，可是原来就有收音机的人家很多，虽然不能收听远处之电，但他这种机器当然更不能收听，所以谁也不愿买，送到谁家，谁家皱眉。日本人知道了这种情形，他每逢送到一家，必特别说一句，曰"重庆有"，重庆有者，是可以收听重庆之电也，因此就有许多人肯买，一则敷衍了他，二则用此收听重庆之电不算犯法。因此他推销的很多，固然也是强迫，但能听重庆之电，也是极大的原因。当时天桥说相声之人，编了有许多关于日本行政的歌，有两首是关于此事者，兹录于下：

　　"日本推销收音机，家家看到都皱眉，听说一声重庆有，人人都愿买一只。"北平论箱匣之份数，总说一只两只，只读平声。

"官家命令我得听，叫我向西不向东，无线电匣我愿
买，得先给我安电灯。"此就崇文门外一带而言。

这些小事似乎没什么重要，但人民盼望胜利之心，是何等
的热烈，由这些地方最看得出来。

日寇未占北平之前，面价每袋不过合大洋二元。他到北平
之后，面价日涨，几个月的工夫，涨到了几十元。天桥有一说
相声者说了一段：甲说几个月的工夫，面粉价由几块钱涨到了
几十块钱，乙说人民不容易生活了，甲说再过一年就好办了，
乙说再过一年就几百块钱一袋了，怎么会好办呢？甲说再过一
年每袋一块钱也没有人买了，乙问为什么呢？甲说人民都饿死
了谁还买面吃呢？此语被日本人听见，遂把该二人抓去，当然
是训教了几天，又放出来。他二人在天桥仍说这一套，甲说再
过些日子就好了，买一袋而有两角钱就够了，乙问怎么会那样
便宜呢？甲说口袋小了，乙说口袋小也不容易那么便宜，你那
是梦想。甲说我说的是装牙粉的口袋。日本听到此，也无可如
何。这些人彼时议论日本人的话还多得很，不要看他们没什么
学问，可是他们的人格，可就比当时的局长校长等等高尚得
多。我同这行人，有许多位都很熟，日本投降后，见到他们，
我恭维他们真有胆量，别人不敢说的话，他们都敢说，他们回
答得很好，有什么胆量呢？不过是他们来侵占我们的土地，侮
辱我们的人民，看着就气愤填胸，能把他们打回去，自然是很
好了，而自己又没这套本领，只好是骂他们几句，讥讽他们几
句，快活快活嘴就是了，这总算是最没出息的办法。再者你说
这套，大家爱听，来听的人多，就可以多挣几个钱，这是饭碗

的问题，说不到胆量二字。我说："你们说的这一大篇话，就很有道理，这也就是胆量。"他们又说："我们知道您老先生闷在家中，我们大家常谈起来，倘齐二爷（北平戏界游艺界，对我多是这样称呼）在外边，他一定可以编许多有意思的词句。"我说："这还是我不及你们诸位的地方。"

日寇怕吾飞机空袭，命令家家门口备一桶水，一筐土。有人问日本警察，倘该桶被人偷去将如何，他答以须自己看守，态度极强硬，大家自然不敢违抗。然果放一好水桶，则十之八九要被人偷去，一水桶固然值钱不多，但在一小家庭中，则损失亦不算小，于是有人在门口放一个小儿所玩之水桶，不过能盛半斤水，而门内则存有较大之桶，日本见门口只有小桶，当然拍门查问，及至主人说明怕丢，所以把大桶放在门里，倘有用时，则一样可用，日本见他是有计划的，也就不认真了。于是就有人效法，慢慢门内就不放大水桶了，倘日本人来问，便说刚才还在此，现在因使用拿到厨房去了，用完即拿回来，如此种种，日本人见问不胜问，也就算了。

以上只不过补述了日本未投降以前的几件小事，现在才说到我中央的派遣人员初到北平，起初说到日本投降，大家未得到确实消息以前，还没什么举动，及至中央人员到了，大家自然是意外的兴奋。而我可忙了，以七八年不见人的我，忽然每天总有十几人或几十人陆续来访，简直有点不习惯了，然回忆起来，也颇有点趣味，都是什么人来访呢，在那短短的几十天中，可以分三个时期：第一个时期是日本人。第二个时期，是留于北平的旧熟人。第三个时期，是由中央新到的友人。

第一是日本人先来的，因为他们得知道投降的消息，比中国人差不多可以说是早一两天。为什么有些日本人来呢，因为我住在东单牌楼西裱褙胡同，此胡同之中，及前后许多胡同，二三十年以来，住的日本人很多、我对他们虽然多不知其姓名，但因常常遇到，总有点头招呼的交情，他们都知道我曾被逮捕，所以来看我。当第一个日本人来时，我还不知道日本投降，心想多日不见日本人了，今日又来，难道又有事故么？但日本人来，不能不见，因为他们屡次来，不想进屋则已，若想进屋就拦不住，而且家人来说，此日本人态度极谦恭，说要见我，只好见面。一看是我们左边的邻居，想不会有恶意，进屋一见面他就说："敝国投降了。"我一愣说："哪有此事。"他说："实在，我们所有的日本人接到命令，说天皇有御旨，大家都跪听的，无条件投降。"其实中国人也有的已经听到这个消息，不过我们家的收音机不够好，又因我避难，与外边联系太少，所以尚知不情，听他一说，当然也就知道了，但也不肯露出得意的颜色来，这是吾国传统的情形。西洋人的作风，则大多数都是喜不自禁，或者高唱一声万岁。在我受了八年的闷气，当时也未尝不想当面骂他国人几句，借以出气，但总不肯，这也就是圣人所说，如得其情，则哀矜而勿喜之义。我没说一句话，仅仅的叹了一口气，几十秒钟没有说一句话，他亦低头不语。我便说了一句："看你们的军阀，把我们毁了这个样子，把你们自己恐怕毁得更厉害。"他说："当然更厉害，七八年来，我们国民中百分之九十以上，是不满意他们的，不过有痛恨的，有不以为然的，有轻重之分就是了。"他又说："你先生真是大国人的风度，我以为我此来，定然要被你骂几句。"我说："骂有什么用处呢？"我这句话说的当然也很愤懑很沉痛。他接说："我们早就听见说，曾要逮捕你，你躲了，过了几月，听说你又回来了，我们在此胡同中的几个人，大家商量过几次，都说你是有学问有道德的人，不应该随便侮辱，我们大家规定了一个办法，说如果真把你逮捕了去，我们大家可以集团作保，说你不但没有反对日本人，而且向来不搞政治。"我说："若说我不反对日本人，也是屈心，但是中国人，除少数汉奸外，大大的多数都是反对日本人的，难道都得治罪不成？"他说："这话当然极对，但在彼时同我们军阀说话，是很难说的，不必说贵国人同我们军阀不好说话，就是我们本国人同他们讲理也是不容易的。"我说："你这话我极端相信，我知道倘把我逮捕了去，问我是否反对日本？我若说一句，决不反对日本人，则我登时可以无罪，但是这句话我就必不说，因为日本来毁灭我们的国家，我怎肯说一句不反对呢？我虽然平时没有做过反对日本的工作，但这句话则绝对不能说，所以我只好避难躲开了。"他说："你躲开，大概他们也或者知道，他们所以没有再执行逮捕者也有原因，听说最初是有人坑陷你，于是他们就想因此利用你，因为你不肯出来，你又不是搞政治的人，于是也就松懈了下去。后又由中国人找过你几次，都没有见到，此事就放过去了。"我说："你知道得很清楚。"他乐了，他说："我们因为你的事情，曾商议过多次，倘逮捕你去，我们一定要保的。"我问："在那个时候，你们作保可以有效么？"他说："按我们的职业说是无效，但我们许多人在北平时间很久，这个资格可以有效的，而且日本人知道你的人很多，倘肯作保一定是有效的。"我说："不知道你们诸位这样费心，实在是应该感谢的。"他说："感谢是不敢当，以后求你照应的时候，还多得很呢。"他说完这话，起身告辞就走，我送出他去，回来想他此来大概是求我帮助他的意思，但还不敢断定。后来又来过些位，两三天的工夫，来过十几批，闹的我相当麻烦，而且他们总是说我这几年怎样不自由，但他们天天预备着营救我等等的这些话，末了总是请我照应他们，帮助他们，我才知道他们通通都是这个目的。我想他们的意思有两种：一是求我帮助他们。二是盼望我不要仇视他们。恐怕还是第二层的意思较大。按这些人当然也是侵略我们的分子，但几十年来，他们对于我国民没有欺侮越轨的行动，与各邻居虽然没有来往，但也毫无恶感，到此时我又何必坠井下石呢，而且自有国法，当治罪者，吾国家定有办法，倘有恶迹，我本应该告发者则自应告发。此亦系帮政府之忙，倘无恶迹，仍以本中央规定诸事从宽为是。最末有几位同来，于是我就把此事同他说明了。我说："你们放心，我国有一句谚语曰：杀人不过头点地，意思是把人砍了头，他的头也不过落在地上，人既低了头，则其头亦等于落在地上，不能再行怪罪了。如今日本已经投降，则诸事自然由我中央而定，若你们的军阀，恐怕是要由各国联军规定的，其他政学商工各界之在中国者，当然由我们中央处理。我中国之作风，向以宽大为怀，所谓不究既往，你们绝对不会受罚的，用不着我帮你们忙，然倘用得着时，我一定尽力而帮。不过有一层你们要注意，就是下级不规则的人或者有轨外的行动，那就不敢保了。这也如同甲午我们战败之后，李相国鸿章到门司去议和，还被匪徒打过一枪，虽然后经你们政府治罪，但这路人总是难免的，彼时你们完全是侵略，战胜之后还有人有这种举动。此次我们完全是被侵略，则人人心中之愤怒，是可想而知的，一旦战胜，则大家遇机会想出出气，也是必有的事情。不过高尚人或受过教育之人，则不容易出此，惟下级人则难保，且几十年来，你们或者也难免有得罪人之处，如关于你们所用的下人等等，便不敢说准没有这种情形，然倘有这种情形，我一定可以极力帮助你们。"大家听完乃高兴而去。不幸而言中，以后跟他们为难及欺侮他们的人确也不少，我确也帮了他们的许多忙。跟他们为难的都是什么人呢？当然是一些没受过教育，且无恒产之人，其实是受教育越高深的，仇恨日本人越深。因为自甲午以后，五十多年以来，日本欺侮侵略我们的事情，几几乎是天天都有，就其大者说：山东之二十一条、九一八等等的情形，难以尽举，这些事情，知识越高的人，知道的当然越清楚，大致除了少数汉奸，及与日本人合伙偷税之商人外，没有一个人不愤恨日本人的，现在他们既然打败投降，大家岂有不想借此机会出口气的么？但是有许多人都不肯作坠井下石的勾当，这是我国传统的作风，所以趁机同他们为难的都是下等人。

　　最普遍的是乞丐，他们没有大的能力对付日本人，只不过想讹他几个钱，但也没有好的办法，也就是讹个三元五元而已。他的办法是夹一破碗或破盆，在要路口等待，有日本人经过，他上前一靠，把盆坠落，便说日本人挤掉了他的盆，非赔不可。有的日本人看此情形，便给五元十元了事。有的不给，他便拉住日本人不放，他不怕打不怕骂，他可以把日本人的衣服完全污毁，结果还是非给钱不可，而且彼时日本人真也不敢打他，他这样讹诈日本人，有许多中国人看着固然是不以为然，但日本人若真打他，则旁边的中国人也不会看着他挨打，因此日本人也只好给几个钱完事。这种办法，北平几百年来已有之，俗名叫作"碰瓷儿"，瓷也写作词，意思是端着一个破瓷碗，在人群中走，看到一个老实容易欺负的，就合他一碰，瓷碗落地当然要破，就得赔钱，所以名曰"碰瓷"。亦有人说，因为一碰，他便可藉词，所以曰"碰词"。总而言之是北平一个惯技，这次被乞丐利用上了。诸君或者以为这是一种小事，但彼时日本人确很头痛，因为北平乞丐向来就多，又经日本人八年的工夫，制造的又多了若干倍，大家都是用这个法子，每人每日不止用一二次，简直是闹的日本人不敢出门，后来都到了中央指定集中的地方，才算完事。我在胡同中街上，看到过不知有多少次，看着两边都很可怜。一是日本人，从前何等的凶横，一世之雄也，如今却受乞丐的欺侮。二是乞丐在此机会中，没有本领多弄几个钱，费半天气力，只不过得几块钱，还得赔上一个破盆，整齐的他舍不得毁，不要看破的一文钱不值，倘想每天寻觅几个也不是容易的事，倘预先多学一点本领，此时也可多闹几文。一次我把家中几个破盆破碗，给了两个乞丐，他们高兴极了，谢了又谢。但是我嘱咐他们，你们得日本几个钱也很好，但不许在我门口左近，最好是我看不见的地方，你们得钱我高兴，但这样事情，我可极不爱看，到如今想起来，我的心思，仍在矛盾的。

其次就是吸白面打吗啡之徒，这种也很普遍。他们所讹诈的对象，多是高丽人，当然日本人也不少，大致都是卖白面开小押的人。所谓开小押者，北平数百年来早已有之，当铺是奉官家命令办的，须受政府的取缔，有许多物件他不收，比如说一双旧鞋，几个旧饭碗，或随便坐的小木凳等等一切，他都不收，这种种都得往小押之家去算钱，他几几乎是什么都要，这种小押，虽是私人所开，但与地面官人差役都有勾手，大致总是些光棍土豪。日本人到北平，业此者也都是下等人或高丽人，凡开此者都卖针药吗啡等等，有许多有吗啡瘾之人当然极穷，偷了东西来卖或押给他换取白面过瘾，开小押之人固然不管法律，而打吗啡之人，更是无法无天。日本投降之后，这般吗啡客，因平常受小押之剥削，如卖押物时，估价之低，已经使这些人怒而无法，到这个时候，可就都来出气来了，大多数的小押店都被抢一空，且有殴打情事。其实这正是他们自作自受，自食其果。

再次就是打鼓的，这种人之恨日本人，也有原因。按打鼓的这一行，在北平人人知道的，但北京以外的人，则知者甚少。他是每天担着两个筐，到各胡同中去买货，外面买的是各家之废物或无用之物，骨子里买的多是黑货，多半是本家败类子弟或下人偷出者，而且他们都各有道路。比方这几个胡同归这帮，那几个胡同归那一帮，不能越界来买，所以他们可垄断居奇，合伙把持，住户卖东西，倘头一两位打鼓的给的价，你不卖，则再来者之给价，绝对不会高于前两个，所以忍着头疼也得卖。北平住户所有的黑货，都得卖给打鼓的。后来日本到北平，开了许多小押，专收买这样的东西，把打鼓的生意都给夺了，打鼓的焉有不恨之理。日本投降，所有日本人之物器，都不能带走，只好出卖，买此者都系打鼓之人，最初对于价值，还只是商酌争论，后来打鼓人则颇凶横，类似"就给这些钱而且非卖不可"等等这些话都很多，并说："你们这东西都是抢的我们中国人的，你们就应还我们，还要卖钱？本应该拿着走，给你们一文钱也不少，你们还会不答应。"这些话日本人听了当然很有气，因此动武的事情也很多，结果打鼓的人多，把日本人给打了之后，还把物器抢走若干，而日本人也无处控告，从好忍气吞声。因此当时打鼓的人得的便宜很多，都很赚钱，有许多人原非打鼓者，也打起鼓来了，也有些人来找我，请我出本钱，并说一元钱买了来，可以卖十元，而且几天就可以卖出去，这是多高的利钱。又说我已经被他们欺负了七八年的工夫还不趁此报报仇，倘我若肯出名去买，再少几个钱，日本人也不敢抵抗，几天的工夫，就可以赚几千元几万元。我问："怎能赚许多呢？"他们说："专靠住户没有这些东西，他们所有的买卖商号其中的货物都不能带走，都得卖出来，我们能买到三两家之货，便可赚许多。"当时谈的话很多，他们主意也很多。我所以问他们许多话者，也就是为的知道他们心理如何。说完之后，我对他们说："你们的心思不过是趁此机会赚几个钱，这很好，我很赞成，不过你们得快办，这不过几天的工夫，等他们一集中，他们就不能卖了，你们也不能买了。至于我个人，当然很想报仇，但报仇的办法，至少要杀他们几个高级军官，可是我没有这个力量，也没有这种权势，可以说是不能如愿的。若说赚个几千块钱就算报了仇，那未免离题太远。我在家中闷了八年，手中焉能有钱，这个生意我固然不想做，你们诸位赶紧到别处去设法，别耽搁了发财要紧。"说完大家一笑而散。类似这样的小麻烦还很多，虽然麻烦，后来一想也颇有趣。

日本占据北平时，留在北平的人前来看我的也很多，但分两种：一是旧日好友熟人，都来安慰。大家的说法，却不一致。有的人说，日本这样可恶，非设法报仇不可。有的人说我向来于政治无关，必是有本国人倾陷，探听出是何人来，非治他罪不可。有的说，他们早打听过，逮捕我并非要治罪，只是想我同日本人合作。种种谈论很多，且有人想出力代为探询倾陷我者，其意思固然可感，但都婉言谢之。二是帮助日本做事之人，这般人可笑，亦复可怜。在日本刚进北平时，他们是很露高兴之色，因为他们平常即与日本人有来往，有联系，都以为这是他们得手抓权的机会来了，纷相告语，有许多人约我合作，或请我暗中帮忙，那种意忘形的情形，实在令人发指。到现在固然有许多人藏躲不见，而又来的却也不少，大致是当过日本红差使的人都不见了，凡又来的，都是差使较低，或是从前与我来往较多之人。一进门都带仓皇之色，他们的来意，大致与日本人一样，都是求我帮助他们，且有的人说，在日本时代，他们暗中都替我说过好话，这可以算是无聊到家了。但他们正在不得意的时候，我也不愿抢白他们，我说："已往的话不必说，我可以帮你们忙的地方，我一定帮忙，不过我对你们说，我们政府是宽大的，为首的汉奸，自然不能容恕，你们这些中下级的人员，是问不着的，只管放心不必害怕。"乃有较为更无聊之人，则说："我们不过是求碗饭吃，谋个生活，何以说是汉奸呢？"我说："这话不要说，你们认为从前是错了，以后做事为人，或者还可以另有一番斟酌，四书中的过字，不是很坏的字眼，可是过而不改，那就不可问了。你说怎能算汉奸，我问你们日本是不是侵略我们，是不是想灭了我们？一个侵略我们毁灭我们的国家，你们跟他合作，而且帮助他们，请问这样的人，不叫作汉奸叫作什么呢？你们说是谋生活，不错，为谋生活的人当然很多，但不给日本做事，自己也可以生活的人有没有呢？你们自己知道。而且有许多人，不但想谋高升，而且总要找机会，在日本人前献殷勤买好。更有人找机会出风头，类似这些情形，这就不止是为谋生活了。"类似以上的种种事情，每日总有一两批，真可以算是麻烦已极。在彼时我是已经身安心静，而他们正在多所畏惧、多所顾虑的时候，我又何必说他们的闲话呢？其实这样的人，心目中既无道德，又无是非，连自己的行为都不知检点，迨国家容恕了他们，他们还以谋生活为借口，就是真正是简单的为谋生活，也似可不必藉以文过，提起来实在令人浩叹。

由中央到北平的朋友，来的就更多了。如老友张溥泉及张道藩兄诸君，都枉过慰问。我说："中国之受灾难者，不晓得有几千万，伤亡者是不必说了，就是未亡未伤者，哪一个不比我受罪受害较重，我在家中虽然八年之久，但毫未受罪，只是不能行动，而看点书写点东西，于精神亦毫无损伤，实在值不得诸公慰问。再有一层，我固然说不到有学问，但按知识二字说，虽不够高明，在全国国民中，也可以算是中等以上，总之国民的知识，比我强的人，大致到不了一半，不及我的总在一半以上，当国家有这样严重的国难之时，我这种程度的人，总应该替国家出点力量，方不负国家的栽培，家庭的教育。八年的工夫，我对国家或人民，是丝毫的帮助也没有，我自己正深惭愧，而乃劳诸君慰问，岂不羞死？"也有人说我不肯降日本，不与日本人合作，就令人钦佩。我说："这更笑话了，不投降敌人，不与敌人合作，乃是自己分内之事，应做的事情，有何可钦佩之处，若说一个人做了自己应该做事情便可钦佩，那世界上的事情就钦佩不过来了。"又有人说我可以媲美于孟之反不伐。我也笑了，说："那更比不了，孟之反虽然是逃回去，但仍整理政治，重整军马，与敌人一战，我这个无声无臭、毫无作为的等候中央胜利的到来，实在无的可伐，又焉能说到不伐二字呢？"以上乃与朋友闲谈的话，自然也有些笑谈的性质，但确都是实情，实在是乏善可述。

最麻烦的是报界的友人来看，多想使我给写点稿子，我本最懒于写这种文字，而且不长于写，他们说我从前在报纸及杂志中，都很写过，何以说不能写呢？我说："不错，从前确写过一些，但虽经友人催索，十几年的工夫，也不过写过短文一百余条，后来凑到一起出了版，名曰《京剧之变迁》。其实这不过是仿沪上报中的情形，述说梨园故事而已，于真正研究国剧实没什么重要关系。有许多人以为这就是研究戏剧，其实这只可以说梨园演戏的小故事，充其量可以说是小掌故，若说它就是研究戏，则隔膜太远。"友人说："不管它于研究国剧有关无关，总之国人多爱听述说旧事。"我说："这话自然不错，但现在也无可写的了，我从前所写，都是关于从前老名角特别技术的点点滴滴。彼时写此，有许多人或者见过那些老名角，就是没有见过，而知道那些名姓的还很多，所以写出来，许多人看着有趣。如今的人对于那些名角，连姓名都不知道了，就是写出来，大家看着也就不会感兴趣了。"友人说："你可以写现在的好角。"我笑了一笑说："现在的角是无可写的了。"友人说："你太小看现在角儿了。"我说："这并非我鄙视他们，如今青年的角色，我认识的还不少，就是不认识本人，倘是戏界的子弟，则他们的祖和父，大致我也都认识，且大部分是好朋友，而且我得他们的益处也很多，我又何必鄙视他们的子弟呢？倘我能唱能登台，我说他们闲话，好显着我好，如此则说他们闲话，还算有所为。而我既不能唱，又不能登台，更非仗此吃饭，我说他们闲话，于我有什么益处，而且损处极大。我若说他们好，他们对于我当然有好感的，这等于互相标榜，我又何乐不为呢？我若说他们坏，他们当然也要说我坏话，我又何必如此呢？但我是专从艺术着眼，并非对何人有所褒贬。不信请举一件极小的事情来谈谈。比方《问樵闹府》一戏，问樵一场，范仲禹丢失妻儿，急要寻找，踉跄前行，致把鞋子落于头上，此身段乃老名宿王九龄所创，因其有幼工，故能如此。后谭鑫培演此，完全效法九龄，而作的也非常利落美观，两人作此身段，都绝对不用手，只一抬腿，鞋即落于头上。后来所有学谭之角，演此戏时也都有此身段，但都是用手帮忙，自余叔岩，王又宸便是如此，后来者更无论矣。按这样身段，并不是非有不可，有它可以算是给本戏添精彩，最少也可以说是添花头；但没有它也不能算是缺点。不过有一层，倘若想作此身段，则非多用功不可。由足踢高，把鞋落于顶上，方能点出踉跄急促的情形来。若用手帮忙，则毫无道理了，不但不合理，而且也不美观。可是若想用足把鞋踢落于顶上，那非腿上有功夫不可，至少也得几个月的练习，而乃须腿有幼工，否则一年二年也不见得练得好，而如今的角，没有肯下这种功夫的。总而言之，是从前的角，都想用些长久的工夫，在戏中特别添点精彩，以便吸引观众。如今是都不肯特别下苦工，只学得老角一点皮毛，便得意自豪，如此则哪能有高深的造诣，特别的技术呢？所以就是写也无可写的。"友人说："这件事情不写，可以写点别的事情。"我说："自中央人员到此，每日人来人往，又不断出门看友，真是没有兴趣写东西。"友人说："如此把旧日写的东西拿出来登登报也好。"不得已只好把七八年来所写者交给他们去登。这一位持去，那一位也来要，彼时北平各报差不多都有我的稿，尤其是天津《益世报》登的更多，这一来不要紧，可给我出了广告了。因为我所写关于戏剧的几种，没有往外拿，所见于报者，都是关于北平的故事，如《故都琐述》、《北京土话》、《北京零食》、《三百六十行》以及《小说勾陈》等等。我自光绪庚子以后，出了书房门，对于书本中的学问，就算是没有实在用苦工夫研究过，但对于家庭社会中的文化、风俗、习惯、人情，以至婚丧、庆吊、酬应、来往、买卖、工艺、技术、娱乐、游艺、饮食、游逛等等，我都极感兴趣，极愿研究。倘有一种情形，不能明了，则必想各种方法去研究它，因此我知道的零碎事情特别多，因为研究无论任何学问也不能离开社会的实在情形，倘若不管真的实事，而只知研究书本的记载，那总是近于空虚的学问，所以我对此特别注意。但我这种工作，外边知道的人并不多，只有些好友稍知，如朱桂辛、袁守和诸君便常以此夸奖我，而外人并不知道，因这一登报，可以说是给我登了广告，知道的人可就多了，都说我知道的北平掌故最多，其实这不过是零碎事情，够不上是掌故，不过由小的事情可以得到重要的理论，也可以说是由细微的情形可以发现有关历史的学问。这种例子很多，不过人多不注意，现在把我所感觉的事情谈一件。我因为研究北平的零食及各级饭馆子的菜品，而得到下边的一种思想，也可以说是理论。西洋的筵席，基本原料是牛羊猪鸡等物，多少年来，可以说是没有重大的变化，至于烹饪法，则当然另有进步。中国则不然，在周朝时，牛羊猪兔狗鸡等等是极平常而离不开的原料，两汉到唐朝，就有了很大的变化，似乎是侧重猪鸡等物了，此在正史中不容易考究，然从《玉芝堂谈荟》、《酉阳杂俎》等等书中，往往可以看的出来。宋朝以后差不多是专在猪身上想法子，元朝又兼用牛羊，此在《饮膳正要》一书中，可以稍稍看出。到明清两朝，差不多牛羊肉就不能上席了，我收藏有明朝的两张半饭馆中的菜单，其中都没有牛羊肉，按这两张菜单，固不足为凭，但散见于各种笔记中的这种情形，也看到。到清朝后半季，则乡间之席，可以说纯是重用猪肉，尤其北方更是如此。比方河北省乡间之席，是一碗条子肉，一碗方块肉（亦名东坡块），一碗肘子（蹄子），一碗拆骨肉，一碗杂碎，一碗猪肉丸子，或加一碗鸡，一碗鱼，几几乎都是猪肉。大城池中之席，中等席仍以猪肉为主，高等席则以鸡鸭鱼及猪腹内之心肝肚腰等物为主要品了，虽然也仍用猪肉，则整用者至少，大多数是细切或剁碎，炒丝炒片，或作丸子等等。如炖肘子，东坡块等等虽亦恒见，但都非重要菜品。以上乃说的席间菜品之本质，至于山珍海味的特别品，那是踵事增华，特别要好，特别的花头，类如南方之鳝鱼席，北方之全羊席，全猪席（西四牌楼南之砂锅居，即专作此种）等等，那是特别又特别了。

以上所说之由重用牛羊猪，进而为重用猪，又进而为重腹内各物，在这种过程情形中，可以有三种的感想或研究。

一是原料的关系。这与国家疆域变化有关。所谓周朝重用牛羊者，因唐虞三代发达都在山西陕西一带，西北地带，虽非寒带，但山多宜于牧畜，所以彼时重用牛羊。两汉时代及以后，渐渐重用猪鸡等物，此已是家畜，大概彼时内地开发已广，荒地少，时农田多，牧畜便减少，家畜便发达，西北一带，虽仍是游牧之地，但匈奴已强，则其地所产之牛羊，便不易来到内地，此所以席间牛羊渐少，猪肉渐多也。在唐宋几百年中，牛羊亦微，而海味渐渐的大风行起来，此盖系朝廷对北方力弱，而渔业比从前发达了许多，所以食品也多往海产中追求。元朝来于蒙古，当然又重牛羊，乳酪气味，普遍了北几省。明朝后牛羊肉亦未十分发达，其实清朝势力远及蒙古，由彼来牛羊极易，他所以不十分畅销者，也有原因。古时所食者，都是山野的牧牛，俗名菜牛。两汉之后，牧牛渐少，耕地之牛渐多，所食者多系耕牛。大家遂说，牛之一物，拉车耕地，给人类卖一辈子力气，结果还落一个宰而食之，以为太忍，于是便有不食耕牛的说法。其实蒙古之牛，何尝能耕能运呢？但因为不食耕牛的说法盛行，于是牧牛吃的也就少了，尤其羊肉不适于热带，所以南方吃的很少，而北方亦止秋后食之，到初春吃的就很少了。周朝及以前，建都在山陕及河南北部，较为寒冷，故食羊肉较多，以上乃原料变化的由来。

二是割烹的关系。西洋到现在仍是只讲烹而不讲割，中国古来便是割烹并重，不过古代割也很简单，如割不正不食等等的记载，只是割的正当与否耳。两汉以后的切法已有进步，唐朝《酉阳杂俎》一书中，已有"蝉翼切"等名词，则其薄可知。因为地面开发，牧畜业日微，全靠家畜，则当然不够吃，对于肉类不能不节俭用食，于是乃创出细切的办法，以配合各种菜蔬使用，因为细切，又创出炒、爆、炮、涮等等速成的做法来，其原义大致就是因为俭省肉类，而这种种速成的做法，可以说是又省原料又好吃，至今世界为中国独有之菜品。

三是卫生的关系。周朝时代，食各种兽类，似乎是只重用其肉，对于腹内各脏，是不讲吃的。西洋一直到十九世纪末尚是如此，近三几年以来才加重视，从前几几乎是废物。我国则千余年来就重用它了，尤其肝、肚、腰子、大肠等更为重要，再细者则为鸡鸭腹内之物，再细则为鱼类腹中之物，类如鱼肚、鱼骨等等也是大馆子恒见之菜。中国人早就说，肚肝等等之滋养料比牛羊肉多，吾国从前化学不发达，这种理论当然指不出确实的证据来。近来据西洋人化解，已知道这都是于人营养极好的物品了。吾国对于鸡鸭鱼等腹中之物，虽早已极有研究，但牛腹中之物，则至今尚不重视，按牛肉滋养料多，则腹中之物滋养料亦不会少，然这些东西，到目下仍是在街头上卖的，大饭馆中尚不见，可以说仍都是下等食品，阔人都不吃。这大概是因为两汉以后，不容易吃到牛肉，对于牛肉的吃法，没有许多研究的机会，所以至今牛肉的吃法还很简单，则对它腹内的物品，就更不肯研究了，因为千八百年的时期吃得很少，口味已失掉了习惯，后来简单的就不大爱吃，于是更没有人研究了。所以至今牛腹中之物，在北平仍是街头小贩的下等食品。

以上说的这些话，证据似乎不够充足，理由也似乎不够圆满，我从前有搜索的这种材料，但不在手下，无法填补利用。再唐宋以来各种笔记中，亦常有关于这些事情的记载，但手下无书，记忆力又不够，亦不能引用，只好就这样大略随便说说。按此事诸君或者笑我胡说，也或者说我随便瞎扯，不错可以说是胡说，也可以说是瞎扯，但这确是一种理想，世界上的事情，有理想然后有研究，有研究然后就可成为实事。

我是因为在北平多年，看到许多物品在街头背筐挑担卖食品的小贩处买得到，而饭馆中则无有，也有许多饭馆中有，而小贩担中却没有的，所以我才研究此事，知道国民的食品，是与政治国势有极大关系的，若再能详细调查，再由书本中街头上找证据，则未尝不是一种学说。此事容另详之，兹不多赘了。

最后是由中央到的一般新旧朋友怂恿我把国剧学会还办起来，把所有物品也再陈列出来。这自然是我极想做的事情，但我既没有地方又没有钱，怎能办得到呢？七七事变之前，我用的那一所房子异常宽大，在西城绒线胡同路北，共有大房间三十余间，然陈列已满，尚有许多物品不能陈出。日本军进城，被他们占据，日本投降之后，又被某机关使用，用了很大力量，也没有要回来，再找这样一所房子，实不容易。有人建议，演义务戏筹款。又有人说，我虽与戏界人都相熟，但筹款不能完全靠戏剧界，因为既想筹款，则票价须高，仍须观众帮忙，若戏价只卖物之所值，则余款太少，若想筹款，自然就须增高票价，若销票听其自然，则未必能卖好，这必须组织一个推行委员会，以便分力推销。又有人说，组织委员会，也不可勉强，最好是先把国剧陈列馆中之物品陈列出来，请大家看看，方能引人之兴趣。陈列固不难，但房子则不易觅，且东西太多，若陈列出来，就得陈列一个相当的时期，长久的固好，最短也得有半年，否则太费事值不得，于是就有许多朋友帮助找房。出力最多者有陈纪滢、梁实秋、王向辰、袁守和、张伯谨、许惠东、沈兼士、胡伯翰诸兄，故宫博物院诸君也很帮忙，由袁守和君建议，借景山之观德殿陈列，地方是极好，但此在故宫博物院范围之内，这些东西送进去是很容易，倘有时须往外取时，则手续相当麻烦，乃改借前清之堂子，堂子者乃前清祭祀远祖之所，原来在御河桥之东边，规模极大，凡有大典，如出征祭大纛旗及凯旋献俘等等，都由皇帝亲身致祭，王公陪祭，礼极隆重。光绪庚子，被意大利占用，此处原为一小宫殿，不得已将就用之，所以很小，正殿不过十间，本不够国剧学会各物之陈列，但房不易觅，只好将就用之，然能得此房，已很不容易了，没有想到，陈列出来之后，虽然未尽陈列，而且地方不够，虽陈列出之品亦不能按科学方法，分类界限清楚，更无暇每件作一说明，从前陈列时，每类每件，都各有一说明牌，经此变乱，都遗失了。虽如此将就，观者亦颇感兴趣，都以为得未曾有，盖这种文献之物器，大多数都是不容易见到的，尤其是文献，恐怕全中国，也就是只有这一份，所以大家都觉新奇而感兴味。

因此遂提起了大家的精神，都说一定得筹款设法维持，筹款的方法，只有演戏最为合宜，而且省事，用什么名义呢？王君向辰说，南京国立编译馆，改正许多剧本，总没有人演，此时可否找人排演几出？我说大概可以办到，但这种性质的事情，似乎须找老角，大家问，为什么非老角不可呢？我说不是非老角不可，但老角有种种的优点：

一是老角久未演戏，或不常演者，偶尔一演，其号召力当然比青年角色大得多。

二是戏词虽经编译馆酌改，但经青年角演出来，不见得能得到戏界及观众的重视，若经老角一演，则必为大多数人所注意，则于已改之本或将来再改之本，均有极大的助力及影响。

三是青年角色大多数都是一出戏，只会唱一种词，如此你使他骤然改念词句，是较为难。老角则会的种类较多，一出戏往往会两三种词。比方随便说一句，《长坂坡》糜夫人跑箭一场后见赵云之词，就有三种之多，有的唱人辰辙，有的唱幺条辙，这种地方，旦角得听武生的，因为武生先唱，他用什么辙，旦角就得跟着唱什么辙，所以有时唱"大将无马怎能行"，有时唱"大将无马怎能逃"，等等的这种情形很多。这还只是说同别人合唱，有时自己唱，其词句也不一样，老角会的多，听见说过的也多，他改念词句，不但不甚难，且也不觉得新奇，倘使青年角色改念词句，他便以为是很大的事情，因为自初学唱，就是这一套词，永未改过，所以让他改，是较难的，甚至他不肯改，也是平常事体，老角对此，则看法较活动的多。

大家很以我这话为然，于是决定先与各老名角接洽接洽，好在老名角我都认识，没想到，开首一访问，使我大大地吃了一惊，而且感叹了许久，为什么这个样子呢？原来这八年的工夫，老角去世的很多，这大概是生活不能如意，精神大受损害的关系，简直地说，除尚和玉一人外，没有比我年长的了，最老者也都比我小一两岁，其余就更不用提了。回头一想，从前的老角，如杨小楼、王又宸、曹心泉、吴彩霞、俞振庭、余玉琴、阎岚秋（九阵风）、慈瑞泉，冯蕙林、程继仙、时慧宝、余叔岩、范宝亭、钱金福、张彩林、郭春山、孙怡云等等这些老朋友们，从前有的往往遇到，有的天天对谈，是何等有味，如今一问，都去世了，真真是"访旧半为鬼，安得不惊呼"呢？本来想都找老角，但人太少了，只好找年轻一点的，除尚和玉外，如萧长华、马德成二人算是最老的了，萧长华比我小一岁，马德成比我小两岁，其余谭小培、王瑶卿、王凤卿，还可以算是前清的名角，若贯大元、侯喜瑞，只可以算是清末民初的名角了，然年最少者，也已五十多岁，也只好得算老角了。约他们几位来，同他们一商议，他们说，我们都是几十年的交情，又是为国剧学会筹款，一切都好办，只是光演旧戏，恐怕不够看，不能满观众之意，尤其是尚和玉先生说得更好，他说："现在国家胜利，一切维新，我们也得有出新戏演演，才算够劲。"萧长华同他开玩笑说："你这是最老的角，偏要演新的戏。"说的大家大乐。陈君纪滢说："正好有南京国立编译馆修改的剧本，请你们诸位演演，不过得现念新词，恐怕难一点。"尚和玉问："改的多少？"王向辰说："改的不多，不过略事修正而已。"尚和玉说："那不难，有两天的工夫就够了。"我说："我曾说过，老角倒往往不怕改词句。"尚和玉说："那是不错的，不像他们年轻的人，只会一种词句，老一辈的角唱《空城计》，哪一位不是会两三种词句呢。如今的角，都是只会一种，差一个字，他就以为不对，因为他们学的太少，所以才有此现象。说起这话来，在北平唱戏是最便宜的，大家都在一处，所唱所念，都差不了许多。若在乡间唱戏，就不是这样子了。这个班离那一个班，至少也有几十里路，这个师傅离那个师傅，相离或至几百里路，谁跟谁学的也不一样，不论搭哪一个班，也得与各角对戏，否则在台上非碰不可。北平虽也有对戏这个名词，但不过是大略说一说，因为大家学的都差不了多少，所以在京外演过戏的人，心思都活动。谭老板唱的词句就往往不同，有一出戏，我听过他三次，一次一个样，这固然是他特别的天才，但他二十岁时，他同刘景然、李顺亭等等，在京东一带演过两年多的工夫，于他也未尝没有帮助。"大家见和玉说得这样有趣，于是也都高兴，商量演何戏，在编译馆改正的戏中，找了两出，又特别改良了一出，定规共演四出，先规定了《芦花荡》、《翠屏山》、《夜奔》。戏界诸君便又说，光是这样的戏，怕不能餍观众之望。第一只是我们这些老古董，老是够老的了，但是不能叫座，必须找一两位年轻的，且须旦角才好，说的大家大乐。第二光这旧戏，虽经改过，也不够新鲜，要想保险，还得有一出新戏。大家说，现编是来不及了，问我有无编就现成之戏？我说还有两本未演过，但一本不合此次之用，其余一本曰《桃花扇》，倒可将就，不过也有不大合宜之处。这本戏我编时有两种主意，一是反对借外力来侵略中国，如清兵之下江南。二是描写当时之政局之腐败，如马士英、阮大铖等等，所以使李香君把他们大骂一顿，这恐怕有讥讽现政府之嫌。再者听说已经有人编了一出《桃花扇》，倘我们演时，恐怕有同他打对台的嫌疑。大家说这三个问题，都没什么关系。第一项的借外力侵略中国，正合目下情势。第二项的官员腐败，现在虽然不是这个样子，但这样的官员，仍然不少，演出来使众官知所警惕，藉以自省也好。再者不能说现在没有坏的官，就不能演坏官员的戏了么？至于别人也要演《桃花扇》一层，更没有关系，本子不一样，演的时间不一样，有什么妨害呢，于是便规定了演此戏。此戏主要的角色，当然是李香君，因稍微年长之角，念新本子太慢，且别的戏忙，不克演此，遂选定了杨荣环。为什么演这四出戏呢，都有些理由。第一前三出都经国立编译馆改正过，《桃花扇》也经国立编译馆转呈教育部审定过。第二是这三出戏，都各有它的特别优点。第三是前三出戏，都是各该角的拿手戏。兹在下边大略谈谈各剧的优点。

《芦花荡》为《西川图》中之一折，乃歌舞并重之戏，不但所有身段都与词句呼应，而美观之外，尤饶潇洒滑稽之致，出场起霸，花样繁多，与他剧不同，从前特名之曰"芦花霸"。

《翠屏山》一戏，为观众所皆知，似乎不必介绍，但此剧的构造及演法，实为旧剧之代表作，不可不略加说明。按《翠屏山》，乃明朝人一部传奇之总名，清初翻成梆子腔，演来比传奇紧张，常演的吵家一场，由传奇中之"反诳"及"交帐"两折翻来，比传奇紧凑精神。而杨雄遇石秀一段，尤为精彩绝伦。按此段为杨雄刚出家门，欲往外走，忽闻石秀咳嗽声，杨心中自忖："这是石秀的声音，他对我妻室如此无理，本应与他翻脸绝交。但因多日交情，且立此地，不理睬他，看他有何举动，或有何话说，再作道理。"遂背立，佯为不理。石秀见杨不理，心想："杨雄与我至交，平日甚相亲爱，今日如何这般情形，其中必有原故，但他是兄长，我应当先上前去招呼才是。"于是上前一揖曰："杨仁兄起床来了！"杨雄此时想到，"我虽然想不理他，但他向我施礼，也不好不予招呼"，但仍不愿直接答礼，乃望空念出一句成语："贫贱之子不压富。"石秀一闻此言，心中自忖："他为何不直接理我，而念起则儿来？"（念则儿为北京土语，又作嘴儿）于是亦答以"背地听妻反谈吾。"杨又念："沙滩无鱼怎落网。"石又念："男子须称大丈夫。"杨问："哪一个是大丈夫？"石云："俺便是大丈夫。"杨云："近前来讲话。"于是啐石三口而去。石秀愤极，乃曰："我与他朋友相交，就是这样的待我？"又一想："看此情形，我须赶上前去，分辩几句。"及至赶了几步，见他已去远，又自忖道："他既已去远，何必再赶，而且看此情形，辩亦无益。"于是幡然改计，但仍持君子绝交不出恶声的态度，只好自言自语："不免清算帐目早离他家。"乃持帐簿，进二门与潘巧云相遇。以上情节，虽是极短的时间，但情节则相当复杂，请闭目一思，编剧时须用多少话白，方能全盘写出，而他编这出戏，只用了六七句话，将二人的心事及各种情节，完全烘托出来。他所以能如此者，全赖有背供、神气、身段、舞式四种功用，遂使演者轻松而美观，观者明了愉快，这种场子，在旧剧中亦不多见。

《夜奔》系《宝剑记》中之一折，本为歌舞并重之戏。所有舞的姿式，除与词句音乐配合外，都极优美，可以说是安排尽善之剧，可惜各角所演，失传之处甚多，例如杨小楼之身段，就有许多不对的地方，其实他是张淇林所授。淇林之身段，都很讲究，教与小楼自不会错，不过因小楼年岁之高，力不充足，所有费力之处，都不易做到，不得不设法通融办理，所有身段，遂大走样，不合理之处，就很多了。吾乡之昆弋腔班，当年老角之演法，都是由北平传去，而且尚无大变更。一切扮相穿戴，都仍是旧谱，所以特演此戏。再此次特演两出北曲者（《夜奔》与《芦花荡》），因其为国剧中存留最早的腔调，且极多精美的舞式，若南曲则较此相差尚远。又有人谓本会以皮簧为国剧，实属误解太甚，本会之所谓国剧，乃国内所产生之戏剧，一切中国之戏剧，均包括在内，如弋腔、昆腔、秦腔、梆子腔、川腔、滇腔、皮簧、粤剧，以至越剧、蹦蹦等等都不能例外，如有好剧本，好演法，无不尽力提倡。

《桃花扇》传奇，共为四十出。此次翻成皮簧，只摘取四出，即《媚座》、《守楼》、《寄扇》、《骂筵》诸折改编而成，宗旨是借鉴往事，警惕来者，所谓"天下兴亡，匹夫有责"。按抵抗侵略，固属重要，而斩除贪污，清明政治，实为强国之根本。然究止官邪，不得专赖政府，贪污枉法，亦非专指官吏。凡我国民，应群策群力，尽量协助政府，消减暴力，扫尽贪污，排除一切建国之障碍，则是此剧的微旨。如李香君以一妓女，而对马阮大僚毫不惧怯，侃侃而谈，激怒对骂，不顾生死，此种精神，如果能发扬光大，奸邪小人，贪官污吏，何愁不除，国家社会，何愁不安邪？

组织就绪以后，在银行公会演了两天，华乐戏园演了三天，居然天天满座，而且大受欢迎。所以受欢迎者有两种原因：一是前三出都是经国立编译馆改正过，有许多人要看改过的本子如何，而且尚和玉、马德成二君，都是七十岁以上，尤其尚君特允唱开场戏，大家更以为新奇。二是《桃花扇》之剧本，在我初编的时候，是针对彼时之腐败政治而言，没想到日本投降以后，由中央来的官长，能使民众满意的，实不多见，观众以为剧中李香君骂马士英、阮大铖的词句，就是骂接收的高级人员，所以听着特别起劲，且特别兴奋。

演全了戏，每角都送了几个钱，又请他们吃了一回饭，藉以长谈。我当然对他们客气几句，谢谢他们。没容我的话说完，尚君和玉就说："齐先生什么客气话也不必说了。我们几人这回演戏，就算是名利双收。第一我们两个人，都是许久未曾登台，马老板（德成）固然是二十年不常演了，我也是十几年未唱过，不经您这一提倡，谁还知道我们哪？每人又给这许多钱，可不是名利双收么？"马君德成，为黄月山的入室弟子，在光绪年间，北平武生分三派，一是俞菊笙兼唱花脸，如《拿高登》、《金钱豹》等等。二是黄月山，兼演老头儿戏，如《独木关》等等。三是李春来，专演短打的戏。黄月山外号黄胖，得意弟子，首推李吉瑞，次则为马德成。他吃着饭，叹了一口气说："曲不离口，技不离手，如今二十多年不登台，所有身段都退化了。"我说："有幼工还可将就，倘无幼工则一时不练，便要退化。"尚君同我玩笑，问我："您有什么幼工？"他不过是随便问问，我说："敝村有花拳门，能者极多，我虽未正式学过，但自幼常看，也会个几手。"他说："花拳讲究打飞脚，您还能打么？"我一字未回答，站起来就来了一个，他们都非常惊讶。萧长华说："没想到您有这套本领，您这个飞脚打的还是很高，要早知道，早请您到富连成当教师去了。"我说："光会打一个飞脚，也不够教师的资格呀？"尚君说："如今什么也不会，就想当教师的人多的很呢！"萧君说："圣人说诲人不倦么，把人都毁了完事。"时陈君纪滢、梁君实秋、王君向辰诸君都在座，他们也没有想到我能打一飞脚。尚和玉兴致来了，也打了一个。萧君说："你看你这个飞脚不及齐先生打的高，然而你的身份，已够教师的师傅了，那齐先生有什么不可以当教师的呢？"大家谈了几个钟头，真可以说是尽欢而散，临走时还特别说，以后国剧学会有何事情需用他们，只管告诉他们，随唤随到，绝对没有问题，这也很可以钦佩。

第十二章　谈家常、离开北平

谈家常

　　前章谈的是日本投降以后的情形，本想接着就把离开北平的情形来谈谈。奈有许多友人到北平舍下去过，他们都说舍下家庭的情形，极为特别，极有意思，必须也要谈谈，且有许多外国人因听说舍下情况特别，而来拜访参观者也很多，也可勉强谈一谈。按舍下之家庭，在前清以前是极普通的情形，到民国以后似乎是有点少见了。因为舍下是旧式的家庭，所谓大家庭，我们老弟兄三个人，一同居住。在民国三十六年的时候，家兄竺山七十九岁，我七十一岁，舍弟寿山六十六岁，家嫂等妯娌三人，也都六七十岁，下一辈男女二十余人，有甥男甥女等，因在北平上学的关系，也多住在舍下，全家共有三十余人，自从光绪二十九年搬到裱褙胡同，到现在已经住了五十余年，没有口角过一次，全家永远是和和睦睦，这也实在是一件不容易的事情。因此外国人之到北平者，常常有人来舍下参观，他们都以为非常之新奇，问长问短，各方面的情形都要问问，甚至拉住小孩，也问许多的话，且有人极愿在舍下吃一顿饭，并有应报酬多少钱，极愿照付等等的这些话。如此热心者，当然就要留他吃一顿饭。舍下每顿饭，总是分三四棹，他们也夹杂其间，尤以为有趣，他们最以为新奇者，是舍下吃饭永远用粗瓷碗碟，且每顿饭止是两样菜一样汤。他们常常问道，为什么用粗瓷盘碗，且中国人吃饭用菜样很多，何以独否？我回答他们，一则我们生长在乡间，永远保存着乡间的习惯。二则用粗瓷家具，乃先严留下的习惯。先严常说，杜甫诗有句云："莫笑田家老瓦盆，也曾盛酒长儿孙。"一个瓦盆使用几十年，吾等虽不必一定用老瓦盆，但如今之奢侈，必用细瓷者，则万不可效法于它，至于每饭之菜肴，必用四样八样，所谓成席者更可不必。按吾国每饭之菜品，必四样、八样、十六样等等，实自三代已然，《礼记》一书中记载颇详，一直传到现在，但似应于行礼宴会时用之，家居实可不必。且每日烹饪，耗费时间太多，可以说是无谓，不及每饭只用两三样，如嫌不够吃，则可每样多备一些，亦可足用，是菜样少，而数量并不少，一样可以食饱，只省烹饪之时间耳。所以舍下不但平日吃饭如此，即过年过节，除有外客正式宴会外，也不用成棹之菜，只比平常吃的较好就是了，其实这种吃法，也就是仍然保留着乡间的习惯，并没什么新奇。西洋人都说这种办法实与西洋一样，西洋稍讲究之家，平常也不过一汤两菜，不过吃的前后不同，西洋人先喝汤，中国人后喝汤耳。外国朋友因为在他们社会中，看不到大家庭情形，他们多说，在历史中也曾读到过，从前西洋家庭也是这样的组织，但现在已绝迹，偶尔在文字中看到，也实在不知其真相，且有时半信半疑，今天居然真正见到，所以对各种情形，问的话很多。我对他们讲的很多，兹归纳着写在下边。外国人以为最奇怪的是这许多人住在一起，永远和睦而无争论之事。我对他们说："这固然很难，而也很容易。所谓难者在什么地方呢？就是际遇之难，吾兄弟三人，受先严的教育，弟兄和睦，可以算是平常事体，没什么特别的，只是人人不把钱财放在心里头，也就够了。所难者是她们妯娌三人，未来吾家之前。谁也不认识谁，是毫无感情的，以毫无感情的人同居一处几十年，且各有利害的关系，日久不伤感情，则确系不易的事情，所幸的是她们三人天性都很好，这就是前边所说的际遇了。虽然是际遇好，但这许多人同居，也得有特别的办法，不过虽然说是特别，其实也很平常，即是孔夫子所说的不患寡而患不均，果能诸事平均，则自然没有竞争的事情发生，韩退之所说'物不得其平则鸣'就是这个道理，吾家衣食费都是平均的，每年每人衣服钱多少，都各交本人，小孩的则交其母，有余则归其母安置，吃食是大家一样。偶与小孩等买些糖果玩品，则必需每个小孩都要得到，倘偶不够分，则视该物宜于较大之小孩，或宜于较稚之小孩。且宜于较大者，则由最大者分起，分到谁谁就可得，再小者就得不到了，如糖果等则当然是尽小者先分，也是分完为止，最大者就没有了，如此则没有人心中不平。再者还有一件事情，诸君当然也知道，就是世界中的女子，多数爱在细微处注意，这种情形几十年来我看到的很多，比方从前的家庭，一家父母有两个儿子，且都已娶妻，又各有小孩，大儿读书，二儿务农，则大儿当然穿的总要好一些，如此则二儿当然有点不愿意，可是还不重要，倘给大儿妇添一件衣服，而不给二儿妇添，那她可以怒形于色，其实这比大儿读书多花的钱少得多，但她则视为比那个重要。再往细微里说，倘给大儿之子买点玩物，或买块糖，而不给二儿子，则二儿妇之怒便可终身不忘，甚至从此便可永远不会和睦了，从前家庭中这种情形多得很。按大家庭的制度，西洋从前也是如此，不过早已打破，而中国则到现在仍保存着这种办法，从前的学者都是极力提倡，所谓张公九世同居，社会认为是极可取法的道德。其实详细一审查，真正和睦之家，乃是千不见一，所以父母一死，都是即刻分居，还有许多因实在难处，在父母在时便已分居，单给父母留一部分产业自己度日，或父母愿与最小儿子合居，倒可把自己产业与小儿合并。且有不给父母留产，使父母在各儿子家轮流吃饭者，甚至有平常吃的较好，在父母来吃饭之时期，则特别吃的较差者，种种怪现象，不可胜举，这都是同居的遗毒所致。往日大家一家同居了多少年，外面虽不至斗殴，但积怨甚深，兄弟不交谈者，都往往有之，所以分居之后，多少年尚不能恢复感情者，亦恒有之。也有同居时常常口角争斗，不得已始分居者。总之都是受旧学说的约束，以为同居是美德，分居怕人讥笑丢面子，结果是为这点虚面子，而受了很大的实祸，因为兄弟不和，乃至冤仇难解，则其财产之枉费，更是可想而知的了。那么有这样大害，为什么大家还要同居呢？这固然是为点虚面子，但也有不得已的原因，不过这话说起来太长，这与工业国或农业国，有极大而直接的关系，工业国家无需大家庭同居是各人有各人的工作，分居也是各人作各人的工作，同居与否没什么分别。农业国在南方影响还小，因为南方多水田，耕地只用一人一牛便足，田多则多养几条牛，田少则有一条，也一样的耕种，毫无妨碍；北方都是旱田，耕地非两个牲口不可，最好是两个驴马，耕的深而较快，两条牛则虽可深耕，而行动则慢，至少要两个驴亦可耕地，但力小而不能深耕，倘稍耕深它便拉不动，种地最要紧的是深耕，深耕则土翻上来的当然多，则土有休息的时间，去年生殖禾苗之土，今年便可以在地下休养，若耕的浅，则每年生殖禾苗都是这一部分土，庄稼收成当然减少，若养不起两个驴，则地便算无法可种。比方说：一家父亲之下，有三个儿子，而有一百亩地，养两个牲口，三个儿子合作，便可把田种得很好，便是小康之家。倘一分居，则每人只可得三十亩，三十亩地之家，养一个驴还可将就，再多就养不起了，然一个驴绝对不能耕地，这于耕种度日等等，都发生了极严重的问题，若地再少一些，则一个驴也养不起，那可以算是无法耕种了。因为有这种情形，在同居之时，虽兄弟有不和之处，他父亲也要提出这些情形来警告他们，使他们彼此和睦，不要分居。而做兄弟者对于这些地方，也要想一想，料到分居后备种为难的景况来，也只好暂且不分。以上乃是吾国北方乡间兄弟多同居的一大原因，至今犹然，这可以说是不止礼教的关系，也有利害的关系。若城池中人，则务农者较少，北平尤甚，多靠做官当差为生，各人当各人的差使，同居与否无大关系，所以父母去世之后兄弟同居者就很少了。再者北方还有一种陋俗，也是于同居很不方便的，就是无论谁家，娶了媳妇来，多是只管吃住，不管衣服，每个媳妇都由她娘家赔补，甚至生了几个小孩，也由小孩子之外祖家供给衣服，所以每个媳妇都盼望往娘家去住，以便添点衣服，但也相当不舒服，因为回娘家去时，须请示婆婆给多少天的假，定规多少天后，婆婆要还给这些天的工作，带回去作，且总是工作较多，大致若住一个月的工夫，要给四十天的工作，如果作不完，便须请娘家的嫂子及弟妇帮助，好在娘家的嫂子弟妇等，也有娘家，她们回娘家去时，也是这样办法。还有最厉害的恶习，是儿媳妇住娘家，回来的时候，必须给婆婆带些吃食来，乡间没什么好的东西，不过是蒸的馒头包子等等，有句谚语曰：'媳妇娘家走，婆婆张着口。'足见回来时，是非有吃的不可，而且是越多越好，乡间送礼，没有盒子匣子等等，只用一个篮子，婆婆看待儿媳妇的好坏，全看篮子的大小，比方大儿媳妇家富，送来的篮子大，则婆婆待大儿媳妇便特别好，二儿媳妇家穷篮子小，便要虐待。这在家庭间暗潮就很大了，媳妇之衣服专靠娘家供给，因娘家贫富不同，平常穿戴，已经相形见绌，使人难堪，再加婆婆之鄙视，这种家庭怎能平静，所以有许多家庭，外面虽同居，而内容实际，则有许多苦恼。舍下本无须同居，且向来也不以此为自美自豪，实因清末民初之间，有十几年家兄与舍弟，一在德国，一在法国，而家眷则留在北平，辛亥年先严去世，本可分居，但家嫂弟妇，她们都不愿分，小孩等更不愿分，而且舍下小孩对我们三人，向来没有父亲叔伯之分，他们脑思中一样同是长辈，分居之后人少，不及合居热闹，因此就一同住到了现在，也没有人愿分，好在也无的可分，从前做买卖虽能赚几个钱，也都供给十几个小孩到欧洲留学花完了，现在所剩下的只有一所旧房及每人身上的衣服，还怎能分法呢？虽还有一两个买卖，这个年头还能倚靠他生活么？不过可庆幸的事情，就是老老少少，都自己能谋生活，不至冻饿。到现在出来，就算分开了，将来回去，仍住在一处，一处吃饭，就又算没分，而且这种不分，也于下辈很有趣味，这话乍听当然更是新奇。二十余年以来，下辈的子弟，多已男婚女嫁，舍下的章程，是无论男女，婚嫁之后，愿自己在外边单住，或回来居住，都可随意，谁挣的钱，家中也一文不要，可是婚嫁以后，就只供吃住，不供衣服了，自己单住，偶尔回来，亦无不可，尤其是男子有事外去，一时不能携眷，则当然是在家来住一时，较为方便。我们大家同住，他们来家，则所有骨肉都可见到，所谓合家欢聚，倘我们分了家，则他们回来时，便须到各家去看，方能通通见到，且感觉人少而寂寞，所以他们都不愿我们分居。"与西洋朋友前后谈的话很多，他们都极感兴趣而新奇，有的人把此种情形，与他们的夫人写去，往往接到回信，使他们补充着又问各种情形，且问的有非常有趣及可笑的言语，我现在是记不清了，但还记得一些，兹写在下边。

　　大太太想吃什么，是否须与二太太三太太商量，或各人愿吃什么就吃什么？

大太太给她的小孩买糖果玩物时，是否也须给其他小孩照买？

大太太娘家来了客，是否也是二太太的客？

三位太太与三位先生，于共棹吃饭时谈话，是否对外来的客人一样的情形？

此位的太太，是否一样可以管教别人的小孩，是否可以与管自己小孩一样的申饬？

每晚睡前，是否彼此都说一个晚安？

三位太太，遇有各人自己喜欢的东西，是否可以自己单独购买？

大太太以为二太太的小孩有过失时，是否可以就管，或须告于二太太？

此位先生是否可以与彼位太太互吻？

问的话很多，不必尽举，他们接到这样信，就往往来问，有时候一个问题，就得解说十几分钟，结果互以为极有趣味，比方说他问嫂子小叔等是否可以互吻？我对他说："您可以给您太太写回信，说中国的习惯，不但小叔嫂子等不能互吻，连夫妇二人，当着人也万不许互吻。"他大乐说，这封信写回去，不晓得他太太以为多奇怪呢？在日本投降后，一年多的工夫，与西洋朋友这样的谈话，就很有些次，虽然相当麻烦，但也很有意思。其中有一位美国人，他来舍下谈过五六次，他说过一段话，也极有趣味，他说，他在北平住了二十几年了，前者回国，就住在他的儿子家中，有儿媳妇及两个小孙子，一家连他老小五人，应该相当的快乐。一次一个小孙子淘气，他说小孙子，小孙子不听话，他就在小孙子肩上拍了一下，虽然是责打的意思，但也绝不会疼，可是儿媳妇提出抗议，问他有什么资格可以打他的小孩？他听到这句话，心中难过极了，勉强住了两个月，仍决心回北平，永远不再回美国。我问他为什么？他说北平太好，像你们这样大家庭，固然不多，但父亲同儿子儿媳及小孙子等，住在一起的还不少，一切家政，归儿媳管理，父亲挣了钱来也交给儿媳，一切衣服吃住，甚至酬应等等，自己都不必操心，都归儿媳张罗，自己一切都是现成的，晚上谈天，一家融融和和，真是快乐，偶尔小孙子淘气，他妈妈训教他，说不听话爷爷是要打的，这句话听着从心里舒服，如此方是一家；在美国绝对听不到这样话，所以我永远不回美国去了。

他这番议论，虽然是很特别，但也很有道理。西洋之讲人人独立，固然是对人自谋生活没有依赖性的教育，但若老夫妻全在，则夫妻二人自可单住，若只胜下一位老头儿，儿子毫不关心，使其自己独住。西洋人数百年来，固然有了这种习惯，但总是难免感觉寂寞的，这在中国旧道德中，固然说不过去，就是在西洋于人伦上，也总有些缺点。可是这话又得两面说着，西洋父子虽不同居，但感情上不会坏，而且是好就多来往，坏就少来往，一切情形都是真的，不像中国外面虽好，骨子里头却很坏，他绝对没有供养父母而过分量的那种笑谈。这是怎么一种故事呢，也可以作为笑话来谈谈。有一家父母养了两个儿子，都又娶妻生子，到了父母年老，两个儿子不但不和，而且非常的不孝，结果分了家，所有财产，归两个儿子平分，父母则跟着儿子吃饭，上半月跟大儿子吃，下半月跟二儿子吃，这个名词叫作吃轮顿饭，北方是恒有的事情。过了几个月，老夫妻都瘦了许多，外边有许多旁人议论，都说他二人不给父母吃饱，他二人也要面子，老大说老二不给吃饱，老二也这样讥讽老大，于是二人订下章程，在老大家里半月满期，往老二家中去之前，两人共同把父母都过了秤，倘下半月分量小了，那就是老二给父母吃的不好，由老二家再往老大家时，也要过分量，因此大家都说他兄弟二人养父母过秤，诸君不要以为这是笑谈，这种情形也实在真有，而等于这种情形的事情则更多。

第十三章 到台湾、答客问、漫谈国剧工作

到台湾

　　我到上海，只剩了身上穿的一身衣服，且是大毛皮袄，在上海穿着，已经热的不得了，在台湾更不能穿了，所以我想在上海停留两三个星期，给北平打个电报，汇点款来，添两件衣服。适有一轮船开台湾，无需买票，这个机会，我不愿失掉，一切不顾，就离开上海，幸而有友人给我一件棉袍，否则到台湾，简直是无法出门。大约是十二月二十七日到的台湾，即住在大小儿家中，小儿名熙，时为台湾造船公司总工程师，分配的房子相当宽绰，待遇还不错。提起熙儿来，他可算是留学生中最幸运的一个人，也值得写几句。他十三岁出国，先入法国小学，继入中学，未毕业即转往德国入中学，后入但泽大学学造船。毕业后，因为时局已经紧张，本想使他回国，但他想考博士，博士虽然考到手，但二次大战已起，回不来了。因战事已开，德国需要造船，希特勒把犹太人都赶走，而犹太人中博

士学者很多，于是造船之人才甚形缺乏，政府下令，命熙儿自己画图造一商轮且须自己监工，造成得到该部成绩优良的奖章，此是极难遇的机会，倘他不缺乏人才，他绝对不命令一外国人制造一船也。因为这种情形，所以他在此，有这样一个相当的工作。我住在他家，吃住都很好，自然很舒适，这也可以说是实行当老太爷了。当老太爷当然是很好，但我则情有不甘，这话说来也很长，不过随便说几句。我幼年时，看见先严，除了有事之外，永远看书，没有闲坐着的时候。我就常问，如此岂不太累？先严说，从前有一句诗曰："释书便觉心无着"，看书倒不累，不看倒闲得慌，这可以说是有了看书的习惯。前辈老先生们，如此用功的人很多，彼时我就常想，老年人如此的勤学，我们青年人应当如何？后来到欧洲去，见他们有许多老博士，白发白须，常常夹着书包去听讲，而且有名气很大的博士也常如此，并且听讲时还往往花一个佛郎买票，我问他们，他们说，一个人多大学问，也总有不知道的事情，比方有一个人讲这一点，这一点他知不清，他就要花钱去听，由此不能不佩服人家认真求学。因为以上这两种情形我也立了一个志愿，无论如何，这一天总不白过，虽极小的事情，也必要作一点。话虽如此说，但光绪末叶，几年的工夫，往欧洲去两三次，总是东奔西跑，看书的机会太少。到民国初年才算上了轨道，才有了长期的工作。最初只是到各老角家去请教，问得来的各种情形，还要查书，找些证据，后来添了编戏一种工作，这两件事情，无论哪一件，总要做一点，后来不恒编戏，也不常去问人，乃在家中把问来的笔记做整理研究的工作，陆续收买来的东西，也要研究整理。一直到了日本投降，三四十

第十三章 到台湾、答客问、漫谈国剧工作

年的工夫，这种工作，没有间断过。诸君或者以为这是我自吹，我并不是严格的每日非做多少不可，那就难了，我的宗旨是每天总要多少做一点，这并不难，是人人可以做到的，所以非吹，以往既有这种志向，怎能到此歇了工呢？而且这老太爷三个字，固然是很尊贵的名词，但其性质则不过是废物而已，光吃光喝，任何事不做，非废物而何？我当然不甘作废物，但初来此地，一个人也不认识，所谓人生地生，无事可作，想看看书是一本也没有，想看看朋友，初来实不知谁在此地，就是有熟人，也都住在台北等处，且不知其住址，我住在基隆，是一个人也不容易见到，闷在家中，当然相当寂寞。想找个朋友也找不到，因为彼时所有街道胡同地名，多是新改，有的人知道旧名，有的人知道新名，常常费几个钟头的工夫，找不到友人之住址。这里有两件事，也可以说是笑谈。我住基隆，看报上说有高沙公园，上边还有刘铭传遗下的炮，我问过许多人，谁也不知果在何处，其实这个地方我已经去过几次，但不知就是它。一次我在该园，又问一人，彼人答曰，这就是高沙公园，不禁大乐。一次我到台北，住舍侄家中，徐次辰将军来访，他的车停在我们门口，他的副官询问了半个钟头没找到，恰巧三舍弟到门口，看见他在车上，问他找谁，找不到先到舍下坐一坐罢，他大乐，说我就找你。又一次我同舍弟去回看次辰，我们的车在他的门口停了二十分钟，结果未找到，你道好笑不好笑？在几年前新来的人，往往如此，并不新颖。因为这些情形，自己又无代步，小儿虽有车可坐，但他是办公之车，非有极重要之事，我万不肯借用，所以我就很少出门，买了一管笔，一卷纸，写点东西解解闷，想着写点有价值的文字，但一本参考书也没有，不容易写出，只好写些所记得的小故事，写了虽不少，但未给人看过。在民国三十八年九月由二小儿煐，在台北租了一所小房，我因台北比基隆方便，所以也搬来居住，因此才见到许多旧友。第一是张院长道藩，陈委员纪滢，拉我入中国文艺协会，嘱我多写点东西。我说新学问我不够，还是写点旧的。道藩兄说，国剧乃是中国一件极大的事业，其中超妙处很多，而外国人想研究此者也很多，但向来没有人写过，你务必写写它。并且说代为介绍"中央日报"，一定可以登出，稿费亦可从优。张院长这一番意思，是很可感的了。按几十年以来，我并不愿意写这种文字，因为它总是枝枝节节，片片段段，不容易有统系，与其写此，不及自己写点有统系的文字，所谓著书立说者是也。在七七事变以前，几十年中，在报纸上看到我写东西很少，偶尔有之，也是受朋友催逼，不得已而写的，所以没什么有价值的东西；到日本投降以后，北平各报便登出来的很多，也是因为朋友相索，不得已把日寇时代不出门写的东西，交给他们，这些文字，虽然不敢说有什么价值，但还有点统系就是了。不但此，我连教习都不愿当，因为当教习，每一个钟头不过挣几块大洋，连预备功课，带上课的时间，以及来回坐车等等，所耽搁的工夫相当长，若以这些工夫，在家自己写点东西，较为合算的多，所以几十年的工夫，只当过三次教员，时期都很短，只有女子大学时间最久，也不过一个多学期。而该班所有的学生，都对我感情很好，这也是很可庆幸的事情。这话又说回来啦，从前所以能如此者，也是因为自己对付着有碗饭吃，若真正等着挣了钱来，再买米下锅，也就不能如此随意了。来到台湾，自己是只有身上穿的衣服，除此一无所有。熙儿虽有工作，若全靠他养这几个人，也相当困难。煨儿初在樟脑局，薪水太少，不能养家眷，改与朋友做生意，按经商，则生活较为活动是不错的。但是一起首做买卖，就想靠它度日，那只有卖豆浆油条等等的小生意还可，稍大一些商业是不可能的。在这个时期中，也实在需要几个钱，不但吃饭，而且也得添添衣服，又有朋友的怂恿，况且我的性情，本是闲不住的一个人。有这种种关系，于是便开首写起来，但我的宗旨，仍以写统系的文字为是。写了几篇关于戏剧的，送到"中央日报"，第三天就登出来，连登了几天，颇蒙读者不弃。因为我在文字中，往往注明在我写的某书中曾详言之，可惜手下无书，不能详写了，或者说详某书中，等等的这些话，就很有些位给我写过信来，说某某书他有存本，如果我欲用时，他可送来。也有的说，某某书他的朋友有之，如欲用时，他可代借。这样的古道热肠，真令人感印五衷、永不会忘掉的。因此我就借了几本来，这于我写东西，当然有很大的帮助，后来才知道，我从前出版的书，此地几几乎都可以借到，于是接着写了几大段，后经文艺创作出版社代为出版，名曰《国剧概论》，这本书虽然不能说它怎样完备，但国剧演出的轮廓，便可知其大概了。在这本书中，错误当然还有，但从前书中之错，也改过来了许多，这也算知识的一点进步，知道已往之错处，便是有进境。这不能不感激借书的几位朋友，虽然从前写的东西，大略还记得，但细微的地方，则记不了那样清楚了。最初我的意思是只写关于戏剧的文字，适《大华晚报》刚问世，李荆孙、耿修业两兄来嘱给该报写点文字，每次几百字，越短越好，且最好写点零碎事情，不得已写了许多北京的小故事，且所写都是较为有趣味的。这种文字更受人的欢迎。因为看这种文字，不用费脑筋，不用费思索，只是当作闲话听，当作笑话听，所以人多乐看，很接过几封信，大多数都是夸奖，也有问某一件事情前后是怎样的，总之多是愿知道些旧事。这一来不要紧，很有几家报纸杂志找写东西，都是义不容辞，只好写点。

答客问

在一九五一年前后，写的还有点系统，后来给报章杂志等等，写的越多，有的前后写过几次，有的只写过一两次，就无法有系统了，于是乱七八糟，什么也写。因为写的种类太多了，便有些友人来问。他们所说的话，大约分三种：一是恭维说我记忆力好，记得的东西太多。二是说我一定有了参考书，否则不会记得这许多事情。三是问我何以能够知道这些事情。几年来回答友人的话也很多，有的也值得述说，兹简略分析如下。

一是恭维我记得的太多，按这句话如何敢当。社会中确有人，以知道的多、记得的多自夸者，按知道的多，固然是一种好处，但够得上知道的多这四个字者，确不容易。中西学者都是贵精，盖学问非精不能有所成就，光是贪多，没什么可贵重，若贪多嚼不烂，所谓务广而荒者，是不会成事的。不但我不敢担承这四个字，我奉劝学者，也不要随便就以此自夸，因为不是一件容易事情，而且是弊多利少。说到记忆力好，更不敢当。按吾国笔记中，记载记忆力强的人很多，例如一个人看过一本军册，看完即为烧毁，后又照样默录出来。又宋朝某人到北国住劝忠祠，随员中有一人大声读一碑文，读完即手录出来，自矜强记，而某人便给他改了几个字，只听他念了一次，便记得得比他还清楚。这样的记载很有些处，可惜人名我都记不得了。如今也有类此之人，有一件小事，也可以谈一谈。余幼时随先严到保定府住店中，有旧友掌柜杨君因多年未见，请吃饭，在屋中同时有先严新旧学生三十余人，他为面子关系，不能不都约一约，于是他就问每人之贵姓台甫，三十余人都问了一个过，他去了之后，大家就说，他虽然都问过，然绝对不会记得的。结果次日早晨，把三十余人之请柬都送了来，姓号一字不差，因此大家很佩服他。按前边所说的两位古人，我们固然不能及，就是这位掌柜之记忆力，我们都相差甚远，何得便夸记忆力强呢？老年人确有记小事不记大事，记远事不记近事的情形，但远事我们可以记得多少？比方说，七八岁到十几岁，是人生已开始有记忆力的年代了，在那十几年中，我们作了多少件事，平常事不容易记住，但有刺激的事情，似乎是应该记得的，可是我们所记得的，到不了千分之一。二十岁到四十岁，这是人生记忆力最强的时代，请想我们那个时候所作的事，能够记得百分之一否？再者从现在起往回想，以往的一二十年中，我们所做的事，能够记得十分之一否？在这种情形之下，而自矜为博闻强记，未免有些不害羞。这些年来，我常对青年朋友们说，最好是记日记。有的人说，我们所作所为，没有什么有价值的事，记出来又有什么用呢，自己也没有钱印，印出来也没有人看。我说："你们的志向，倒是大的很，你们想写出日记来就能作史书读不成？不是那样讲法，自己写出来的好，自然有别人作为参考书。写的不够好，自己也可以作为参考，有两种用处，一是写文章时，可以查查以往的事情作参考。一是作事时，也可以查查以往所作之事作参考，何得谓之无用呢？我就很后悔我从前没有写日记，现在想写点东西，有时记不清就不能写了，记不清的已经不能写，一点也不记得的就更不能写了，这是多堪追悔的事情，而别人还夸奖我记得的多，真是又侮又愧。再者还有一句话要和大家说，人万不可妄自菲薄，你们刚才说，自己所作所为，没什么价值，这话也不错，但是事在人为，我这个岁数是不中用了，想作什么事情，也过了时来不及了，你们大家正在青年，有什么事不可作？只若肯努力，什么人物都可以作到，古人所谓'舜何人也，愚何人也，有为者亦若是'。果能努力，将来作了大英雄，则所作之日记，便是人人要读的文字了。"

二是说我有参考书，有极熟的朋友，常说我背地有参考书，否则不会记得这些东西。按我记得的东西不够多，前边已经说过不必再赘。若说是自己有参考书而佯说没有，这可以算是笑谈。按人写文字，翻开书作参考，并非丢人的事情啊，何必背人呢？从前毛西河先生曾说过，做一篇文章，要预先翻出许多书来作为原料，结果最好是不用。我幼年曾见一次张文襄公之洞作一篇文章，王文敏公懿荣帮助他找书，所打开的书，摆了一大长案。古来有大学问的人著书立说，都是如此，不过这不是一件容易事情，倘脑子里头没有这些书，便不知从哪儿翻起。我们才看过几本书？果然我们于作文时，能够翻出许多书来找材料，都正是应该自豪的事情，正应该在人前卖派卖派，又何必背人呢？再者请看我所写的东西，哪一篇又是书里头的呢？不过是社会中市面上的一些俗事情，哪一件跟古书也没什么关系，又何用查书作参考呢？不过这话也得两说着，倘记得古代书史多，则写时引证点古书，或者写的文字更有价值，更为高超，但我的学问不够。

三是问我怎能知道这许多事情。按书籍中的学问，我虽然知道的不多，但社会中的零碎事情，我知道的却不少，所谓"经多见广"，这"经多见广"四个字，仿佛有点自吹，其实不然。固然是一切事情，全仗自己留心，但也不是个人所能成功，经济环境，也有极大的关系。若往大里说，连社会国家以至世界都有关系。同治年间，南北各省都已平定，三十多年的工夫，真可算清平世界，国民爱往什么地方去，就随便去，也没有人检查，也没有人盘问，爱看什么地方就可以看，想问什么事情就可以问，没有一点不可以随便的地方，无论何时何地，爱走就走，爱来就来，不但中国国内各地如此，我从前往欧洲去过三次，无论往哪一国去，也没有需要过护照，这于"经多见广"四个字，是很有帮助的。不像现在，无论到什么地方去，未动身之前，先费许多种手续，沿路的限制更是麻烦非常，这于"经多见广"，乃是有大阻力的。在彼时不但行动方便有关系，一切费用也有关系。在光绪二十六年以前，三十年之久，物价可以说是没有变动过，这于家居旅行，都是很方便而便宜的。比方随便说两种，鸡蛋永是三个小制钱一枚，一个现大洋永是换小制钱一千枚，是一元大洋可以买鸡蛋三百三十个。麦子面粉每斤是十五枚小制钱，是一元大洋可以买面粉七十余斤。再说到交通费，彼时没有火车轮船（大埠如天津等处，当然早已有了），全靠骡子车，由北平到吾乡，相距三百六十余里，共须走三天，年节下雇大车回家，每车可载十来个人，每人小制钱两吊（合大洋一元），而且沿路还是归赶车的管吃住，这个名词叫作倒拔毛。国内各处的交通费，都不过如此。我送学生工人到法国去，走了几次，最省的一次，每人车票吃住等等，通通在内，才花了一百五十元。所以彼时社会有一句话，说怀里揣一百两银子，可以走遍全国。一百两银子才合现大洋一百四十元，这话虽然是随便说说，但也确系实情。因为行动方便，生活方便，也就容易到各处去看看，这便是"经多见广"的原因，现在虽然交通的工具，比从前方便了万倍，但生活太贵，行动又不自由，这"经多见广"四字，就很受了限制。若夫逃难到各处，固然也可以看到许多事情，但若能长在一处停留，还可以知道些事情，若日期短，则如走马看花，就不容易真知灼见了。然后才谈到我所以知道较多一些的情形，我生长在乡间，虽然不是农家，但也种地，在地里也都跟着工作过，所以关于农事，也颇知一二，乡间风俗更知之较详。谈到北平的情形，就更复杂了，现在由初到北平说起。

一是因为同文馆所有同学，多半是旗人，我常往各同学家中去，与他们家中长辈很熟，人家也都很瞧得起我，我也呼以伯父伯母，尤其同老太太们更谈的到一起，我说些乡间的情形，她们听着很有趣，她们同我讲些老的故事，于我益处更大。尤其同他们的祖母谈话，益处更大，他们的祖母，多数都是嘉庆年间生的人，她们常谈听见老辈说，她们所指的老辈，差不多就是康熙雍正年间的人了。所以她们谈的老典故相当靠得住。再同学的长辈们都是做官当差的，各衙门的都有，且有许多任地面官的，听起他们谈话来，更是关于各种方面的都有。与在内务府衙门当差的人员，谈起来更有趣，因为内务府衙门所管的，都是宫廷琐事，他们进宫的机会很多，无论宫内有任何工程，如糊墙、搭凉棚、粉刷墙壁、打扫院落、瓦工、木工、过年过节的贴门联、门神、挂灯等等，所有的工作，其工人都是由外边雇来，每次进宫，都由内务府官员带领，这个名词叫作进匠。一切带匠监工等等，都是他们，所以他们对于宫中的零碎事情知道的特别多。

二是宫中的太监，多是河间、大城等处之人，一则是近同乡，二则有时也有亲戚，所以认识的很多，宫中的一切情形，他们知道的当然最详，尤其后来认识了升平署的太监，更多知道了许多事情。

三是我认识的前辈京官很多，京官每年春季有团拜，团拜有两种团体，一是各本省的同乡京官，二是各科乡会试的同年京官，每年都要聚会一次。同乡同年，都各有办公处所，公推一两位管理主持，下边用一二听差，名曰长班，公所中的事情，可以说是都归他办理，而且长班这个名词，只有这种会所中用之，他处不用，我很认识几处同年同乡的长班，某日某种会演何戏，他们都来告诉我。《桃花扇》传奇中，所写的"胸中一部缙绅，足下千条胡同"，就是这种长班。每逢团拜总是吃饭听戏，租一有戏楼之会馆或饭庄举行，与会者当然都是京官，但京官的少爷照例可以听戏，唯不能吃饭耳，然若某京官想请自己的亲友来吃饭，亦可自己特别出钱，嘱厨房多预备一两桌菜，此定例也。我因常参与这种团拜，所以认得京官特别多，听到他们谈的以往的政治掌故也不少。

四是吾乡在北平经商的人很多，所谓五行八作都有，因之就认识了许多工商界人。他们各行有各行的公会，也名曰行会，每年也要祭祖师，大家聚餐观剧，这种戏不曰堂会，而曰行戏。同年同乡等团拜演戏，才名曰堂会戏。堂会戏较贵，每一个角都是照戏馆子营业戏之戏份加倍，此则减半，最便宜的戏，一天也不过合现在大洋十来块钱。从前堂会戏虽有好坏之分，但都差不了许多，行戏则可差得很多，例如富足的行会、炉房（此为金融界的第一行，容另详谈之。）、汇票庄、银号、绸缎行、古玩行等等，都是有钱而有势力的行道，演行戏总要约大的戏班，然每次戏价也不过三四十元。他为什么这样便宜呢？也有特别的原因，因为这种戏，是好角先唱，与戏馆子中之营业戏不冲突，不像堂会，好角后唱，如此则正与戏馆子中同时，不易调度，再有讲究的大堂会不许戏班子分包，如此则戏馆子不能出演，这种牺牲，也得由堂会中补偿，所以较贵。行戏的情形，是本行各商家之主要人于午前十点钟就都到齐了，随时开会，会完后即祭祖师，祭完了就开饭，一面吃饭，一面看戏，所以好角必须先唱，吃完了饭，各商家之主要人，如经理、掌柜等等便都离去，好角此时也都演过，以后所留者都是二三号掌柜及徒弟等等，台上的戏，也都剩了次路戏或武戏。二三等的掌柜为什么不走呢？他们得候着招待客人，各商家都是亲友，遇到演行戏，多要请不同一行的人来看戏，我也常常被请，可永远是只请看戏，不请吃饭，所以客都是吃过饭来，到那儿是好戏演过一半了，大家是一面看戏，一面谈天，所谈的都是本行的事情，别的行道也都附带着谈到，我听的这种谈天很多，所以各商家及工业的情形，都知道些，而且这也是问他们的一个机会。

五是光绪庚子（二十六年）以后，做了十来年生意，与各种工商界接触更多，知道他们的情形，又较详细了很多。

六是庚子年西后及光绪逃跑了，我同外国军官进过清宫几次，王爵公爵诸人求我帮他们忙，也常常接头。民国政府与清皇室不断有接洽交涉的事情，我虽不在其中，但民国办此事者多系熟人，如李石曾先生即是一位，清皇室代表者有贝勒载润，亦系熟人，所以替他们接洽过几次，因这种种情形，又多认识了几位清皇室的亲贵。

七是由清光绪末叶到民国，又认识了许多戏界人员，认的戏界人多，则多知道戏界的事情，是人人知道的；但因为认识戏界人，而更认识几种特别人员，则是许多人不知道的。不过此话说来太长，兹只简单地谈谈。自前清光绪庚子年，经过一场大的变乱，科举又废，人民的思想变化了许多，由光绪末年到现在，外界人与戏界人来往的已很多，且有兄弟称呼的了，戏界与非戏界的界限已经很淡薄。在从前不是这个样子，在光绪庚子以后，我认识许多戏界人，我的朋友中就有人不以我为然，我与梅兰芳来往，已是民国二年，而我的本家亲戚朋友等等，对于我都有望望然去之，不屑理我的情形。再如我的同学程绍唐兄弟三人乃程长庚之嫡孙，但永远不敢认他为祖父，亦不敢认程继仙为弟兄。一次端方在天津问程经世（绍唐二弟）："你与程长庚怎样关系？"程答曰："同姓不同宗。"这些情形，端午桥当然知道得很清楚，他所以问者，乃是有意之问，他听了这句话，乐了乐说："好个同姓不同宗。"这也难怪，清朝的法律，唱戏的人的子弟三辈子不许考试，何况做官呢？果然说明，若认真起来，则不但把官丢掉，且仍有罪。其实在彼时，端午桥也是很新的人物，说明了也不见得就怪罪他。但有一件事，倘有别的同僚把此事告发闹明喽，那是非革职不可，这还是光绪庚子以后的事情，庚子以前比此又严重多了。庚子以前读书的规矩人，固然不同戏界人来往，就是六部九卿各衙门之真正官员，也难能到戏馆子中听回戏，翰林院、詹事府、科道御史等衙门之官员，更加谨慎。那么彼时与戏界来往的都是什么样的人呢？这才说到正文。一是来京会试各省的举人；二是经丞书办人等；三是内务府人员；四是不规矩的大员子弟；五是炉房、大银号之掌柜等等。

在光绪庚子以前，北平戏剧虽然极为兴盛，但看戏总算是不规矩的行为，所以彼时内城绝对不许开戏馆子，妇人女子绝对不许看戏，男子看戏虽不在禁例，然够一个学者资格的人，他自动就不会看戏（团拜庆贺之堂会戏除外），官员更不敢在戏馆子中请客看戏，不但怕御史参奏，而也怕古板的亲友议论，总于官箴有玷。唯独来会试的举人，则无拘无束，行动诸处自由，没人敢管。这也有他的来源，现在附带着谈几句。中国税关中的人员，向来是极骄横的，崇文门税关监督更甚。在乾隆年间，一次有一旗人在外省做总督回京，当然是发了财，到了芦沟桥（崇文门之分卡），大受勒索，把他的籍笼毁的不少，他气极了，蒙皇帝召见的时候，他就把崇文门税关的恶劣，在皇帝面前告了一状。结果乾隆说："你在外边剩几个钱回来，分给他们几个花，也没有什么关系。"他这一状算白告了，只好忍气吞声完事。可是这一来不要紧，这个崇文门衙门的差役，却越发没有人性了，但人民敢怒不敢言。次年适值会试之年，有南方来的赴考举子，也被他们大为留难勒索，在中国几百年来，凡应考的士子，无论会试、乡试、小考（考秀才），都是受优待的，会试的举人，更没受过这种虐待，于是口角，且至动武，把举人也打了，箱笼书籍也毁了。这些被害的举人，进了京跟御史一说，于是御史参了他们一本，说的当然很严厉，乾隆一看大怒，下了一道上谕说，对于崇文门之不法，早有所闻，不想对于国家之几个穷读书人，也这样侮辱，殊属目无法纪，着查明行凶之人，即行就地正法，枭首示众。于是杀了三个番役，而崇文门监督一堂官员也都担了处分。自此之后，无论大考小考，凡应试之士子，可以说是没有人敢得罪了，尤其是会试的举子，由本省起身进京，无论乘车乘船，上边都插一小黄旗，上写"奉旨会试"四字，沿路关津见到这个小旗，就得特别优待，最显明的是运河中的水闸，连国家的运粮船，也得等到照例放闸之时，才能通过，唯独会试举子之船，叫闸就得开闸。到了北京以后，更是自由，他们不是官员，没有衙门管着他们，又不是本地人，而且是会试的举子，地面官也不敢得罪，尤其是中了进士，点了翰林，更为放纵。按中了进士分四级：一级为鼎甲，翰林；二级为主事；三级为知县；四级为中书。主事、知县、中书三种，一贴榜便算受了职，已有衙门管辖，唯独翰林，发榜之后还不算受职，就是入了翰林院，也不过是庶吉士，仍不算正式之官员，所以在这个短期间特别夸耀放纵，他们在这个期间用的名片，都是二尺长的梅花纸，最小者也有一尺多长，字则大的四寸见方，最小者也有二寸。这不但主事、知县等不敢用，连状元也不敢用，因为状元一发榜，便是翰林院修撰名分，总算是有了职务，是国家的官员了。因为这种种情形，所以会试的举子到了北平，多要大大的玩乐玩乐，玩乐的方式，多半是嫖妓及跟相公们来往，想要跟相公们来往，就难免多看戏，尤其是广东人最爱这一手，他们又多有钱，戏界人也多欢迎他们，其次就是江浙人。每科出榜之前，必有花榜、菊榜。这大多数是广东、江浙老爷们干的。他们借着这个来捧自己心爱之人，且可以拉拢认识许多相公，而相公因为想名列前茅，也特别与这些人近乎要好，于是两边便打成了一片，我们平常认识会试的举子，差不多也就是认识本省人，因为这种情形，有时候各省的人都可认识，这些人中，也有才子，也有名士，比方编《燕兰小谱》、《日下看花记》等书的人，多半都是这类人物，若认识他们也可以多知许多事情。

　　经丞、书亦这个名词，现在有点陌生，总之是衙门中真正办公事的人，各衙门都得有他们，所有公事都归他们起稿经手，各部的堂官司官，如尚书、侍郎、郎中、员外郎、主事等等虽不下一百多人，但只是书押署名而已，所有公事公文等等，都归书办主持，有清二百多年，永远是如此。他们的拿手，就是熟于大清律，记的以往成案多，所以办出公事来，官员不易驳回，各衙门的大权都在他们手中，凡遇到公事，或准或驳，其权在他们手里。他们这一门的人物，我认识的很多，不但没有学问，而且文字都不深，只是可以能撰公事文就是了。身份亦相当卑，见官长回事之时，没有座位，永远立回。他们地位的名词，叫作吏，而不是官，他们有钱当然可以捐官，但无论捐了什么官，他到本部来则仍是吏的资格，虽见最低的官员（如主事等），也得站立回事。就是私下亲友间有婚丧事吃饭，他们也同官长不能坐到一起。这一行人，又没有学问，又没有地位，可是因公事批驳批准，权都归他们，这当然就是发财的机会，有人上一件公事，想请批准，就得在他们手里花钱，所以这行人都是很富的，学问固然没有，道德也不很严肃，而又有钱，那当然免不了玩乐了，所以他们认识的戏界人很多，且多有来往。由戏界人的关系，也可以认识他们许多人，我由戏界间接认识他们，固然不少，但因他们住在前门东西，庚子德国军队驻此时，他们常求我帮忙，所以由彼时就认识了不少，且有许多有相当的交情，认识这一门的人，可以知道许多特别事情。一是他们对于外城玩乐的事情多在行。二是可以知道许多公事的情形，比方认识吏部的书办，则于官场升迁调转各种手续过程可以知道很多。认识工部的书办，则于国家各种工程的情形多知道许多。

内务府与戏界的关系，前边已经谈过，兹不再赘，不但戏界归内务府管辖，连开戏馆子也一样的得报内务府，所以演戏的人及开戏馆子的人，对于内务府的官员，都是特别敷衍。内务府与其他所有的衙门，固然同是国家的官员，但所管的事体则完全两样，别的衙门所管，都是国家的公事，他所管的，都是皇室的私事。比方按礼节说，所有的大庆典，如万寿、大婚等等，都归礼部会同内务府办理，而宫中之各妃嫔、皇子等之小生日或满月等等这些礼节，则只是由内务府一个衙门办理了。再如工程，宫中大的工程，是由工部会同内务府办理，小的则只由内务府主办了。总之是宫中的事情都归它，国家大事如凯旋献俘等等大典，是没有它的事，但若演戏庆贺等等，就又离不开它了。若认识了他们，则宫中琐事，就可听到很多，但这个衙门的人员，都不大容易认识，因为内务府的旗人，在旗门中，地位是很卑下的，见王爷都得自称奴才，旗门中的人多瞧不起他们，不愿多所来往。他们同汉人更少接触，所以与他们认识的机会更少，可是他们跟戏界人来往较多，因为戏界归他们管，演戏方便，特别好演堂会，所以每一位内务府大臣家中多有一个戏台。比方《红楼梦》与《儿女英雄传》，这两部小说作者都是汉军旗人，曹雪芹是内务府的人员，所以贾家有一点庆贺事情，总是唱戏，而文铁山乃读书人科第出身，所以安公子点了探花，提到演戏，就把安水心吓的那个样子，这是旗门中普通的情形。

大员子弟中，好的自然很多，坏的可也尽有，不过北平城内，总是车毂之下，与外边不同，又有御史一行的监视，所以北平的大员子弟，没什么伤天害理的事情，所谓坏者也不过吃喝玩乐，逛窑子听戏，与相公们来往而已。跟他们谈起话来，另是一个境界，他们不爱谈政治，而最爱谈人的私德，他自己家的事情，也往往说出来，就如同《红楼梦》中，贾蓉说"脏唐臭汉，何况咱们这样人家"等等的这些话。有的不说自己，而专爱谈别人家之私事，虽然谈的是私事，而往往牵涉到政治。有的一种公事或一件案子，在公文方面，常常是假的，而他们所谈，则往往是实情，于他们谈话中，可以听到各大员彼此间之暗潮，更可知政局的实际，因官场平常不肯说这些话，而他则谈的津津有味，且毫无顾忌。

大银号这个名词，人人知道，炉房二字知道的就很少了。以往不必说，在前清二百余年，握北平银钱业之实权者乃炉房。各省解交户部的帑银，运到北平，得先交炉房，由炉房化开另铸后，方能送户部交纳。否则任你银子成色多好，该省总监督势力有多大，你把银子送到户部，经银库中的人一验，必是成色不好，部中不能收，所以必须先送炉房，他们验收后，说成色欠多少，解运官员把银子所欠成色应用若干补足后，由炉房收足，解运官员就不用再管，他铸好就直接代你交到户部了，所得补成色的银子，当然是与户部银库上的人员分肥，所以开炉房是很发财的，不过北平只有七家（记得好像是此数），都在前门外街西珠宝市一带，再想多开是很难的了。所有汇票庄，是在全国有势力，因为全国的汇兑，都在他们手里，到了北平，倘与户部有接头的事情，则也非由炉房代办不可，所以票庄也得仰他们的鼻息。但这种炉房信用倒很好，他们所铸交户部银库的元宝，成色都靠得住，每一元宝都印有他们炉房的戳记，无论何种买卖，见了他们字号的元宝，都极相信。比方银号彼此有来往，或商家彼此有何款项的交涉，经炉房中间有一句话，便可照办。这与西洋国家银行的资格也差不了多少，所以买卖非常阔绰，每逢请客总是吃饭听戏，吃饭总招相公陪侍。在光绪年间有一个时期，如招妓女陪侍，仿佛不够阔绰，不够局面，所以必招相公，各省来京的解铛官，想得他们的帮助，于请他们吃饭时，也必招相公侑酒，所以他们与戏界多有相当的往来。我们若做大买卖，则当然会认识这行人，否则是难得看到的，由戏界间接认识，则很容易，不过我认识他们，则多半是光绪庚子以后几年认识的。他们虽没有学问，也不懂政治，但谈起国家金融的情形、财政的盈亏等等，则说的头头是道，而且说的是实际。

请看我认识的人有多复杂，所以哪一个方面的话，也听到的不少，我这点知识有的就是这样得来的，古人云："多师是我师，三人行必有我师焉"等等的话就是这个意思，也就是古人所说谙练世情皆学问，不必一定在书本中求之了。

以上乃是几年来对友人谈的话，拉拉杂杂，写了这许多，几十年来，早已事过境迁，北平早已不是这样情形了。

漫谈国剧工作

我到台湾，最初住在基隆中正二路，彼处来往的人少，所以住了八个月，可以说是一个朋友也没有见到，每日清闲是不错的，但因眷属还在大陆，自己的心情当然不会宁静，所以对于戏剧，不愿有什么工作。一则因为所有的书籍一本也没有带出来，所有的物件，更是一种也没有带出来。二则到此地认识人很少，且戏界人员，一个人也不认识，就是想着做点事情，也无从做起。

三十八年秋，搬到台北以后，有朋友介绍来的戏界人员很有些位，票友也不少，诸君对于我都极客气，总算很瞧得起我，这自然是很可感的事情。常常有人来约看戏，但因人生地生，自己又没有车，其实跟友人借车也并不甚难，但若有要紧事情尚可，若为看戏而借车，似乎有点不合道理，且想起内地及家中的情况来，也真没有这种兴趣，若看完戏，再赶上落雨，实在有些麻烦，因这种种情形，所以一次戏也没有看过，可是因此也难免有得罪人之处。

恒有友人来谈，要我多写点戏评，也总未写，几个月中，来谈的人很多，意思多是愿意捧捧某人。不得已才对诸君说，我向来不愿作戏评，更不愿作评角的文字。这话说来也相当长，在前清时代没有戏评。固然不能说没有，但没有写成文字的。只有观众口头上的评论，不过这种是很有价值的，真可以叫作舆论。从前这种评论约分两种，一是议论剧的意义，这种乡间人多，且大多数都是如此。比方老太太们看过《斩窦娥》之后，她们总是说窦娥为媳妇太好太冤，多少天后，提起来还要流泪。看过《定僧扫雪》以后，必要痛骂他的后娘，将来不得好死等等这些话。野老农夫们看了《宁武关》、《盘肠大战》等等这些戏，总是叹息着说：咳！这样的臣子，现在不好找了。看到忠臣被奸臣所害，便可痛哭流涕，且有痛殴台上去奸臣之人者。以上这种种的举动，都是由剧本感动而来，所以他们所评论的话，都是关于剧本之意义，亦偶有谈及演戏之技术者，但是少数。二是评论技术，北京观众多是如此，看完戏后，不管戏中之情节，只议论某角之技术，在光绪二十年以前之老看戏者，虽只议论技术，但比后来之议论较为高超，比方听完戏之后，总是某角某句之腔唱的怎样合理，这句的意义是要这种唱法才对。谈到作工，也是说这个身段是要这种作法，又合道理又美观，且没有火气，等等的这些话，不必一定以某角为对，而以合理为目标。凡合理的唱作，观众都欢迎，所以彼时好角极多，只老生一门，我所赶上见到的就有十几位，不似后来专事捧人的风气，当然免不了有偏爱一个的，但也不像后来之厉害。后来之捧角者，是不大管理论，只若是他捧的人，便没有一处不好。彼时受捧最多的，大概要数程长庚，但捧他的人，也多是讲理论，我听到几位捧角的人谈话，一人说还是程长庚好，你看他唱《昭关》，一出场唱"心猿意马中何用"时，四个手指上下颤动好几次，这便显出无可奈何的情形来，于这句的腔调也显着有力，别人还同他辩论，其实这点小动作，也算不了什么，可是他的议论总是以理论为主。如今则只说，某好角是这样唱法，这样作法，他们就应该学，至于合理不合理，他完全不管。以上所谈，乃是光绪中叶以前的情形。到了光绪末年，报纸上才有戏评，也渐渐地就发达起来，但最盛时代，则在民国以后，所有戏评文学，最初还讲点技术，议论也还较为公道，往后就分了几派，有的捧角的，借以与角色亲近；有的另有作用，有的骂角的，含有敲竹杠的性质；有的借以自炫，希图谋个工作；有的就是借此得点稿费；有的是感情意气用事的。至于真正规规矩矩、公公正正，为戏而作戏评的人，当然也很多，但上边所说的几种，也占相当的部分。我所以不写戏评的文字，实以此故，因为恭维一个角色，便有捧角的嫌疑，一有捧角的嫌疑，则无论多好的文字，也是没有价值的。至于说角色闲话的文字，则更不愿作，像那骂角的文字，则更不应该作，因为已经出了范围，无论该角好坏，你凭哪一条法律可以骂人呢？且有谈及人之私德者，是自己已经失去了文人的资格，所以更绝对不作。至于角的技术好坏，站在评论技术的立场上，似乎可以说一说，因为技术之好坏是有准则、有则律的，但只是宜于对本人说，从前北平的老角，如杨小楼、俞振庭等等这些人，他们对于我特别客气者，就是因为我看了他们的戏，如有我以为不对的地方，遇机会就当面告诉他们，或当晚在后台即时告诉他，绝对没有在报上露过一个字，因为作戏评的人，说角色的坏话，该角总难免吃亏。尤其对于次路角我们是更应该同情的，先说票友，唱得好固好，唱得不好也没什么关系，不过是为自己娱乐，无论哪一行，哪一界，总是有好的有次的，这有什么可反对的呢？说到职业戏界，次路角更是应该同情，他自己又何尝不想好呢？但因种种关系，他不能演好唱好，这有什么法子呢？人家好角唱一出戏拿多少钱，他一天唱好几出，才拿多少钱，这种可怜的人，怎能还说他闲话呢？

也有友人常来谈，嘱我帮帮某角的忙。我说帮角色的忙是极应该的，也是极愿作的，可是极难作的。大致有三种帮法：一种是用钱来帮助，但我是穷光蛋，自己连衣服都不够，哪有力量帮人呢？而且这种帮法有从前所谓老斗之嫌，虽有钱亦不屑作。二是代为推销戏票，代拉观客，我认识人很少，这个岁数也没有这种精神，这层当然是办不到的。三是帮助角色改正改正演法。我自己不客气地说，这层还可以勉效绵薄。但是很难，因为凡有名的角，多数以为自己不错，不容易接受人的改正，就是他肯改，也相当难，演唱了多少次，骤然一改，总是别扭的。或因此当场出错也不敢定，而且有的词句与其他角色有关，要改就得彼此都改，又是一层难处，因此各角唱好之后再想改者，也真不多见，不一定是他不想改，实在也有许多为难的地方，我向来不肯轻易怂恿人改正者，亦以此故。

以上乃是与友人所谈，关于戏剧工作的许多话。我几年以来，对于戏剧，没做什么具体的工作，也正为此。

民国三十八年，空军总司令（彼时还是副总司令）王叔铭先生来谈，日期不多，接着很谈过几次。谈起来对于国剧的各种情形，知道的很多，我很惊讶，当时看情形他不过四十三四岁，又非生在北平，何以能知道这许多呢？我问他：按您这个岁数，又经过抗战八年，以往之受训服务，当然已经是很忙，又经常出国等等，哪里有许多听戏的机会呢？他说他自幼即好看戏，山东家乡戏班也特别多，看戏的机会也就多，后来与国家服务，但有闲暇，有戏可看，则必要去看。说一件事情，就可以知道戏瘾之大了，当下级差使的时候，驻在地离上海戏园，不过几里地，可是不但没有车钱，而且连戏票也买不起，然因公务有暇，非去看看不可，且三等军人票，不过两角钱，于是管同事借了两角银洋，就赶紧奔戏园子跑去，忽想到，倘这两角钱是假的，则此一趟几里地岂非白跑么？于是在半路，找了一块砖，摔了摔听听，仿佛不假，又往前跑，忽遇见一块石头，自己想方才是在砖上摔的，或是不准，又在石头上摔了一阵，才赶到戏园，在卖票窗前，把两角钱递进去，自己的心就折腾，以为倘要是假的，可就白跑了，等人家把票给推出来，这才放心，所谓一块石头落了地。看完了戏，很黑的天，还得步行往回跑。请看这戏瘾有多大，像这样的情形，很有几次，以后到各省，都不断看戏，所以看到各省的戏也很多。

叔铭先生又云："看过的戏，虽然很多，但因在北平住的少，所以看的京戏不多，颇觉可惜。"我听了这些话，才知道他懂的戏多是有来源的。我说："这就无怪其然了，看的戏多，当然就懂得多，至于说是可惜听的北平戏较少，这倒不必，许多人都以为皮簧才算大戏，仿佛才是正戏，其余都是地方戏，就是非地方戏，也都不能同它比。这种思想是大错的，这都是看的戏的种类太少，被皮簧给围住的话。凡事总要站在旁边看，我研究戏可以说是由皮簧入手，我所问的人，也大多数都是皮簧班中的角色，他们所讲韵也是皮簧班中的事较多，所以最初我的论调，无意中也总以皮簧为主。但因为我自幼看的听的高腔（即戈腔）、昆腔、各种梆子腔、丝弦老梆子（只吾乡一带有之），后又听到四川、云南、广东等省之戏，才知道皮簧也不过是国剧的一种。在光绪末叶十来年的工夫，与梆子腔的老名角谈起来，如郭宝臣（老元红，其实他是小元红，从前还有老元红）、薛固久（十二红）、二宝红（忘其名）、侯俊山（老十三旦）、孙佩亭（十六红）、崔松林（崔灵芝）、马全录等等诸君所谈的话，及再详细查戏中的动作，才知道皮簧的动作，多数是效法梆子腔的规矩。后又听到皮簧班老角们讲究，又知道皮簧中的锣鼓牌子，都是由戈腔班学来的，而一切的动作，则又有许多地方，是效法的昆腔。因为从前的老角，如程继仙、朱素云、陈德霖、钱金福、尚和玉、谭鑫培等等以前的人员，多数都是先学的昆腔，后才兼学皮簧，两种都是他们常演的，他们谈起话来，虽然说的是皮簧戏，而议论动作之时，则大多数都是昆腔中的规矩。由这些情形证明，足见皮簧并不高于其他戏剧，而昆曲及梆子腔之动作，有许多皮簧班还没学来。总之全国的戏剧，腔调自是各有各的来源，各有各的唱法，则一切锣鼓动作则是一致的。大致可以说，全国各种戏剧的锣鼓，都是出戈腔昆腔变化而来，所有的动作规矩，都是由昆腔梆子腔传留下来的，皮簧也不能例外。梆子腔或者是效法的昆腔，但也不敢断定，因为昆腔的身段，固然有许多梆子腔中没有的，而梆子腔中的身段，也有许多昆腔中没有的，由此便不能断定是某一种是学的某一种，或者是各有基本的身段，而又互相模仿的地方。若皮簧则不然，它所有的动作，都未能出昆腔梆子的范围，而那两种的动作，还有许多皮簧没有的，是以可以断定它是由那两种学来，且有许多地方，它模仿的痕迹还存在。总之是全国戏剧锣鼓动作是一致的，不过有的较为完备，有的较为简略就是了。几十年来，昆腔梆子已衰歇，最风行者为皮簧，在全国中，皮簧班中的规矩较其他的班为完备确是不错的，但这是说的二三十年以前的北平戏班，现在台湾的戏班，确不如此。比方此处有两班越剧，越剧在二三十年以前，它的情形与北方的蹦蹦戏，差不了多少，不过是几个人一班的地方小戏，一切都不能同皮簧相比，可是现在此地越剧，自有进步，有的地方比现在此地演的皮簧班还要好一些，以通体来论，也不能说比皮簧班坏。由这种种情形来说，看别的戏与看皮簧戏，有什么分别呢？"

叔铭先生又云："国剧已堕落到如此地步，必须设法提倡改良才好。"我说："这当然是需要的工作，但得分开来谈。一是剧本的改良，这种工作，是文人应该作的，与戏界人员无干。一是演法的改良，这种工作，是属于戏界人员，文人无法着手。剧本改良一层，虽然不容易，但还简单，只若国家有规定的政策，交给文人，便可照着规定的主意来编，固然也要有相当的经验，但编过几次之后，便可适用上演。这演法改良可就难的多。所谓演法改良者，是就国剧的原质再加以改良也，如今国剧的原质，已经被破坏了许多，丢失了许多，有许多人已经不知道原理为何物了，还怎能改良呢？此亦可分两种说法：一是全班整个规矩的破坏遗失，这种最晚的北平富连成科班的规矩，尚能保存若干，他虽然不能不趋时，但总想极力保存旧规范。一是个人的动作，从前是都有规矩的，谭鑫培就破坏了一些，然他知道得很清楚，他是为迁就自己，并为特别立异，藉以一醒观众的耳目，故意破坏，所以重要地方，仍然保存的很完整。后来的角色就有人不知怎样是对，怎样是不对，胡搞起来了。到台湾来一看更没有办法，国剧的组织法，是处处都有规定，事事都有理论。若以写实的眼光来议它，则当然是没什么合理的地方，没什么对的地方。但它当初本是歌舞队衍变而来，一切仍照歌舞队的规矩，事事都有特别的规定。比方说，我们现在想组织一班舞队，所有队员的衣服，当然都要现出主意，出花样，现作。那么我请问，这种舞衣，是应该按照社会中平常人所穿的衣服样式来作呢，还是配合舞蹈的排场姿式来作呢？当然是要配合排场姿式而作。这也就如同西洋的舞衣，一个女子脱个精光，只腰间系一短裙，是一样的意义，你要挑他的眼，说西洋社会中没有穿那样衣服的，那干脆你就是外行。国剧也是如此，你不能议论剧中的衣服与社会不合。不过有一件要紧的事情，就是规矩它是整个的，不能随便改一点，或去一点添一点。其实照理论来讲，也不是一定不能改。自明朝以来，不知改了多少次了，不过老角们知道的旧规矩较多，所以他们虽改，总不至于大出范围。如今则不十分明了其中的原则，随便改动，一定要弄的不成东西了完事。

"就说行头中的白领与黑领，分别极大，关系也极大，但知者不多，则其所改制之行头，焉得不错呢？几十年来，上海的行头局子，及各种角色，都要争奇夺胜，特创各种的新花样，已经出了规矩，到了台湾，就更乱得没办法了。有的由上海就错下来的，有的因此处行头不全，不能不将就随便穿的，这样的情形焉得不错。以上谈的是戏班中的情形，且只举行头一门。再谈谈个人的动作，我到台湾看戏很少，但已看到这种形形色色、奇奇怪怪的事情，比方随便指出几种。

"戏衣的袖子，是专为用以表情的，古人云长袖善舞者是也，如今多把它卷的很齐整，不但戏中一二百种袖子的姿式，他完全不知，而且这样作法，则袖子可以完全去掉。

"各角出场，一挑门帘，都有一定的规矩，音乐也都呼应配合，如今则有许多人不管这些事情，我曾见人演《木兰从军》，木兰一出场，便对观众使眼神，按从前的习惯，演员在台上用眼神招呼观众，乃是落子馆中，说大鼓书一流人物的举动，国剧中则绝对不许，如今演红娘的戏，红娘对台下飞眼，已经把红娘给骂苦了，而木兰也如此，真是匪夷所思。

"国剧中之家院与苍头，分别很大，家院之地位，似高于苍头，而苍头之身份，则往往高于家院，此中分别至清，但话太长，不必详述。总之平民人家不能随便用家院，所以《御碑亭》之王家，及《教子》之薛家等等，都只用苍头也。曾见有人去薛保，戴青罗帽，穿青褶子，穿高底靴子，这也可以说是抬举薛保，也可以说是糟蹋薛保。

"老生行戴白胡须，与戴黑胡须者，台步动作，都有不同，这与旦角穿宫衣与穿青褶子之动作不一样，同一性质，如今多数人都不管了。

"至于昆曲中之随唱随舞，更是驴唇不对马嘴。

"以上不过随便举几种，像这样的戏，还怎能谈到改良呢？要想改也可以，不过是又多一步工作，必须得先恢复到它原来的规则，就是国剧的原理找到之后，再照原规则改良。这就如同一件衣服，嫌它不合时样，想把它改一改，当然是没什么不可以，但若这件衣服已经破了，那就无法可改了，最简单也得把它补缝成一件整衣服，才能再改，这也就仿佛孔子所说齐一变至于鲁，鲁一变至于道的情形。话虽如此说，若真正想把现在的戏恢复旧观，也真不是一件容易事情。照现在演戏看戏的情形来说，演的也这样演惯了，看的也这样看惯了。演戏的人不觉得他是错了，看戏的人更不知道他是错了，这又从何改起呢？要改必须得抓住一个班，但是班中之人挣碗饭吃，已经不容易，焉有馀暇、馀力、馀精神来改良呢？再者前边已说过凡角色已经唱惯演惯，再想改也是很难的事情。想改已经很难，何况不想改呢？更何况观众并不要求改呢？"王叔铭先生说："有办法，空军中现有大鹏国剧团，我们可以由它作起。"我说："那自然好极了，第一它是半军事机构，它是有统系的，出了主意容易实行。"王叔铭先生又谈起来，某种是该保存的，某种是该去掉，还要斟酌。我说："那是自然，不过很难斟酌，可也很容易，总之是于歌舞有关系的部分，则必须详细斟酌，弄明白了再定存废，其后来所添，与歌舞尚极重要之联系者，便可斟酌废掉。比方说，长胡须、脸谱等等，有许多人不赞成，但此则不能废掉，因为它有特别的规定，甚至检场人，大家也以为无需，可是也不容易废掉，但此可复古改良，照原规矩它并不是现在这样讨厌，所以日本歌舞，还仍保留着这行人员。再如彩火、踩蹻这两种，在戏中的情形似乎很要紧，其实倒未尝不可废掉。先谈彩火，彩火自明朝即有之，在戏中也占重要地位，也实在有些技术在里头，但不过只有不多的几出戏，离开它不能演唱，如《连营寨》、《伐子都》等等这类的戏，都是利用彩火排成的，倘没有彩火，便算不能演，勉强演出也无精神，且观众不易看懂，比方《连营寨》，刘备所作的身段，都是被火烧的情形，倘无彩火，则他在台上闹腾许久的工夫，观众不知是在作什么，所以看着也毫无意味，类似这种情形，倘废掉彩火，则这种场子，便须换一种的排法演法。但这种戏并不多，不过十出八出，像《琼林宴》之书房一场，虽也永用彩火，可是这种彩火就是不用，也没有十分重要的关系，而且彩火这种技术，倘洒不好，有时可以把台毯烧毁，至轻也要把台毯弄脏。各角跪拜时，便能污毁衣服，尤其是旦角之白裙子则必污毁无疑，所以说废掉它，也没什么妨害，而且也可以是有益处的。再说到踩跷，按踩跷的办法，虽已有二三百年的历史，但最初确非戏中的规矩。它是始自陕西之踩高跷之技术，高跷之办法，扮男子者，双足即登于跷杆之平板便妥；扮女子者，两足登于平板上之后，把裤脚作长与足齐，使其不露真足，再在下边置一双缠足小红鞋，亦登于下边小板上，如此则极像人之真足，且显真人身长婀娜，特别美观，于是戏班中也来效法它。最初的办法，乃是在假木纤足之上，横钉一木板，真足登于此板之上，用绳捆好即妥，此与溜冰鞋的办法差不了多少，与中国从前旧式溜冰鞋，更是一样。吾托友人在西安买过一副旧板，就是如此。北京跑旱船之小童，偶饰女子，也是这样办法，但这种办法，真足容易露出，太不美观，乃改成捆于脚底，而足则须直立，这与西洋之脚尖舞，又极相似，总算成了一种艺术，由西安传到四川，在乾隆年间，又由旦角魏长生（人称魏三）由四川带到北平，大受欢迎，一直风行到了现在。它在北平虽然风行二百多年，也受过观众的热烈欢迎，但它与国剧始终是格格不入的。因为它不是国剧的规矩，所以数百年来，昆腔班中无论正旦花旦，绝对没有踩跷的，偶或有之，则大家必讥他为怪物。皮簧班中则只有花旦踩之，青衣也绝对不许。有人议论，戏中某人应该踩或不应该踩。这都是外行话，这些年来踩跷一层，向来不管戏中人，而是演员的关系，总之是花旦就踩，青衣就不踩。例如《御碑亭》，嫂子不踩，小姑就踩；《樊江关》，嫂子踩，小姑就不踩。比方按实际情形说，潘金莲似乎应该踩了罢，但真正昆戈腔班之《武松杀嫂》，则永远不踩。所以几百年来，戏班公共衣箱中绝对不预备跷板，是谁要踩，谁就得自己预备。科班中的公共戏箱，当然得预备，因为演员都是他的徒弟也。虽然后来有几出戏，是因为有了踩跷才排出来的，如《辛安驿》、《小放牛》、《小上坟》等等，有几处身段是照踩跷排成，但这种戏也不多。就是废了跷也没什么大关系，稍一变动即可对付。但是废与不废，没什么关系，它与西洋之脚尖舞同一性质，也是一种技术，只若观众爱看，便可保存。不过恐怕是要废了的，因为从前人人看着缠足美观，因之对于踩跷也就爱看，现在对于缠足，已经有许多人不爱看了，真的缠足不爱看，则假的缠足，当然也就不会欢迎。就是偶有欢迎的，也是欣赏他踩跷的技术，不是喜欢他缠足之美，这已经把创踩跷的原义给丢掉，所以说废不废没什么关系。

"总之若想改良，必需先恢复旧的，恢复旧的，在台湾就不容易，一则物质没有那样齐全，二则有许多演员，已经没有见过旧的规矩，现在只有试着步往前走，能够改的，就把他改过来，不能改的，则暂且将就再想办法，好在好一点的科班，出来的徒弟，对大致的规矩，还知道的很多。"

以上这些话，大约都是三十八九年间所谈，而王叔铭先生于彼时便已入手办理，到现在已大著成效。他办法的步骤，大致是先求合理化，也就是照旧规矩办理，现在分析着谈谈。

出入场。国剧一出场便是舞的姿势，都有详细的规定，不但与本戏中人身份有关，而与锣鼓亦有密切的关系，因为剧中人的身份情形不同，则锣鼓牌子也便不同，海派之角有不管此者，然老生青衣等，还不会有大错，错最多的是花旦一行，他什么也不管。按花旦的上场法，固然多用小锣，然也有许多牌子，牌子的紧慢不同，则步法也不应该同，但现在多是一溜就出来。空军大鹏剧团，对这种地方现在已经改正的很多，虽有一二人尚未能改过，但大体来说，则与旧规矩差不了多少了。

衣服一层尤关重要，近来多随便穿戴，把国剧的原理破坏无遗。我曾见皇帝登殿因无太监衣，而用四个龙套，按皇帝出外可以用羽林军保护，金銮殿上不能用兵站班，有特别御旨，方可应用，如《宇宙锋》之架起刀门等是也。然皇帝在外殿用兵侍卫，还算不甚扎眼，而《贵妃醉酒》，亦有用龙套者，大兵可以跑到妃嫔宫里去，不能不算一种新闻。大鹏近来对此极为注意。

国剧穿行头，都有规定，从前老角奉之惟谨，故有"宁穿破不穿错"之谚语，台湾则随便来来。一次在街头看草台本地戏，看了许久，因为一句话也不懂，不知所演为何戏，友人问据理想这应该是什么戏，或是能是什么戏呢？我说若在北平，只看他穿的衣服，就可以知道所有戏中人的性格地位，虽然不懂话，也可以推测准是怎么回事，因为穿衣服是有规矩的。此地多随便穿戴，无法推测。大鹏对此亦很注意，一次演三国的戏，刘备穿的花褶子，结绦子，戴学士巾，我当时想，这种扮相若在北平，那谁也不会认识他是刘备。我正在想，忽见王叔铭将军离座往后台去了，一定是吩咐他们改正，后来演此戏，就不是这样了。

老角们讲究演戏要成为一棵菜，意思是全剧各角之表情动作，都要彼此极端呼应，情形如一棵白菜之菜帮一样，两帮之间，没有一点不贴紧的地方，近来则说是沙丁鱼。此地演戏，则多数离此太远，这个角唱完便休息，那一角唱什么或说什么，他仿佛漠不关心，尤其是下人等等，比方《琼林宴》闹府一场，范仲禹打葛登云，四青袍一动也不动，闹的生角之作工，一点交代也没有，这可以说是不成戏了。一次见大鹏演新《四郎探母》，四郎与太君同哭，八姐九妹不理，事后王叔铭将军训令该团人曰，多少年不见哥哥回来，与母亲同哭，姐妹们连理都不理，有是理乎？以上不过指出了一出戏，其余的戏，也多是如此。不但此，从前演戏，一起牌子则必要起唱，比方说提兵前往，则一定吹〔五马江儿水〕，全场之角都要随唱，此虽是昆腔的规矩，但皮簧也效法它，百十年来也是如此，后来就多偷懒了，现在大鹏又往往起唱，这是很难听到很难看到的情形。

以上不过只举几点，其实他是时时刻刻用心，处处要恢复旧规矩，不是旧规矩一定好，但旧规矩都有理论，倘把它废掉或拆散，那就干脆不能成为一件事情了，尤其配角的懈怠一层，更是显而易见。可是自从有捧角风气之后，观众只管看他心上之角，对于别人，他一概不管，平常谈起话来也是如此，无论往什么班去看戏，都说是看某角的。按一出戏，岂是一个人可以演成的呢？我常说近来台北的戏，只有大鹏一班可看，所谓可看者，并非它有出类拔萃的角色，而是它处处认真，人人卖力，戏显着齐整，其实这才能算是戏，这也是改良国剧的初步。为什么要这样说法呢？前边已经说过，兹再重复一句，总之戏是全体演的，不是一个人唱一段就算演好的。如今演戏的多只注重唱工，听戏的也多只注重唱工，如此则把戏给演的不成戏了，要想把戏还演的真正成了戏，就得先用这种办法，然后再说改良，所以说这是改良的初步。

第十三章　到台湾、答客问、漫谈国剧工作

第十四章　写回忆录、我的愿望

写回忆录

在一九五一年，于中山北路二段十六巷中国新闻出版公司，初识张秘书长晓峰先生（现为教育部长），蒙其殷殷垂询，谈了很久。别后回思晓峰先生的话，很受感动，所谈的话，虽然很多，但大致的意思，总是劝我多写有系统的文字。最初我自己何尝不是这个意思呢？但杂志或日报副刊中的文字，是不喜欢长篇大论的，虽然有长篇连载的文字，但多是小说之类，以情节曲折引人入胜，与记事之文字不同。杂志之种类，固然很多，但除各种专门科学杂志外，所有文字也不能太长，尤其是日报副刊的文字，更是非短则没有人爱看，以非短不可的文字，而欲写系统的记载，这当然不可能的事情。我最初写的《国剧概论》，共总不过七八万字，交到"中央日报"，人家非常客气，未经披露，便把全部稿费送来，但是在报中发表了不过十分之七八，以后便未再登，至张院长道藩兄来索稿想代为出版，才把剩余之稿，由《中央日报》取回，这固然是该副刊稿多，但恐怕也有读者不十分欢迎的性质。大家所以不十分爱看者，大概是一因其太长，倘有一天未看则以后便不能接连，便于该事不能知其详了。二也是因理论文，非真正有意研究之人，则看着便不大感兴趣。照这种情形来说，则长篇有系统的文字便不能写了。不但有系统的长篇文字大家不爱看，连关于理论的文字，欢迎的人也不多，最好是短篇有趣味的记事文字，方能受大多数人的欢迎。记事文字也不一样，比方关于戏剧的小故事、小掌故，固然比写理论的文字，较为受欢迎了，可是还不及平常的故事，这当然是因为戏剧虽为娱乐，但也有专门的性质，故不及平常事迹之普通也。《大华晚报》问世之初，我给写了些北平的小故事，就有许多人写信来，问长问短，有怂恿写这个的，有建议写那个的，由此就可以知道大家对它特别感觉兴趣了。所以以后写的这类文字较多，果然也很受欢迎，因此对于我个人，也承很多人不弃。不过以上这种情形，不是我文字怎么好，而是有占便宜的地方。何所谓便宜呢？因为我写的多是北平的事情。有趣味的小故事，到处都有，不过若写小地方的故事，多数人不知道，便不甚感兴趣，北平做了七八百年的都城，去过的人很多，谈起它左近的情形来，有许多人都知道，当然就以为有趣，因为对故事感觉兴趣，对写故事的人，也就特别有好感了。这就是前边所说我便宜的地方，虽然便宜，但这种文字，终归嫌琐碎。后晓峰先生又特别嘱咐我，说务必写点有系统的文字，他可以代为出版。他这种热肠古道，我当然感激极了，且由此也就注了意，一切文字虽然都还是零段，但总是往有系统里写。例如谈角色，谈国舞，谈编剧，北平四种大戏之盛衰，梨园掌故，北平掌故等，虽是散见于不同的报纸，但将来归扰起来，总可能是有系统的，于研究此事者或不无小补。以上这些文字，有的已经脱稿，有的尚未写完，以后总可补写，然多数尚未完全整理出来，故多尚未出版，这也是因为想尽先写回忆录的原故。我从前写过一篇自传，约不过八九千字，因带着写了些当年社会的情形，有许多友人以为有趣，但都嫌太简略，嘱我再详细写写，但因循未果。一九五四年春，晓峰先生也谈及此节，也嘱我务必详细写写，定可代为出版，且预先送来一笔稿费，这真是惜老怜贫之举，感激之余，只好写写了。

在未入手之前，我曾想过，一个人写回忆录，这可以说是自我介绍，未免有些滑稽，且有自吹自炫之嫌。又因爱听旧日社会情形的人相当多，所以我拿定主意，少写自己的工作，多写我亲身经历目睹的情形，然我半生四五十年的精力，都专用在研究戏剧的工作中，则这层不能不特别写写，而且这种工作，从前没有人作过，也更应该写写，于是这本回忆录的体例，就这样规定了。

自一九五四年夏天写起，到五五年夏天才完，为什么写这许久呢？实因为马齿行将八十，身体虽然还算健壮，但精神总差了，在二十年前，每天平均可写五六千字，当然是胡画不是恭楷，几十年来因为写字太多，最多时一天写到八千字，一右手作下了些毛病，现在每天不过写一千多字，最多不过两千，多则手腕便要疼痛，且有时坐下写二三百字便觉不舒服，就得放下笔来，似这种情形，怎么能够写出好文字来呢？所以其中的毛病很多：有的驴唇不对马嘴，有的前言不搭后语，有的上气不接下气，有的套搭而且啰唆，有的前边说了后边又说。种种毛病，不一而足。这固然是其文学不足，而精神不足，也有很大的关系。而且有时候写的正在顺适的境界，所谓文思泉涌的时候，忽有友人来嘱写一篇文字，不写则得罪朋友，欲写彼则须把此放下，如此者往往间断十几天一月余，在别人这算不了什么，接着再写，我则不成，过十几天后，差不多就忘了前边写的都是什么，只好再看一次，方能接着往下写，因为这种种情形，所以这本书几几乎写了一年之久，方才写完，本以为须三十万字，结果因有许多零碎的事情未写，故只写了此数。

我的愿望

我写完这本书之后，还有许多的希望，很大的愿心。就是我北平存着的许多东西，还没有完全整理，这些东西若都整理出来，一定还可以写几十种书，对于国剧还有许多的发明，于国剧之发扬更有许多的帮助。但一本也未带出来，这种工作无法入手，只有望洋兴叹，候返回大陆，再行努力了。但所谓希望，也不只北平，在此地有许多的希望，就是有许多学者，应该研究国剧，兹大致分着谈谈如下：

研究话剧的人应该研究国剧

第一是研究话剧诸君，应该研究国剧。因为我是研究国剧的人，常有人以为我反对话剧，其实这句话就是胡说。总之学话剧的人，若反对旧戏，那是连话剧也没有真懂，演旧剧的人反对话剧，那也是连旧剧都不懂，按原理说则各种戏剧都是相同的，按表面说，不过是演法不一样。常听到维新的人物说，旧戏持一马鞭就是马，拿一船桨就算船等等，未免简单可笑。又听旧戏界人员说，既不穿行头又不唱，怎么能够叫作演戏呢？这两种思想都太简单，都不足以与谈戏剧。我们在美国演剧的时候，有一位大文学家兼大戏剧家杨先生 Stark Young。说他研究希腊剧有几十年的工夫，英文书及希腊文讲戏剧的书，看的都很多，且无一句不懂，可是对于希腊剧之真相，总不大明白，今日一看中国戏，对于从前的希腊戏，也都完全明了了，真是痛快至极。这足见中西的戏，最初是差不了多少的，大致是宋元等朝，就由中国传到了近东，当然也有近东吸收来的东西，此是另一问题，当另门研究，此处不必多赘。旧剧与话剧的来源，既有相同之点，则研究话剧之人，便当连带研究旧剧，而且是必须得研究之人研究旧剧，旧剧方有发现，方有进展。为什么要这样说法呢？因为学话剧的人，多入过学校，受过教育，有步骤，有理论，是有科学组织的，他们虽也不懂旧戏，但懂得戏剧之原理，若用研究话剧的科学来整理旧剧，则必能有许多收获。因为中国旧剧，虽然有些部分也有科学的组织，但总是片片断断，枝枝节节。

这与整理中国其他的学问，是一样的情形，就说想整理中国的经书史书，似乎是用不着西洋办法的了，但是不然，非采西洋的科学方式，便不会再有新的发现。比方说中国绘画，是与西洋大不同的了，可是若想研究整理，也得有西洋的方式。现在有许多学过西洋画法的人，他们虽然画起中国画来，尚还不及旧画家，但他们谈起来，便能于旧画之中，说出另一种道理来，所谓新的发现，新的理论。若只是旧画家，他们的谈论讲解以至著作，总出不了千余年来旧画家的范围。戏剧比此又难万倍，画家们无论学问大小，总都是有学问的人，至微也都通文字，戏界人员与此则不能比拟。按旧剧最初本也是很科学的，比如衣服、器具等等，都是特别的规定，这显而易见是科学。就是歌唱发音之练习，也与西洋差不了多少，不过不及它完备就是了，然它也分云遮月音、脑后音、丹田音等等，又有甜音、苦音、辣音等等之分，再往深里讲，又分虎音、龙音、水音、云音、鸟音、鬼音等等！它在祖师殿中，供有十二音神，足见也很有来历，古代之王豹、绵驹、秦青、薛谭等等诸君，都以善能发音歌啸出名。这都可以说是很高的艺术，而且由术进而为学，比西洋一点也不弱。不过是戏界这些年来，没有有学问的人，且几几乎是没有通文的人，他们不但不能研究，且不能记录，所以教徒弟的时候，都是用口授，且都只是传授其技术，没有讲理论的，偶尔论及，也只是三言两语，片片段段，绝对没有记载，年久当然失传。虽然失传的东西已经不少，但各老辈演员，因为演的年代久了，耳听的，眼看的也都较多，所以存留着的旧说还不少。这若用西洋科学的方式，来探索、搜寻、记录、研究，必能发现不少的东西，这是毫无疑义的。尤其是武工国术一门，乃是有步骤的，先撕腿、踢腿、走步、下腰等等的功夫，先作什么，后作什么，都有详细规定，必须照这种规定，一步一步的练习，倘不能按部就班的往前进，或有前后倒置的地方，那是不容易成功的，就是勉强练成，也是事倍功半。我在美国几个大电影厂，都参观过，见他们的舞男舞女，练身体的功夫，与中国戏班完全相同，几几乎可以说是一点分别也没有，但是人家有记录有教科书，且有详细图样，总之人家的歌唱跳舞，都有学说，都有理论，都有准课程。国剧中不但没有这种组织、这种记录，而且绝对没有这种人才，学者文人不屑作，戏界人里边，从前的老辈知道的确比现在各角多得多，但没有通文墨之人，所以一些记录也没有，何况写教科书呢？现在的演员，因这些年有国民小学校的关系，确较从前好了许多，似乎很有人可以记载东西，但他们知道的旧规矩，则比从前老角少得多，可以说是无从写起了。使他们寻觅旧规矩已经很难，何能望其线而理之，成一有系统的记载呢？假设真能够把所有的老名角聚一处，请他们各人把自己所知道的都给写出来，这固然是很好了，但仍是乱乱糟糟的一大堆，仍须有科学知识的人来整理，尤以学过话剧的人为相宜，因为每门学问，都有它的专门名词等等。话剧与旧剧，方式虽然不同，但其中的理论、名词、习惯等等，总有许多相同的地方，所以说以学过话剧的人来整理旧戏最相宜，且非学过话剧的人整理旧戏不可。

我几十年来，对于研究国剧稍稍有点成就者，固然是到处考查，逢人便问，下过一番苦功夫，但也因为是从前在法国研究过几天话剧，我用话剧科学的方法来整理国剧，总算整理的稍稍有点眉目。但因我研究话剧，时间太短，对于话剧的知识尚不够，所以我整理写出来的东西，虽然有点系统，但还不够科学，可以说仍然还是原料的性质，我整理出来的这些东西，还得等待知识深的人，再加一番整理，才能够供普通人研究。再进一步说，才能编成教科书，成为一种专门学科。

或者有人说，既学了话剧，就应该专心致力于话剧，何必又研究国剧呢？这话也可以说有一些理由，但这里也不是说，凡学话剧的人都要研究旧剧呀？有原兼研旧剧之人，当然可以，且于话剧也毫无损伤。再者凡在外国留学之人，无论学哪一门学问，也不能抛开中国社会的习惯而不管。几年前有一位在西洋学土木工程的，他说在外国学的建筑样式有许多在中国用着不合式，有的因气候不同不能用，有的因人的习惯不同也不能用。我说："您这话对极了，还有一层您也要顾及，在全国中，南几省因为雨水的关系，尚多砖房，北几省则多数都是土坯房，您学的那个，他们就用不起，北方乡间建筑房屋，大多数都不用花工钱，都是买好了梁柱木料，闲时自己把坯脱好，赶盖的时候，各邻居都来一帮忙，屋子便盖起来了，稍有钱之家，管吃几顿饭，穷户人家连饭都不必管。"我又问他："您们在西洋学建筑，学过盘炕没有，当然没有，但北几省多数有炕，因为生不起煤火，而屋子又冷，所以盘一条大炕，以便烧田间农产剩的柴草，藉以暖屋，您要想改良，只生火炉不用炕，那先得多开煤矿，再讲交通运输，否则修好炉子，无物可烧，挨了冻完事。这种情形多得很，不止一条炕。"说罢，友人也大乐。以上这段话，不是闲谈，各种学科都难免有这样的情形，何况与社会风俗有直接关系的戏剧呢？撇开本国社会风俗，是永不会成功的。

票友最应该研究国剧

要提倡旧文化旧道德，应以提倡国剧为事半功倍。在文化一方面说，国剧是弥漫全国，人人欢迎的一种歌舞事业，无论哪一国，歌舞事业，总是占国中文化的最重要地位。在道德一方面说，国剧中所提倡的都是忠孝节义，所谓四维八德等等，无一剧无一处不是充满了旧日的嘉言善行。所以说应该提倡国剧，可是要想提倡，还得加以研究，否则不能明了剧中的情形，要想研究国剧，当然以诸位票友为最理想。有三种原因。

一因票友的性情近于戏剧，倘不近他就不会爱好了，以爱好戏剧的人来研究戏剧，则当然容易深入。

二因他们对戏剧已经下过功夫，虽然没有研究过理论，但歌唱身段，都下过相当的功夫，这便比我这不会唱不会作的人好得多，至少是近这一步，因为技术有了根底，则研究理论一定较容易。

三因票友旧文学总好得多，按技术上说虽然不及科班出身之人，嗓音好坏乃是天赋，当另作别论，但戏界人多不通文墨，而票友则有许多都是学界人，于研究、记述等事，则当然容易得多。

有以上三种就近的情形，所以说票友研究国剧为事半功倍。不过这些年来，票友诸君只是注意技术，尤其是多注重歌唱。按歌唱自然也是很重要的一部分，平常都说是唱戏，不能唱万不能成为红角，这是一定的。但其他的部分也不可轻视，因为国剧是把歌唱、舞蹈及扮演故事三种合而为一，不可分开的，所以演戏之人于歌唱之外，还要注重身段（即是舞蹈）及表情（即是演故事）两种，否则虽可成为红角，而不能成为名角。例如从前刘鸿升嗓子很好，但能唱不能作，而戏界人都看不起，所欢迎者是观众，而且还是不懂戏的较多，真懂一点戏的人，没有欢迎刘鸿升的。像钱金福、贾洪林等一流的角，只管不能成红角，而本界人则极恭维，就是因为他嗓音虽然不好，但身段表情都好，戏界有两句谚语曰"千斤话白四两唱"，又曰"三分唱念七分作"，由此更可知身段表情之重要了，倘只是能唱，则虽比西洋歌剧欧佩拉还好，也算不得中国的好戏，因为三个要点还欠少两个呢。

以上这套议论，并不是瞧不起光会唱的人。昆腔自明朝以来，就分台上、清音两派。舞台上的唱法较清音为随便，因为唱的太讲究，咬字太认真，恐怕于面容有关，清音是在房内唱的，咬字行腔，都特别认真，虽面容嘴眼等等，因用力有稍改变的地方，也不十分碍事也。昆腔尚且如此，何况皮簧呢？如此说来，票友在台上，技术都够水准，固然是好，但只能唱几句，也没什么不可以，他非靠此吃饭，偶唱几句，藉以抒发性情，振奋精神，岂不也很有趣味呢？这也是人人所当赞成，而无理由反对的。这话又说回来啦，倘想登台，且想得大众之欢迎，那对于技术是非研究不可的。百十年来的老票友，平均着说，所有的动作，实多不及内行人，但名角出来的也很多，近几十年来的票友，似乎是多数不及从前，这也有许多的原因。

一是北平在前清时代票房太多，我所知道的前后就有几十处，出名的也有二十几处。例如：三第一韵票房，约在咸同年间，多走清音局，不常登台，凡有请者，各票友皆穿袍褂，给本家出份子。赏心乐事票房，主持人为载豁字燕宾，地址在翠峰庵。公闲自赏票房，鹦凤轩君成立。遥吟俯畅票房，李毓臣君创立。埙篪和畅票房，胡子岩君创立。风流自赏票房，载旭之君创立。同怀雅集票房，魁书林君创立。霓裳雅韵票房，王鼎臣君创立。游目骋怀票房，英松岩君创立。以上不过随便举几处，因为票房中人多，彼此都可以观摩，而且从前票房诸事认真，所以这些处出来的人才很多。后来票房较少，未能出来人才，在台湾各机关中，所谓平剧研究所者，似亦不少，但一切不认真，所以较从前差的多。

二是北平唱戏的人多，容易请到好的教员，且能多请教戏之人，此地则不易。

三是北平戏班多，每天出演的戏班，总有十几班，哪一班都有几个好角，其中次的也比现在的强，可以常常看戏，容易观摩。此地则戏班太少，就是偶尔看到一次戏，也多值不得效法。

四是从前票友，虽也多是学一个名角，但是好角，他都要看看，藉广见闻，所以彼时大家谈起话来，多是说这出戏，某角这样唱法，某角那样演法等等的这些话。彼时因为看到好角多，自己的成就，自然也就不限于一个方面，比方票友中的张二奎、卢胜奎、黄润甫、金秀山等等，都有他特到之处，为戏界名角所不及。此风在光绪末叶已渐渐的衰歇，票友之学老生者，多是学谭叫天一人，这也有个原故，在彼时老角多已去世，最出名者为叫天，与他同时的只有汪大头、孙菊仙二人，他二人的嗓音，又不容易学，于是都来学叫天，可是只学一人，则出不了此一人的范围，不会有广大的成就，学谭之人最早最好者，当以张毓庭、王玉田为最有名，然亦未能超过谭之一步，足见专学一人，是不会有大成就的，后来学谭者总有几十人，尚都不及张王二人。如今学谭之风已过去，都学余叔岩，可算是每况愈下，须多研究别的才好，否则便完全学到余叔岩又当怎样？按余叔岩虽然不及谭，但还是悠扬动听，极正当的歌唱，后来的诸位就更没有办法了。

五是从前票友学戏之心，比出风头之心较盛，出风头是多数人的欲望，但彼时较现在为差，彼时有学几年戏，而未公开登过台的大有人在，所以彼时票友的艺术造诣较为高深。如今则是学半出戏，就想登台出出风头。说他只会半出戏，这话似乎有点讥讽，然如《四郎探母》，只会坐宫就登台的人，我就见过，其实这连半出都不够，类似这样，怎能深造呢？

六是从前国内承平，生活安定，尤其旗门中人，不愁吃穿，每日除有一两钟头须到衙之外，无事可做，都可以专心学戏，所以容易有进步，如今则生活困难，每日有七八个钟头的工作，虽然公余之暇，可以寻些娱乐，但身心总不会太闲暇，则不容易有长足的进步。

以上只举几种。总之是现在所有的情形，一切的环境，都不及从前，若想学成一位好的戏剧家，是比从前难多了。诸君若只是为公余之暇寻点娱乐，不愿深造，自然也很好，因为人的精神是有限的，既有自己学问职业，又何必分出精神来研究戏呢？所以说只图娱乐，不求深造，乃是人人应该赞成，没有理由可以反对的。但诸君不愿深造则已，若想深造，则最好是撇开技术而研究理论，至少是要偏重理论，且诸君研究理论，比我就近的多，诸君都能唱能作，这于研究理论，便近了一步。而我则既不会唱又不会作，尚且排除万难，埋头苦干，诸君何不一试呢？据我的理想倘诸君下功夫一研究，必定有许多新的发现。

戏界的人员更应研究戏剧

戏界人员，现在叫作职业戏剧家，所谓研究者，不是先生告诉，自己记住，就算完了。必须要用心再追求思索一番，要

紧的是研究理论，凡事没有理论，便不能成一门学问，至少也
要研究它的原理。不论什么事情，都有它的原理，戏剧自然也
不能例外，北平老辈对于国剧的原理，虽然没有记录，没有学
说，但他们多知道一个大概，所以他们演戏虽然各有各的路
子，可是不容易跳出规矩之外。现在的演员，是出规矩的地方
太多，可以说是每一种事情，都有不合规矩的地方，这就是因
为不知道原则的毛病。目下看旧戏，几几乎是合原则的地方较
少，而大多数的观众，有不理会的，有看不出来的，所以也就
不知道他是出了规矩。按演戏出一点规矩，在表面看来，似乎
没什么大的关系，但是不然，这里头得分两种，有的地方看着
出规矩的情形很大，但确是没什么关系，有的地方看着没什么
重要，而关系确很大。兹在下边略谈谈。

比方歌唱，无论任何一种歌唱，都有它的原理，大致是：
愤怒的情节词句，则腔调不许悠扬。快乐的情节词句，则腔调
不许悲壮。忧愁的情节词句，则腔调不许喜悦。消闲的情节词
句，则腔调不许急促。以上不过只举几种，余可类推。总之是
每一句腔调，都应该审察其性质，不应该人云亦云，从前好角
这样唱法，我也必须这样唱，倘好角唱的对固好，否则便算盲
从。从前老角们常说，每一句唱工，都要审察它这一段唱词，
在本戏里面占什么位置？这一句在这一段中占什么位置？这一
字在这一句中又占什么位置？审察妥当然后再安插腔调，如此
则唱出来无不合理，否则便是胡来。比方《辕门斩子》一戏，
杨延昭唱"下位迎接娘来"一句，近来唱此者都学刘鸿升，但
是毫不合理，请想这件事情有多悲惨：儿子犯法，不能不治
罪，但把儿子杀了，则杨氏绝后；此时母亲来说情，更增许多

悲惨。而他所唱的腔那样的悠扬，这可以说是极不合理，且破坏了歌唱的本义，可是人人都去学他，这便是盲从。不但腔调如此，就是极小的地方也得注意。唱的时候，该用力的地方，自然要用力，不应该用力的地方，则用力便不会合规矩的。比方极轻松的句子，而极用力来唱，便是不懂唱的原义，多数人以为这是小节，其实这是很严重的出了规矩。兹再把大家以为要紧，而其实并无关重要的地方谈谈：例如《四郎探母》中"站立宫门叫小番"一句，有许多人以为非使嘎调不可，其实这个嘎调，乃始自谭叫天，他以前没有用过嘎调，此一出戏，乃光绪年间名须生张二奎由梆子腔改成皮簧者。张之后最出名的是杨月楼，他们两个人都没有用过嘎调，而叫天倘嗓子不好，也偶不用，而且也不能说是十分合道理。从前老辈常说，嘎调乃着急的性质，此处不必着急，故不应用嘎调，但因公主诚心帮忙去盗令箭，一时因兴奋而用嘎调，亦未尝不可，但万不能说非用不可。戏中这路地方很多，虽然有人讥为不合旧规，但确无关系。

动作：国剧中的动作，都有详细的规定，都有它的理论，有的可以改动的，有的几几乎是不能改动的。先说袖子，其动作方式固然种类很多，而动作的意义，种类也不少，尤以旦角为更多，这大概是因为唐宋宫廷的歌舞队，队员都是女的，古云长袖善舞，也说的多是女子，这种袖舞，是由女子创出来的，所以女子袖舞之式，现在传流着的还特别多。如抖袖一种，男女固然分别很大，而旦角也有许多的分别，喜怒哀乐情形不同，袖之抖法亦各不同，再往严格里说，没有一声叹气不用袖子的，没有一点动作不用袖子的，几十年来北平的名角，能此者已不多，及至到台湾来一看，简直的是把袖子卷起来，干脆就不用它了，这可以算是国剧极大的损失。以上是关于文的动作，此外尚多，不过只谈一种，余可类推。兹再谈谈关于武的，所谓武的动作种类也很多，如打把子等等都是。剧中管交战曰打把子，按国剧的旧规矩，是绝对没有真杀实砍真像对殴或打仗的，凡遇这样的情节都是用舞的方式来表现，所有剧中的刀枪等等，都是用以形容武舞的舞器或舞具，而不是真正兵械。这种地方，只要详看明朝或清初的传奇便可明了。乾隆前后，剧中吸收了武术，才有真打真闹的情形，所以最初还只有短打的武侠戏用之，如《彭公案》、《绿牡丹》、《施公案》等戏是也，如今则都讲真打，且有以能用真刀真枪为号召者，去古更远。按从前的打法，因为是武舞，所以演哪一朝哪一国的戏都可，现在这种打法，已是为实的办法，则只可演几百年来私斗的戏，演国际交战便有许多不合武的地方，何况枪炮呢？

以上文武只举两种，其余以类推，关于文的袖子等等，是近几年来的错误，关于武的直打，是由百十年来就错下来的，这是研究国剧理论者不可不知道的。

化妆：日前某君在某杂志中，说过两句话，曰戏界衣服是杂凑来的，只有演戏可以用，其他拍电影等，是不能用的。是哪一种杂志，什么题目，作者贵姓，我都忘了，遍找该杂志，已被朋友拿去，只记得像是这么两句话。他这话似乎是有点鄙视旧戏，但说的确是一点也不错，实在是杂凑来的，实在是只有旧戏可以用。国剧的衣服是有规定有系统是不错的，但最初非并有学问的人所规定，也没有引经据典的费过考据手续，当初只是舞衣，是与当时其他舞队及现在西洋各种跳舞所穿的衣服，都是同一性质，后来因扮故事的情形，越来越复杂，于是乃规定了这些种衣服，有的利用这一种衣服改改，有的利用那一种盔帽变变，总之是杂凑来的，好在它是舞衣的性质，所以不管朝代，不管时季，它是形容某一种人就穿某一种衣服，所以除演国剧之外，做别的事情，如照电影等等是用不得的。它虽然不分朝代，不分时季，然对于人的身份性格，则规定得很严，是不许穿错的，所以戏界有能穿破不穿错的谚语。行头最重要的蟒袍铠靠，所谓十蟒十靠。十蟒十靠者，分五正色，五间色。五正色即青黄赤白黑，穿间色者或可通融，稍错一些，没什么关系，正色则不能错。以上乃公服，至平常私下所穿，也有许多的规定，例如黑颜色，乃代表穷，头上首饰等也有规定，如银钉亦代表穷。比方王宝钏、柳迎春等，都是十八年受苦，可是她们的扮相，都是穿绸子衣服，一头首饰，这若按写实说，是没有道理的，但按它的规定，是有系统的。比方《春秋配》一戏捡柴一场，因她后娘虐待她，使她穿一身坏衣服到荒郊，若穿青褶子，便有理论可说，如今有人穿白褶子。演《三娘教子》，亦有穿白褶子者，这便无理可讲，因为青是代表穷，只若是黑颜色便妥，至材料，则绸缎皆可，若穿白则非布不可，不应该穿绸缎了，因为白色不能代表穷，若白色绸缎则只能算是阔，不合戏情了。其实这也并非一定合乎情理，但戏中的规矩则确是如此。再如戏中衣服之黑领白领，分别也很严，比方男子所穿之青褶子（又名道袍），白领者曰青褶子，乃穷文人所穿，黑领者名曰青袍，乃下人所穿。又如书僮所穿之茶衣，乃是青领，薛义哥等所穿者，乃安儿衣，非白领不可，这些地方都不容乱穿。以上这种种情形多得很，不必尽举。余有《行头盔头》书可参看，如今许多地方都是乱穿了。

地方：这里所谓地方，乃是指的戏台上的地方，不要看台上只有一张桌子，两把椅子，可是哪是卧房，哪是客厅，哪是院中，哪是门外等等一切的地方，到时候分的极清，一点不许紊乱。从前有新角或票友登台，请老角去看，看过之后，第一句恭维的话，就是"有准地方"四字，可是果然初次登台，能得到这句话，那以后便有饭吃，倘老角说一句"连准地方都找不着"，那以后便不容易吃戏饭。近来看戏，除几出常演的旧戏之外，稍新一点的戏，大多数都没有准地方，而且有许多地方，简直是没法看了。什么是乱的没有准地方呢？比方同是一场戏，同是一样的情节，这位进场就做出门之姿式，那一位就不做。比方说老员外在场上，命家院传话，请夫人小姐出堂，这种情节很多，照规矩家院往前稍走两步，在员外座位之前，面对上场门说"请夫人小姐出堂"便妥，因为此后在自己家中，所以老夫人小姐出场就可见员外，不必再做进门式了。如今有的家院先走至台面做出门式，回身再对上场门说请，此本已出了规矩，因为这是请外来之人的办法也，不过家院已经错了，则夫人等亦只好再做进门式，以便与家院呼应，如今则有的做进门式，有的不做，这已经乱了，且有时夫人与小姐不同时出来，一个就做进门式，一个就不做，这尤其乱七八糟。剧中这类的情形多得很，以上不过只举一二种。不要以为这是小节没有关系，其实重要得很，因为国剧毫无布景，而又演极复杂的故事，倘这种地方不弄清，随便上来下去，那还有什么意思呢？也就不能成为演故事了。国剧所以能行六七百年之久，而又能得多数人欢迎者，除歌舞外，这种地方也有极大的关系，倘再把此破坏，那就真是不成东西了。

以上只举歌唱、动作、化妆、地方四个部门，其实情形尚多，就这四个部门之中，又分若干种，都是戏界人所应该研究的。再进一步说，倘一有布景，则这些规矩就都毁了，不过这话又有两种说法，戏界人固然应该研究这些，但有能研究的，有不能研究的，且戏界人都靠演戏生活，也是极重要的关系，靠演戏生活，则一切必须为生意打算，当然是要迎合观众，则布景等也不能说是绝对不能用了。因为一般观众不管戏理如何，他们就是好热闹，多欢迎布景，为做买卖起见，是要迎合他们的。按旧剧绝对不能用布景，我个人也是这种主张，但我编我排的戏，也很有几出添上布景。不过为生意起见，想加添布景，固然是不必反对，但有两个要点，则不可不注意：一是既添上布景，便须利用上它，最好是把该戏排的没布景便不能演，且以不伤旧规矩之舞式为原则，如此则亦可研究用布景之进步。像如今之用布景，只图热闹，不管戏理，那是于国剧有极大害处的，不可不注意。二是想借添布景以广招徕则可，但不可认为这是改良旧剧。比方上海所演之《狸猫换太子》、《诸葛亮招亲》等等的戏，北平大多数人都反对，而我则以为没什么可反对的，不过他是另一种戏就是了，世界上的戏种类很多，不必都是一样，不过若说那是改良旧戏，那是绝对不可的。

舞蹈家须研究国剧

西洋人到日本有日本歌舞欣赏，到韩国有韩国歌舞欣赏，到泰国有泰国歌舞欣赏。其实这些国家的文化，都是由中国去的，唯独到了中国，没有人给他中国东西看，没有也罢了，偏要给他们歌舞看，西洋歌舞是我们学的人家的，学得同他们一样喽，已经不应该拿出来给人家看，何况还在极幼稚的时期呢？这真是极难索解的事情。近来所谓国舞民族舞等等，又风起云涌，今年国舞民族舞比赛，报名者有几十处之多，看到后来在报中发表的相片，就有多半非国舞的姿式。第一都露两条大腿，按女子之腿，固然是很美观，说句不怕讥笑的话，我也很爱看，但若说这是中国古舞，那是绝对不可以的，因为中国两千年以来，没有过这样的舞女。中国的旧规，大致是小姑娘舞，则可穿裤子，长成的女子，则非穿裙子不可，古谚有"舞袖歌裙，吸饭庄屯"二语，即是指此，不穿裤子，便穿长衫。中国人之聪明，绝对比西洋人不弱，但有许多人不求甚解，自以为什么都可以会。在光绪十九年，在北平有某书院月考，题目是"铁路论"，彼时在北平的人，固然没有看见过铁路，新出之书中谈到铁路者，也只有《出使英法意比四国日记》，及《盛世危言》几种，而大家也都没有看过，可是大家的论文，也都是几千字，不知道说的都是什么。凡一门学问，一种技术，都是不能速成的，若想三早起两晚晌，赶罗赶罗，就算成功，那是绝对不可能的，何况舞蹈乃是一种艺术呢？不过因为国舞大部失传，现在研究它，也不是一件容易事情，但所谓难者是技术，至衣服则还相当容易，兹在下边分着谈谈。

古来歌舞衣服之详细花样，固然不容易考究，但衣服的样式，大致的花纹，则在各正史中记载的还相当详细，比方按《宋史》说，就有如下的记载：

队舞之制，其名各十。小儿队凡七十二人。

一曰柘枝队。衣五色绣罗宽袍，戴胡帽，系银带。

二曰剑器队。衣五色绣罗襦，裹交脚幞头，红罗绣抹额，带器仗。

三曰婆罗门队。紫罗僧衣，绯挂子，执锡环柱杖。

四曰醉胡腾队。衣红锦襦，系银鞊鞢，戴氈帽。

五曰诨臣万岁乐队。衣紫绯绿罗宽袍衫，诨裹簇花幞头。

六曰儿童感圣乐队。衣青罗生色衫，系勒帛，总两角。

七曰玉兔浑脱队。衣四色绣罗襦，系银带，冠玉兔冠。

八曰异域朝天队。衣锦袄，系银束带，冠夷冠，执宝盘。

九曰儿童解红队。衣紫绯绣襦，系银带，冠花砌凤冠，绶带。

十曰射雕回鹘队。衣盘雕锦襦，系银鞊鞢，射雕盘。

女弟子队，凡一百五十三人。

一曰菩萨蛮队。衣绯生色窄砌衣，冠卷云冠。

二曰感化乐队。衣青罗生色通衣，背梳髻，系绶带。

三曰抛球乐队。衣四色绣罗宽衫，系银带，奉绣球。

四曰佳人剪牡丹队。衣红生色砌衣，戴金冠，剪牡丹花。

五曰拂霓裳队。衣红仙砌衣，碧霞帔，戴仙冠，红绣抹额。

六曰采莲队。衣红罗生色绰子，系晕裙，戴云鬟髻，乘采船，执莲花。

七曰凤迎乐队。衣红仙砌衣，戴云鬟凤髻。

八曰菩萨献香花队。衣生色窄砌衣，戴宝冠，执香花盘。

九曰采云仙队。衣黄生色道衣，紫霞帔，冠仙冠，执旌节鹤扇。

十曰打球乐队。衣四色窄绣罗襦，系银带，裹顺凤脚簇花幞头，执球杖。

在正史中这种记载很多，兹不过钞录二十种。我们要复古舞当然不必照这样做，但由此可以看出古代舞衣的情形来，亦可由此另创出新式的衣服来，方不至于离古舞太远，若光着眼子跳两下，就说是古舞，那真是滑天下之大稽，使外宾看了尤其丢人。

技术一层可就较难了，若想研究舞蹈，除请教习当面教练外，那最好是拍成活动电影，若专靠文字及图画，是很难成功的。吾国从前固然没有电影，而图画亦不多见，关于舞蹈文字，在汉唐几百年中确不算少，但都是文人兴之所至，随便写写，至于专门记载的舞蹈文字也可以说是没有。要想研求古舞，还须在社会中求之，民间存留着这种的舞还不少，不过损失丢掉的已经很多，想找完全的实不多见了。大城池大镇中自然较多，但多不完备，兹把大家所常看到的，随便指出几种。

花鼓舞。打花鼓始自凤阳，原为乡间小唱，然他打鼓时舞动鼓槌之穗，极为美观，确是一种很优美的舞，因此才被戏界吸收，编为《打花鼓》一戏，在几十年前，北平戏班演此，还有舞槌穗的技术，如今则一毫也没有了，若想再把此事复兴，则必须往凤阳一带乡间去找。

《小放牛》。此乃西安一带街市上的小唱，在前清光绪十几年，由侯俊山（十三旦）采入戏中排成小戏，初期与他同演者为梆子名丑刘七，后又归王长林，词句虽然鄙俚，但身段（舞式）合理，而且很优美。如今演者则丢失了很多，他们并非不卖力，但有的身段没有意义，如此则失掉了舞的原理，要想恢复，恐怕也须到西安一带去找了。

龙灯舞。此自汉朝即有之，然彼时曰伎（日本尚沿用此伎字），尚不算是舞，一直传到现在，北京及北方乡间，从前都很发达，颇有技术可观，此地之龙灯则可以说是一点技术也没有了，使外宾观此，可谓贻笑万方。

舞狮伎。此亦始自汉朝，各省多有之，然最有技术者是北平，此处之狮亦毫无可观。

踩高跷。此亦汉朝即有之，名曰长跷伎，传到后来，约分为三派：山陕及山东湖广各省多有之，如今恒见者即平常一派，然此派技术种类最多，以北方乡间为最好，北平则稍差，此地之高跷会，只能踩在长竿上走走，此外则一点技术也没有了，要想恢复此种技术，须在北方乡间去找。

跑旱船。此亦汉朝即有之，名曰旱划船，亦有许多技术，亦以北方乡间为优，颇有可观，要想恢复此技，亦须于北方乡间求之。

以上只把大家所常见的举出几种来，余可类推。总之是大城大镇，一切事情进化较速，所以这些艺术，变化的也相当快，倒是乡间，虽然一切不容易进化，但有许多东西，可以保存旧式，例如这些艺术，在山僻乡村，如没有则已，倘有则保存之旧式，较为完备。

这一段文字的题目，是"舞蹈家须研究国剧"。上边所写未曾说到国剧，似乎离题太远，其实不然，前半段所谈的舞衣，后半段所谈五种技术，都与戏剧有关，而且这些事情，衣服一层，虽然书中易找，但看不到原物，戏中很有与此相似者，则似可就近取法。技术虽然容易见到，但多失传，若想求其原状，还得到各省去寻，岂不费事，而戏中亦有之，何不就近由戏中取法呢？这才谈到戏剧。所以研究舞蹈，必要研究国剧，不过有一层大家要注意，就是国剧虽来源于古代歌舞，但日久有了变化，可以说是多化成戏剧中的舞了，若想整个搬来应用，那是不可能的，这就用着研究二字了。怎样的研究法呢？旧舞已然戏剧化，它便是离开了真正古舞，它虽然离开古舞，但它一手一式，仍然离古舞不能远，古舞的原义仍然存在，且古人有云，凡舞必有所象。

古舞的原义是如此。

戏剧的动作是如此。

现在研究古舞，也不能离开此。

这便是重要的原则。要想由国剧中研究古舞，必须由各种的动作中求之，比方随便举几种如下。

指。有远指、近指、上指、下指、翻指、正指、虚指、实指、指鼻、指脸等等的分别，种类至多，哪一种有哪一种的指法动作。

听。有远听、近听、正听、倒听、略听、细听、明听、暗听等等的分别。

看。有远看、近看、明看、偷看、上看、下看、粗看、细看等等的分别。

走。有平步、快步、慢步、急步、蹉步、俏步、倒步、斜步、踩步、连步、懒步、乏步、大步、碎步等等的分别。

以上不过只举几种，此外还多得很，它所有的动作，都是舞的姿式，须把所有的姿式，都记载出来，以此为原则，再用以安置国舞的姿式，则当然便有古舞规模，若穿着外国的衣服（光着眼子更不必提），或用外国的动态来安置国舞，那简直是笑谈，也可以说是一辈子不懂舞是什么。这里不是说西洋舞不好，若论人家的舞，比我们的进步，不可以道里计，我们不但可以学，且是非学不可，但无论它多好，总是外国舞，不能算是中国舞，再进一步说，果能把中国舞恢复发达以后，亦未尝不可把它采入通融用之。

音乐家应该研究国剧

国乐家研究国乐是当然的，学西洋音乐的人，也应该知道国乐，世界上没有一个人专学他国音乐，不知自己国乐者，要想研究国乐，则研究国剧也是不可缓的事情。这里所谈的国乐，与国歌性质不同，国歌乃国家命令特别制成的，国乐则凡国内的音乐，都包括有内。这里所说的国剧，也不止皮簧，总之凡中国原有的戏剧，都是国剧，大约有百十种之多，连台湾的歌仔戏，也都包括在内。

音乐家向分两派，一是学西洋音乐的学者，一是学国乐的学者，这两派的论调各有不同，十几年来，听到他们的议论很多，大致可以归纳如下。

西洋音乐家，大致多是说中国没有音乐，其实不应该如此说法。这种论调始自光绪末年，民国初年，因为光绪年间，多数翰林进士诸公，不知道外国的事情，以为外国都是无文化之国，所以说西洋诸国是什么学问也不会有，我曾听到先君的老师某中堂说过，人们动不动就说西方有多少国，翻开念四史看看，哪一部之中有法兰西比利时等等这些国名呢？分明他们哄我们，可是我们也就跟着说，这非异端而何？诸君莫笑这些话，当时的中堂尚书等等，其知识不过如此。因为这个样子，才招来留学生的反动力，凡留学西洋回来的人，都说外国一切都好，中国没有东西，甚至说，西洋的月亮比中国都好，其实我敢说彼时的留学生，在外国看见过月亮的并不多，因为彼时的留学生，都住在大城中，大城中之电灯，照耀如同白昼，简直就不理会那个月亮，在中国每逢十五都要赏月，在外国的十五，则不知月在何处，所以也没有人想到它，不信请问，现在居住过纽约的人，谁几时看见过月亮。说这种话的人有两派，一是出国之时年幼，本不知中国有东西，一是出国时对中国学问，亦不是不知道一些，但他因为耸守旧者之听，故意这样说法，没想到这种思想，一直传留到了现在，也真算是可以痛心疾首的事情。这种说法在从前还可容恕，现在是绝对不应该再说，因为现在的留学生，多是大学毕业才出国，最少也中学毕业，对于国学都应该知道一些了。比方说新的音乐家说，中国为无乐之国，这句话便相当的有问题，若说这些年把音乐的理论给弃置了还可以，若干脆说中国没有音乐，那是不妥当的。比如前清的国歌，便是一般旧人创的，多系我的熟人，如曹心泉、溥西园诸君，都是我很好的朋友。曹心泉固然昆曲皮簧都会的很多，笛子吹的也精，月琴弹的也好，但他没有理论，没有学说，只不过乐师而已，不能成为音乐家。溥西园虽然是乐器都能吹能拉能打，但终是票友，亦不得谓之音乐家，然他们所安置的国歌，各国音乐家都很推许，都说很好。一次在德国，一位音乐家对我说，贵国的国歌，安置的都很好，但有一个字在钢琴上弹着不大顺，是否写错了，请我写信给他查一查。我对音乐是外行，当时他说的是哪一个字，我也忘了，始终也没有替他问，但由此可以知道，中国也有懂音乐之人，不能说中国是无乐之国。再者昆曲中吹笛子的牌子，分清牌子混牌子两种，清的是光吹，混的是吹的乐器之外，还加锣鼓。一次一位外国音乐家听过之后，他来问我，这种作法是新的是旧的？我说是旧有的。他问已有多少年了？我说没有详细考查过，大约总有五六百年了。他非常的赞美，说没想到中国有这样的发明。我说这种牌子是在笛曲之中加入锣鼓，听着又像一事，又不像一事。他说好处就在这个地方，这是一种特别的复音，我不懂音乐，只记得与他谈话如此，所谈的尚多，不再多赘。

国乐家是专研究古乐的，有人也有短处，只若一提到国乐，他便想到前清祭天祭孔等等的音乐，便以此为国乐。按这是国乐是不错的，但这种音乐，有许多地方是不足为训的。从前各朝的音乐不必说，就是前清朝庙堂之乐，也多是虚应故事，第一是一字一音，第二是这种乐师在光绪年间，大半都是道士，道士中能吹拉的自然很多，但到庙堂上，也就无用武之地了。在康熙乾隆两朝，还相当认真，后来更是虚应故事了。我很听过几次，大致各种乐器一个调门的就不多，共余更不用谈了，这算国乐之一种当然没什么不可以，若用它代表国乐，则未免太简单。那么国乐要怎样研究法呢？大约可分四种：

一是各省的小调。从前各省这种小调最多，如十八摩、叹五更、十杯酒、叹十声、送情郎等等，我所听过的总有一二百种，尤其沿官道之店中，如河北省西大道之安肃县、清风店、明月店、邯郸县、顺德府，东道之任邱县、德州等处都是。

住在店中，就有三个一群，五个一伙的歌女提着三弦来招揽生意，听一个曲子，合大洋不过半角钱，几十年来，因有火车，这种唱曲之女子，就不见了。然各处乡间，能唱的还很多，我搜罗的各省这种小唱本，共有几千种，当然有许多重复的，这些曲子之腔调，虽然鄙俚淫靡的很多，但也有许多相当规矩，平和悠扬动听，例如鲜花调小曲，从前以为不够高尚，而外国之音乐团，则多能此调，足见也不猥亵，现在若想寻觅中国的旧曲，在这里头也可以找出许多可用的来，就是戏剧中吸收的这种小调，也不在少数。

二是各省的音乐会。这种会有营业性质的很少，多是善会，北几省在承平时代，哪一县也有几处，外面大致相同，可是哪一会都有它特别的曲子。河北省易县之北，有后山庙香火极盛，每年会期，各处善会如高跷、狮子等等多去进香，这种音乐会也很多，光绪年间我去过一次，见这类音乐会有五十几处，其盛可知。北平这种会也很多，多名曰十番会，有南十番，北十番，清十番，混十番等等的分别，单有锣鼓十番，我收藏的这种谱有几十种，都名曰锣鼓谱，都是珍本。在这种音乐会中寻觅旧曲，大致还不少。

三是和尚道士。北京和尚道士，固然都能吹，但是还是各处大刹中，有特别的音乐。和尚的艺术，也有文武之分，文的是作乐，武的则能各种杂技，如今此事较少了，这一种虽不及前两种之多，但亦有它特别的。

四就是戏剧。前三种虽然也有许多曲子可学，但僻处乡野，交通不大方便，研究着恐怕费些力，戏剧则到处有之，近来多数人的心理，一提国剧便以为是皮簧，其实中国戏剧大约有百余种之多，我所听到的就有几十种，皮簧也不过其中的一种。按国内的戏剧，所有动作，大致可以说是一致，而腔调音乐则各有不同。音乐可分文武两门，文乐乃随唱之乐，古云赓歌之乐。武乐为节舞之乐，如锣鼓等等。

据老辈云，全国戏剧的锣鼓，都来源于弋腔，从前便名曰高腔锣鼓，现有北方开戏前所打之通（音痛），仍名为高腔通，这种话似乎很靠得住，但它虽然是一个来源，而年代久远，都变化了许多，现在可以说是各种戏有各种戏的锣鼓牌子，虽然彼此相同的地方不少，但两样的地方也很多，锣鼓之吵，久为外人所不欢迎，但无论如何这也是音乐，而且不能说外国人不欢迎就算不好。按锣鼓来源很远，在周朝以前是钟磬鼓等等，到了汉朝，便由钟磬变成铙钹锣等等。汉朝的铙歌横吹与马上乐等等，与此都有关系，到了唐朝更见发达，唐人诗云："醉和金甲舞，雷鼓动山川。"即指此，一直传到了现在。

总之它是中国的古乐，不可不知，凡研究乐者，都应该注意的。在十几年前，西洋乐队所用之铙，都是中国的，我就替他们买的很多，后来因为在中国不易买，他们才自己制造，到现在他们所制还不及中国的好。中国铙之所以不易买者，实在是好的不易得，大致非咸丰以前的不可，彼时铜好，声音清越好听，而又不易破，同光以后所制者，都杂倭铅，声音不好听，而又极容易破，所以西洋人不买了。

随唱的乐器，国剧的腔调，至少也有百余种，所用的乐器也有百余种，我所搜罗到的，就有八九十种。有这样多种的歌唱，这样多种的乐器，而每种歌唱之中，又分许多腔调，全是这样博大的局面，其中当然有许多应该研究的事情，这是国乐家绝对不可忽视的。

古人说过，礼失而求诸野。总之若想研究国乐，上边所说的四种事业，都是应该注意的，尤以戏剧为最重要。若专靠前清庙堂几种乐器，几种歌词乐章，以及几首琴歌等等，是不会有宏大之发扬的。至于《大清会典图》及《律吕正义》诸书中所画之乐器，更是虚应故事，写的尺寸等等虽很详，但仿制出来不易适用，倒不如往各该处寻找旧乐器为妙。

敬告研究国剧的诸公

爱好国剧的人很多，研究国剧的人则很少，二三十年以来，只知道几位，他们的作品，也有拜读过的，用心之勤，至堪敬佩，考据，议论，大体上说都相当高明，不过仍是研究技术来源者少，留心历史掌故较多。研究历史掌故，自然也很好，可惜多是听到一点事情，便要信之不疑，永不愿再改，这种惰形，确是研究学问的一个大障碍。他们所看到的，无非是《扬州画舫录》、《燕兰小谱》等等这些书，他们所听到的，无非是戏界人员所谈，按研究戏剧这门工作来说，也只有这两种途径，确是不错的，我所得到的这点知识，也出不了这个范围，但是由这两种得到材料，得到知识以后，自己还得有三种工作。

一是多听戏剧界人所谈，还要审察说话人的知识情形如何。看书也是如此。因为从前文人写文章，有时不管实事，光管文字，这种地方极多。比方秦腔这个名词与梆子腔这个名词，有时完全一样，有时绝对不一样，但文人不管这个，他是在文章中应该用个平声字的，他就用秦腔二字，应该用个仄声字的，他就用梆子二字。

二是要留神在各书中找材料，比方人人说戏剧始自唐朝之梨园子弟，赶到你看到宋史中关于杂剧的记载及宋人笔记中关于此事的记录，才可确定戏剧确系始自宋朝，诸如此类之事甚多，要各处留意。

三是还要实地调查。比方说。二簧始自黄陂黄冈。从前北京戏界人都这样说法，我也跟着这样说了二三十年，后来听到一位陕西汉南的学生说，京津所唱的二簧，同我们家乡的土调一个味儿，我听到这句话之后，又到各处调查了二三年，才知道它确始自陕南，倘你由汉口顺襄水往上一直到陕南，沿路调查，便可知其大概，就是在此地问靠襄水两岸各县的人亦可略知（此层前边已详言之），这有真凭实据，不是只用口舌所能争者。乃有许多人的意思是已经说出就不愿再改，尤其是湖北朋友，若说皮簧不始自湖北，他们不但不爱听，简单的是很不高兴，其实这有什么关系？有许多人说，高腔始自我们高阳，我们高阳戏班中人，也情愿跟着这样说，我又何尝不爱听呢？但有实事为证，又有什么法子呢？尤其是说出来之后，不欲再改口，这更是大错。再者皮簧始自湖北，始自陕南，只求其实际而已，于个人并毫无荣辱也。按我所写关于戏剧的文字，在民国元年，写过一本《说戏》，到现在看，所说的论调，跟现在整整翻了一个过。民国十九年所写的《中国剧之组织》，其错也很多，以后所写也是如此，错了再改有什么关系，前人云知一重非，进一重境，是极有道理的。圣人云过而不改，是谓过矣。胡适之兄云："大胆的下断语，多方找证据"，正是古人所谓胆愈大而心愈小之义。而我自己用功的法子，则是"谨慎的下断语，随处找自己的错"。

现已七月底，天气已很热，写至此不再接写了，我没有写过这样长的文字，因为"教育部长"张晓峰兄的催促，才写了这些，这不能不感激晓峰兄的鼓励，否则我是绝对写不了这许多的。

有人问我，几时再接着写？我说有一段笑话：从前有一位大官，他老太爷已有八九十岁，但总想长寿，一次重值请了一位算命的先生来，请给老太爷算命，算命先生进门，门房中人早已把此情形告彼。先生看了八字之后，便云此八字极主长寿，老太爷问可以活到多少岁？他说再多不敢说，但一百四十几是敢保的。老太爷很高兴，问在几十年中有灾难没有？算命先生答以很平安没有灾难，只是在一百一十岁的夏天，怕要患一次腹疾。老太爷赶紧嘱咐他儿子说，你们记住，到那一年可千万不要给我生冷的东西吃。

我现在的意思，是想过了一百一十岁腹疾之后，再接着写。请诸君耐心等着罢，一定看得见的。这话的意思，就是祝诸君长寿。

第十四章　写回忆录、我的愿望